半夜雞叫的故事曾經蒙昧了幾代中國人，這件事的真相該讓人知道了。

揭開地主周扒皮的真實面目

半夜雞不叫

孟令騫 著

算是自序
——感謝你站著讀完它

我的太姥爺周春富，就是被實名實姓寫進《高玉寶》一書中的周扒皮。

2003年年初，大連的門戶網站天健網剛剛兩歲，遠不像今天這樣熱鬧。這個城市裏的三三兩兩散落民間的文青、憤青，寫字間的紅男綠女們，以及幾所大學裏一幫純潔又矯情的小破孩，在論壇裏發現了新天地，以帖會友樂此不疲。

我在網文原創的罈子裏，發了一篇和母親家族有關的帖子，有五千多字，叫〈故事和半夜雞叫有關〉（見本書附文），原本還很冷清的論壇一下子喧囂起來，跟帖甚眾，一些視野有限的回憶，各種隻鱗片爪的傳聞，許多隔靴搔癢不無偏見的主觀判斷沸沸騰騰。它最後被刪帖的直接原因是當時正趕上國內的一項重大政治會議即將召開，各級執政組織的宣傳部門紛紛動起來打掃輿論環境，被稱為第四媒體的網路的論壇網管們，對號入座認真自查，因本人的帖子題材涉嫌敏感而將其刪掉。也可能是於其心有戚戚焉，他在揮斧之前特意通知我自行複製保存。

儼若兜頭冷水，這給頻頻發帖的我衝擊很大，我棄筆了，也第一次促使我冷靜下去思考一些事情，去回溯那些日漸走遠了歲月。

然而真正的回望，我看到的卻是一些似是而非的影像，有的已被定格，有的正在模糊。一個叫周春富的農民，早已消失在六十年前一個灰濛濛村莊裏了。而那裏，後來走出了高玉寶，走出了「半夜雞叫」的故事。

這究竟是怎麼回事，我無法說清楚。但我還是下定決心去尋訪。

在這以後的時間裏，我一直在為寫一本和半夜雞叫真相有關的書艱難地作準備。

「考古」的結果是沉重的。但歷史總會在某些時候回歸本源。因此我妄圖採用歷史學家的手法佈置謹嚴，又要試著擷取社會學家的長處條分縷析，還要向小說家學習描摹細緻，更得有記者做刀筆吏的本色。這樣做太難了，好在我越來越清楚，我只要恪守真實一切都無所謂。否則我的靈魂必將遭受拷問。

我要去尋根一個農民求索土地的夢變和悲情，去探究我的外曾祖父是否真的半夜三更去學雞叫，我要去接觸因寫周扒皮聞名天下的高玉寶，還要寫我這樣一個農家子弟輾轉繁華都市的內心幽微和際遇砥礪。

幾位知道我的秘密行動的好朋友一直在催我。文友大姐周瑰琪讀了我發在天健網論壇的那篇始作俑者的文字，認真地給我寫出讀後感，她想像著我會以余華的文筆同時象文學大家陳忠實和高建群一樣，講出一個厚重、悲憫、無奈、有情有義，當然還有離奇的故事。一句話，把「半夜雞叫」講清楚。我和她很少見面，但一年裏她會在手機短信裏就發幾個字來：我等著看！我的忘年交，一輩子都崇尚講真話的楊寶仲，從國企上市公司老總位置退下來後，憑藉一部沒有任何矯飾的個人傳記《東方漁夫》在民間低調流傳，觀者無不嘆為君子語、丈夫書。老先生有時候看到我，總是要問一句：書寫的怎樣了？摯友間惡狠狠的逼問或是似看輕描淡寫的尋詢，每每都讓我心驚肉跳無法平靜。

近三年時間，我一直磕磕絆絆。現在好像可以動筆了。值得思味的是，現在高玉寶、周扒皮仍活躍著，在21世紀最要命最牛逼的網路工具裏，在百度或Google上只要輸入關鍵字周扒皮或高玉寶再點擊搜索，立刻有成百上千條內容蹦出來，他們已經成為一對歡喜冤家，被咀嚼、質疑、咒罵甚至惡搞。

文盲出身的戰士作家高玉寶從筆耕到舌耕，處處做報告教育下一代的新聞比比皆是，這其中夾雜著許多人們對其當年來自自傳的地主半夜學雞叫反科學常識的懷疑和揶揄。而著名的周扒皮此番卻被批戴上了種種戲劇色彩，有人以調侃手法呼籲為周扒皮平反，一說其為成功的人力資源管理者，二說與今蝗蟲般惡意欠薪虐待員工的私營業主而言，奉行非暴力路線的周扒皮絕對可以評為「年度最佳雇主」。

在這個一切可以娛樂化的年代裏，出自生之為人的尊嚴，人們並沒有忘記對真相的追討。因此，大歷史環境下兩個小人物的命運仍值得我們思索，我們不能回避。正如臺灣柏楊先生所說：「人類與其他動物最大的不同是：人類發明了文字，能夠把自己的生活記錄下來，成為歷史。後代的人們，尋找自己的歸屬作為生存的依據。有了歷史的記載，我們短暫的一生一世，才不至於是一場沒有背景，沒有劇本，不知前因後果的荒唐的獨幕劇。」

因為一切歷史都可以理解成當代史，引起現實的思索，打動現實的樂趣，與現實心靈生活打成一片。

我做的是鑑寶的差事。

一件出窯於特殊背景，穿越時空風雨流轉到今天的瓷器，即使是贗品，我們也有理由保持尊重。它當時照亮歲月和人心的本初意願，畢竟大都是求生存謀幸福。

現在你站著就可以讀完這篇序言文字，如果你同時感到意猶未盡，認為這本書還可深入涉足或有轉閱他人之意，我再次道謝。

請繼續閱讀。

目次

第一章
太姥爺的周家大院

第一章　太姥爺的周家大院

引言

　　那一條綿長、雄偉的長春鐵路，從遙遠的中蘇邊境上的滿洲里，蜿蜒而下，貫穿著東北廣大的肥田沃野。在它快要到達黃海邊的終點的前幾站，有一個小小的縣城——復縣，就是高玉寶的家鄉。復縣在東北遼東省境內。

　　高玉寶的家鄉就在復縣的鄉下——平山區太平村上的一個小屯子裏。

　　圍繞著屯子的是一片農田，正像東北許多田地一樣，也種滿著大豆、高粱、玉蜀黍，縱橫的小路交叉在田地裏。曲折的小河流轉在田地旁，一條小路一直通到屯子里。屯子里一共只有五、六十戶人家。土牆、柴門、茅草屋；屋前一方小小的院落，養著雞、鴨、豬和牲口。這五、六十戶人家差不多都是這個光景……

上世紀50年代初，有人用上面的文字介紹高玉寶的家鄉。自然，這也是周扒皮的家鄉。

2004年開始，我獨自一個人找到這裏。

如今這裏只剩下象徵著太姥爺當年成為村中大戶的三間石頭房。1947年土改它被分給一戶貧農居住，至今仍堅強地佇立在那裏，這大概是方圓幾十里最老的房子了，村裏最後一位當年親眼看見它破土

外曾祖父周春富的石頭老屋，建於1911年，1947土改時分給當地貧農居住，至今仍在瓦房店市閆店鄉黃店屯。（作者攝於2004年）

動工的老人也離世了，只有衰老的它還在，好像在等一位遠方來的客人，好給他講述在這裏走進走出的前人們的故事，勞作、生育、做夢、談話、生病、吃藥以及變故。

撫摸著那座老院牆的牆皮，我心裏生出一種深長的敬畏。

關於太姥爺這座老屋確切的年齡，屯裏的幾位上了年歲的人為此甚至爭論起來。他們的較真勁兒，讓我對以後的記述有了信心。

一

晚清最後一年，也就是西曆1911年，我太姥爺周春富決定做一件大事，在遼南一個小村蓋房子。這一年春節剛過，村裏來了個過路的風水先生。太姥爺將他領到宅地請他把握地脈。先生將羅盤掖入腰囊後，目光先是在宅地前面的的迂緩的坡田上打量片刻，又遠遠尋逡到視線裏的鋸齒樣環列的低低山群，說了聲：可。又說，理想之居在於偎藏，此處雖為小勢，然時局頗多動盪草芥小民小富即安，也可算胎息之地。

吝嗇的太姥爺大方的遞給了賞錢。

　　風水先生也許說得不錯。太姥爺那座房子九十多年後仍然靜靜地臥在遼寧省瓦房店市閻店鄉黃店這個小村屯裏，至今還有人住。

　　太姥爺蓋房子這一年也是大清宣統三年，小皇帝溥儀迷迷瞪瞪從龍椅上滾了下來。大清完蛋了。太姥爺在一趟街起了三間石頭平房。當來年開春新房開基上樑，遠近親朋送來彩色被面，纏在房檁和前門「掛紅」，村民給太姥爺道吉，也似乎是在這時都知道了中華民國。從復州城裏來的一個遠親講了一個確切消息，北伐軍2月份就打到瓦房店了，滿街都懸白旗，民眾列街高呼「中華民國萬歲」。這位親屬行止有些怪異，原來是他的頭髮特別短。親屬說現在城裏正在提倡剪髮辮，很快鄉下也會這樣。結果，在太姥爺上樑儀式上的「拋勝樑」熱鬧過後，村民們一邊在數著手裏搶了幾個核桃小饅頭和銅錢，一邊有人和太姥爺一樣不時地用手摸摸腦袋後面的辮子。

　　那時，太姥爺在那個偏僻小村子裏還不能算小資產擁有者，但富人、窮人都希望日子過得安生。一些壞消息夾雜走了樣的野史，晚了三秋也會陸續傳到這個地方來。遙遠的北京城英法聯軍放火燒掉圓明園嚇跑了慈禧老佛爺、在大南面幾百裏外的旅順口日本人和俄國人怎樣殺人打仗、在大北邊奉天城（瀋陽）的大土匪張作霖有幾個姨太太等等，鄉裏人、村裏人還是能知道。

　　太姥爺住的小屯子黃店地屬遼東復州（復縣）中部西側。復州治所原在遼東古城要地復州城，為遼、金、明、清、民國時代之州縣衙治所。後來中東鐵路南滿支線開通後，復州公署於民國十四年（1925年）遷至靠近鐵路的瓦房店。轄區為遼東半島腹地，峰巒東峙，渤海西縈，自然賦予「六山一水三分田」。歷史上因戰略要衝而多發戰事。小屯子黃店只是復縣境內百餘個自然村屯之一。光緒、宣統、民國、偽滿和解放後，它的行政區先後在倪窪、永寧澗、平山區等處換來換去，在上世紀80年代劃屬閻店鄉。比起復縣境內的豐饒礦產所在的山嶺、魚蝦海鹽所在的島嶼，以及商賈集中

交通便捷的縣城州鎮，黃店屯有的只是復縣腹地的一點薄田，竟然能在飽嘗兵燹之苦和外強欺凌的遼南謀得幾分生存的恬靜，實在是老天爺有意照顧。

二

　　老周家也是闖關東過來的。具體哪年哪月從山東遷來的，太老爺家後人也不明曉，大概是在清初。

　　和東北其他地方一樣，復縣長期地廣人稀。清初召民墾荒，一些山東人來到這兒。雍正十二年（1734年），人數才增至五千二百七十八丁口。當時，八旗官兵「跑馬圈地」，戍邊官兵「按丁授田」，包括太姥爺周春富的先輩在內的移民們，則自己動手墾荒。周家的先祖在這裏定居，開荒、種地、生孩子，一戶人就這樣繁衍生息下來。後來的移民，能選擇的好地越來越少，有人乾脆租地。天災人禍、家道中落等變化，也會導致土地的流通和集中。即便如此，這裏的人地關係遠沒有中原地區緊張。民國三年（1914年），政府丈量登記，明確土地所有權，三年後統計，復縣共有耕地面積一百五十一萬七千五百七十畝，農戶四萬六千六百一十戶，其中百分之八十七是自種戶、自種兼租種戶，僅有少量農民完全靠租地為生。周家到了太老爺周春富這一輩，只是繼承了一點土地。但在太姥爺看來，那些浮財不過是過眼雲煙，只有土地才是結結實實的保障，地裏不僅能出一家人的吃喝，還能蓋房子繁衍子孫。

　　太姥爺是個種田能手，他在民初的夢想也就是安居樂業。這在他處心積慮蓋的房子中可以看出。當時在黃店幾十戶民居大都是泥草土房，屯子裏日子好些的住的是石頭房，能住得起青磚瓦房的大戶在復州城裏。早在光緒二十年的時候，老哥仨早已分家另過。土

裏刨食的太姥爺借風雨調順將父輩留下的幾畝荒地侍弄得能夠果腹。這次在老宅基上起新房他就是要蓋上三間石頭房，石頭是他在農閒時請倆兄弟幫忙，或是下地歇工時帶著自己十

民初農民在正屋兩側建耳屋，土坯房，大家庭長輩住正屋，晚輩住偏廂。

幾歲的大兒子在幾里外的山溝裏車推肩挑一趟趟地運回來，如此起早趕黑地準備了小半年，孫家屯丈人家也答應借給買房屋檁柱的錢了。雖然蓋的只是三間房，但太姥爺卻在腦海裏一遍遍給自己的房子做規劃。他希望自己將來的房子伸展出前院、中院和後院，有睡炕、廚房、倉房、農具房、碾房、磨房、畜房、飼料房、伙計房和車棚，此外有豬圈、廁所、雞窩、柴門、大門、菜園和打穀場。

這樣，他就會像模像樣地有座「周家大院」了。

幾間石頭房起來了，三十八歲的太姥爺在那一年腰背也微微駝了，但絲毫不影響他做一個合格的莊稼把式。姥爺九十歲了還能回憶起早年太姥爺一個習慣行為，春播的中午，太姥爺從地裏回來等中飯時他願意蹲在屋頂抽旱煙，眼睛望著院子前面坡地上還在播種的田地出神。

這個時候大概是一年裏最好的季節。不知名的鳥在鳴叫，空氣泛著一股腥甜的味道。偶爾遠遠望去，眼前平坦的坡地上可以清楚地看見牲畜或人力犁鏵遠遠地在前趟開濕熱的壟溝，接下來後面一個人在做這樣的撒種動作，這一切正如法國作家左拉在小說《土地》裏描述的那樣：

他圍了一塊藍黑布播種袋在肚子上，左手拉住張開的袋口，每走四步，做一個手勢，很快均勻撒出右手拿出的一把玉米。在後面有人力拉掛在後面慢慢滾動著掩埋撒下的種子。好像到處是播種的人，在他的左面百米以外，有一個播撒種子的農夫。右邊，一個同樣的勞動者。在更遠之處，別的許多許多人，則深入平坦田畝逐漸模糊的遠景裏。這是些黑色的小側影，斑斑點點，越遠越小，在更遠的地方逐漸消失，但是全體都在做同樣的手勢和撒擲，彷彿這是他們周圍的生命在跳動。直到被淹沒在遠處模糊的略有起伏的地平線上，已經看不見分散的播種者，彷彿是勤勞的黑螞蟻為難以承擔的巨大工作紛紛忙碌著，其實即使從最遠者的身上，也能夠辨認出頻頻相同的固定的動作，這是一些細小昆蟲和無限土地之間的創造生命的頑強動作……

這人和自然在緩慢地跳著某種宗教儀式的舞蹈場景，讓太姥爺無限癡醉。這季節也是動物發情的時候，偶爾間或會聽到後街傳來一聲酣暢淋漓的悶聲長吼。這是村裏養得起牲口那家傳出來的，那頭種牛將他孔武有力的陽物，伸插進母牛體內的肥沃地盡情奔突完成生育注射後的吶喊。屯子裏牲畜金貴，沒幾頭，他們在鞭子吆喝下代替人力輕鬆地拽動犁鏵耥開土地，母牛母馬給交配上了，秋後要送主人家一袋好糧呢。真他娘金貴，太姥爺罵了聲，再看遠方的田地又萬分親切起來，種下的種子很快就會使大地開始繁殖。剛挨四十的太姥爺在無數次對田野的凝望中愈發明白：有了土地就會擁有一切。

根據老輩人對太姥爺年輕時常有舉動的回憶，我做了以上合理的想像。

三

　　在田裏莊稼一茬茬的起伏中，他先後有了自己的八個孩子，五男三女，接二連三蹦跳或在院子中或在炕上嗷嗷待哺，日子一撥一撥攢和得苦樂相均。至民國二十年時，勤勉的太姥爺墾荒攢地，有了自己的二十畝地。太姥爺也陸續實現了他當年蓋房子時的種種憧憬。日子像屋子頂上的炊煙徐徐上升。而這是太姥爺用遠近有名的地裏出狠勁、處事兒抓色、過日子苟氣換來的。

　　為了給太姥爺復原一個他當年的生活在民國年代遼南小山村的「典型環境」，我幾年來去過太姥爺生活過的小村子數次，也專門去過瓦房店的圖書館、檔案館，然而收穫寥寥。

　　當地老一輩人在世不多，對當年的記憶限於隻鱗片爪，整體已經十分模糊。在瓦房店1990年代編撰的市志上也採用了略古詳今的做法，對當年的記述也只有一些枯燥的數字和簡單的概括文字。民國九年由縣知事程廷恒主修、張素總纂的石刻出版物《復縣誌略》，曾對復縣地區的地理歷史和風物人情有過相對翔實記述。但在瓦房店檔案館現在卻找不到這個最應該館藏的「必備品」，一個年輕的管理科長告訴我：「該檔案館原始資料解放初期在省內幾個地方幾次搬遷，加上建國後運動不斷，不少史料早已佚失。你要的《復縣誌略》省檔案館能有，在瓦房店也有幾本但散存於民間。」我有些遺憾。但我也漸漸知曉，地方研究一般不重視農村，而是習慣把重點放在出名的地區。例如有多少才子佳人出生在那裏，或者那裏曾發生一場毀滅性的暴動，那裏的經濟條件如何多樣和優越，社會結構具有怎樣複雜的歷史淵源，等等。因此在諸多地方雖有完整的國史和縣誌編纂工作，但大多數地方資料沒有被保留下來，找不到類似的驗屍報告、社會活動記錄、詳盡的土地租約和一個村落

人口出生、結婚和死亡的登記材料。據說這樣的資料在西方已經使人可以詳細的瞭解中世紀後期

周春富家鄉今天遠眺（作者攝於2004年）

的歐洲了。幾年來我也是踟躕於此無法動筆。現在我只能依據宏觀的大背景，將我所能得到的零散資訊和邊角資料採取拼圖的辦法，努力描摹出我太姥爺在民國鄉村的種種生活「近景」。

太姥爺對土地敬若神明。春雨驚春清穀天，夏滿芒夏暑相連，秋處露秋寒霜降，冬雪雪冬小大寒。一年二十四節氣在太姥爺眼裏是一幅生動的農事圖：「立春陽氣轉，雨水沿河邊；驚蟄烏鴉叫，春分地皮乾；清明忙種粟，穀雨種大田；立夏鵝毛住，小滿雀來全；芒種開了鏟，夏至不穿棉；小暑不算熱，大暑三伏天；立秋忙打墊，處暑動刀鏟；白露忙收割，秋收無生田；寒露不算冷，霜降變了天；立冬交十月，小雪河封上；大雪封地嚴，冬至不行船；小寒三九天，大寒就過年。」

春種、夏鏟、秋收、冬備耕。太姥爺不識字，對子女的唯一的教育就是農業節令。一輩子耳聞目染身體力行，把「人勤地不懶，春天捅一棍秋天吃一頓」這樣的生存哲學用無數次早起晚睡的辛勤勞作灌輸到孩子腦袋裏，繼而成為他們生存的本能。農曆除夕夜，是全年少

美國傳教士明恩溥著《中國人的素質》，京華出版社2002年版。

有的真正休息日，而姥爺的兄弟姐妹十幾口刀槍入庫馬放南山，男
的洗頭刮臉爬上炕舒展一年的腰酸腿疼，女的歸攏針頭線腦扔下天
天嗡嗡叫的紡車，其實整個村莊也都歇停了。一家人攏在火盆周
圍，聽的卻是太姥爺有點慶倖的嚼罵：能安心吃頓餃子就是窮人的
造化，歇不得歇不得。平時壞脾氣的太姥爺最願意說的是年關討
債。年本是辭舊迎新，一年裏的事情到了年底都應有個了結。所
以，年底也是結賬的日子。窮人們欠的債到這時候都不得不還了。
這是他們過不去的「年關」。俗語說：送信的臘八粥，要命的關
東糖，救人的煮餃子。臘八粥是十二月初八的節物，一到臘八就
入年節了，窮人該被要賬了。關東糖是用來對付灶王爺的，臘月
二十三四是要帳要得最凶的時候。臘八時候還可以找詞，拖得一日
是一日。到了小年底兒可是再也搪塞不得了。而到了三十晚上吃餃
子的時候，要帳的都不得不回家過年去了，欠債的才能得到一時的
解脫。甚至可以拖到下一個年關。

　　太姥爺說這些，是因為祖上顛沛流離的生活和自己早年貧苦
經歷，早已把自然的威脅和社會的壓仄，鬼符一樣附在頭頂。光緒
二十年（1894年）復州鬧兵亂四處搜搶錢物，同年夏淫雨四十天，
中伏雁南飛。民國七年（1918年），復州發現蝗蟲，上遮星斗下遍
街市，由北向南飛去所過之處田禾徒剩禾稈。這樣的記載隨處可
數。荒年和兵燹，家裏糧囤的盈缺關乎性命。太姥爺因此對蒼天大
地感恩戴德，對能擁有幾畝薄田誠惶誠恐。

四

　　美國的公理會教士明恩溥1872年來中國傳教，先後在天津、河
北、山東等地，廣泛深入中國社會各階層，結交了不少朋友，尤其
熟悉底層農民生活。1894年出版了一本叫《中國人的素質》的書，

開創了研究晚清中國國民性的先河，其中總結了中國人的素質共二十六條，引證豐富，文筆生動，或褒或貶，無不言之成據。我初讀時竟手不釋卷。書中將「省吃儉用」和「辛勤勞作」列為其總結的中國人素質其中兩條。我深為折服，我在我太姥爺那裏找到了生動的也是極端的例證。

明恩溥教士說中國人將「省吃儉用」作為持家的準則，主要用來處理收入與支出的關係。他認為省吃儉用的實現可以依靠三條路徑：限制需求，避免浪費，用少投入多產出的方式配置各種資源。而不論哪條路徑，中國人都是極度的儉省。明恩溥舉了大量例子，比如巨大的人口看上去只依賴很少的東西糊口，用稻米、各種豆製品和蔬菜再加一點其他東西構成難以數計的人們的主食，只有在節日或其他場合才會有一點肉吃。即使饑饉三年，一點點定額也可以讓成千上萬的人苟全性命。任何一個普通家庭，每頓飯後剩下的東西下頓都會重新端上來。而且這些分文不值的殘羹剩飯也是貓狗生存的條件。動物死掉了一律吃掉，不論撞死、老死還是病死，已經司空見慣，沒有人考慮是否會有流行病而放棄這種習慣。鐵匠的手藝在於把鍋打得底兒薄透才好賣因為這樣可以節約燒柴。小孩子一年裏要有幾個月光著身子不穿衣物，很多地方人洗衣服是不用肥皂的。難以數計的獨輪車都是嘎嘎作響的，幾滴使車子不響的潤滑油顯然要比嘎吱聲要貴得多。明恩溥甚至講述一個極端的例子：一個中國老年病殘婦女拖著痛苦而緩慢的步子蹣跚獨行，有人打聽了一下，才知道她是去一位親戚家，大概那地方離自家祖墳較近，這樣，她死了之後就可以減少抬棺材的開支，因為距離縮短了。

中國人「省吃儉用」的素質在我太姥爺那裏同樣根深蒂固。

他的收入重要來源於地田收成的盈餘，而一年裏的生活費用大小不一林林總總，國稅地稅、村捐兵差、農具翻修、鹽醋調和、燈油火柴、婚喪嫁娶、燒香拜神、添衣扯布、剃頭刮臉等等。有的需

要直接掏錢購買，有的以物間接兌換。
年節時要買肉送給看病的醫生，喜事要
送幛子，生小孩則送雞蛋。田地上的收
入與支出的費用要相互抵消或略有盈餘
還要假定五個條件。一是絕無水、旱、
風、雹、蟲、病各種災害；二是身體熬
練絕無妨礙工作之疾病；三是精明會轉
計；四是所養豬牛不病不死；五是終年
勤勞全無休息。然而這對於靠天吃飯的
農民除了逼迫自家身體外，其他幾近天

周春富妻子，作者太姥娘舊照。

方夜譚。好日子是攢出來的，有錢可以蓋好房子、兒子可以早娶媳
婦、孩子可以進學堂讀書。省吃儉用於太姥爺，我從長輩那裏聽到
了各種版本的說法。說出來儼然是中國版的「葛朗臺」。

　　一家老少十幾口多青壯年，虎狼年紀飯量大得很，太姥爺願意
做的一件事是在吃飯的時候把大家弄得不高興了，這樣就可以少吃
幾口飯。太姥爺用敲山震虎這一招，節約了很多糧食。

　　他看著幾個兒子狼吞虎嚥地吃著飯，太姥爺「叭」地一聲把
筷子摔到桌上，陰沉著臉吼道：「八輩子沒撈著飯吃，誰跟你們搶
了！就不能慢點吃！」

　　兄弟幾個吃飯的速度陡減，但是筐裏的乾糧卻迅速地減少，太姥
爺使勁兒地咳嗽一聲，低聲吼道：「飯……這個東西，吃到八分飽正
好，多餘的那些變成臭屎。」兄弟幾個戀戀不捨地放下筷子，用眼角
的餘光掃視著筐裏的菜餅子，太姥爺朝太姥娘瞥了一眼，太姥娘立即
把餅筐掛在了房檁下的一個鐵鉤上。而已經出嫁的閨女回娘家是斷斷
不能留下來過夜的，因為那樣又要多添一副吃飯的碗筷了。

　　不過回門的閨女的確也不願意在家過夜。她們偶而特殊原因
必須留宿在爹娘家時，照例要像未出門子時那樣和姑嫂一道紡線織

布。那時不論走進那個村子都能聽見紡花車子的嗡嗡聲和織布機的嘰噠嘎噠聲。清末民初，復州境內的農民，大都自種棉花紡線織布做衣服穿戴。沒有土地種棉花的，也要買棉花紡線織布。從前種的棉花品種不好，稈矮桃少產量低，畝產籽棉不過幾十斤。秋天把棉花收到家來，先把棉花籽去掉，再雇人把棉絮彈好，婦女們就白天黑夜地去紡線織布，織多少穿多少，

民國農村的小賣鋪

粉坊曬粉皮

織不出來就得受凍。為了省錢，晚間紡線太姥爺家從不點油燈，把線拉斷了，就用香火照明接線頭。

　　春節、端午、中秋節外，偶爾改善一下生活吃頓豬肉粉條。肉少粉多，那剩下的粉條被太姥娘一根一根用筷子揀出來放在蓋子上曬乾，留著下一次改善生活用。太姥爺的外甥劉德安很受老頭喜歡，他現在還能回憶起他去舅舅家。太姥爺在地上轉了轉，拿出一個小碟子，上面添了一小把花生米，招待他最稀罕的外甥吃。而他的兩個最小的表弟和表侄們就沒有那麼幸運了。四姥爺和五姥爺和他們的幾個侄子那時正在太平山小學念書。放學回家，正在長身體的孩子跑進灶

房，掂起腳來就拽懸掛的「熟筐」找餅子吃。這時要被太姥爺撞見免不了要挨一頓打罵的。太姥娘心疼孩子，在紙糊窗櫺上按了一小塊玻璃。孩子放學回家，她就蹲在炕上往外瞅著。太姥爺出現在院子裏，就趕緊招呼幾個小兒孫出去撿糞拾草收拾院子。

美國那個教士在寫中國人的另一個素質「辛勤勞作」時寫道：一個民族的勤勞由這長度、廣度和厚度這三維組成。長度是辛勤勞作所持續的時間，廣度是辛勤勞作者的人數，厚度是指「處於本性的勤勉」和「投入地工作」中所顯示出的精力。他對中國士、農、工、商這些社會階層是怎樣辛勤勞作分別做了生動的描述。他這樣寫農民：

> 「北方各省的農民，除了相當短暫的隆冬季節，其他時間總有活幹……。中國農民的勤勞是其他民族很難超越的。農民是這樣，扛活的人就更糟了，他們長期處於饑饉，生活永遠是苦差使。農民要殫精竭慮，細心照顧每一棵白菜，抓小蟲子和毛毛蟲。扛活的人則要去找尋更瑣屑的活兒，他要想辦法弄點吃的養活自己，養活他那一大家人。有事外出的人，即使那地方通火車，也常常不得不半夜上路，因為有人告訴他們這是習慣。但不管你幾點鐘上路，都會看到身材矮小的農民在路上拿著叉子，四處巡視，尋找拾糞的機會。如果沒有其他非做不可的事，那麼拾糞是件永久不變永遠也做不完的事情。」

「搶早」是辛勤勞作的太姥爺一天裏最關心的大事。

雞鳴報曉。日上三竿。貓眼成線。一袋煙、一炷香。這些都是當時農村判斷時間的常用方式。這其中，公雞打鳴，是農民最重要的報時器。

大紅冠頂身披霞彩的公雞，在太姥爺眼裏是通曉宇宙的半古老靈物。夜有五更，一更萬物沉睡，二更陰氣最厚，三更陰陽相抵，在三更與四更之間，一聲清脆而孤獨的雞鳴像一股幽藍的火焰投向向黑黑厚厚的夜，鬼祟聞之傾刻遠遁。不一會兒又是一遍，穿過牆縫悠悠長長，再一次敲打著無邊的夜空。待到五更時，聲音一個傳染一個，遠遠近近家家戶戶此起彼伏，這種聲音在村裏人聽來彷彿響了一萬年之久。夜就這樣透了亮，混沌大地蘇醒了，清晰了。莊戶人家新的一天又開始了。當雞叫第一遍的時候，院子裏會出現咳嗽聲，無疑這是太姥爺。當雞鳴五更，如果家裏還有人留戀土炕上的餘溫而犯迷糊，院子裏的斥罵立刻響若雷霆。

　　家裏老少都知道太姥爺的家訓：「早起三更趕一個工，不等窮人落下風。」早起出活兒，人誤地一天，地誤人一年，一早可躲三災。早起，牲口要添草，園子菜要澆，山上活要搶。春拉糞開犁間苗，夏耨地鋤草抓蟲，秋收山動鐮剁穀，冬攢肥備耕不消閒。

　　至於拾糞，的確是莊稼人永遠的功課。家家戶戶養豬的圈子旁邊都是一個挖出來的坑，牛馬糞、豬狗糞樣樣都是好東西。沒有大糞堆就沒有大糧堆。人屎大概不用拾的，這裏的人有內急都要憋著回自家裏去拉，肥的是自己的地。牲口沒有人那樣自覺懂事，走哪拉哪，這就需要勤快人去找去拾了。來中國鄉村的美國教士關於大清早農民找糞的發現，是最正常不過事情了。前幾年中國的賀歲片導演馮小剛拍了一部叫《天下無賊》的電影，裏面有一個天真未鑿的傢伙叫傻根。他不相信這世界有賊，因為他生活的地方童叟無欺路不拾遺。那裏的老百姓看到一攤糞，如果沒帶糞筐，就會用石片在糞蛋蛋周圍劃個圈兒，第二個發現這攤糞的人看見這個圈就會知道這攤糞有主了，就會走開。這樣的故事在太姥爺那時的村屯裏是萬萬行不通的。姥爺講過，太姥爺一次外出回來發現路邊有一團牛糞。由於沒帶糞筐，他想的不是畫圈，而是用包穀葉子把那個牛糞餅包起來兜回了家。

五

民國二十年後，太姥爺家和黃店附近村屯的穆家、嚴家、黃家比量著過日子，成了遠近皆知的「四大勁兒」。那時人願意編排滑稽取樂的四大謠。

> 木匠斧子、瓦匠刀、光棍的行李、大姑娘腰是四大金貴。
> 春草芽兒、閨女手、小孩雀子、黃瓜紐是四大嫩。
> 廟上門、殺豬盆、新娘的蓋頭、火燒雲是四大紅。
> 呼延慶、包文正、鐵匠的脖子、黑驢聖是四大黑。

太姥爺在自家三間石頭房子兩鄰東接出四間房西接出三間房，大院裏兩側蓋起廂房。五個兒子三個娶妻生子，三個女兒也有婆家。牲口房裏養了四頭大騾馬。車棚裏是二十里內數一數二的一輛膠皮轆轤大車。家裏還雇了伙計。家裏陸續開了粉坊、染坊、油坊。大兒子、三兒子（姥爺）領著長工在幹地田活。農閑一點，姥爺就趕上大車去拉腳掙錢，一趟一趟往瓦房店或復州城跑，中午只能啃塊餅子。老四、老五年齡小和幾個長孫念書。太姥爺領著雇的染坊師傅和兒媳在家裏忙著雜活。二兒子周長俊是家裏唯一見過世面的人。他能寫會算頭腦

民末東北小學生家族人物素描

精明，太姥爺就讓他做掌櫃，管家和跑外。姥爺對他二哥的回憶，是他總能在爹喜歡抽的捲煙就要斷頓的時候給續上。他去過大連，逛過日本人聚集的浪速町。他去復州城內在遼東有名的橫山書院討過教書先生的字。他有一次賣油到過瓦房店境北的富戶「牛秧子」家。那家的氣派比黃店村屯的「四大勁」要強上一百倍。牛秧子怎樣發的家不清楚，只見院牆高高，四周還壘砌了能夠開槍射炮的垛口，院子裏狼狗張著舌頭。在他家的地下藏窖裏放了幾百壇鹹鴨蛋，還有大量鹹肉和扒好的花生。家裏專門有掌管庫房鑰匙的人。客人來了可以吃到炸花生。主人牛秧子衣來伸手飯來張口，有丫鬟伺候。二姥爺周長俊看得目瞪口呆，回家就講，太姥爺拔出煙袋，說那是「養材兒」，富不過三代。

這時候太姥爺周春富已經快到六十歲，不怎麼幹重體力活兒，在一個偌大家業的日夜憧憬和盤整中，他照例聞雞早起。春夏兩季還是要到山上看活兒。秋天挑選顆粒飽滿的穀物和豆子，放在通風無鼠害蟲咬處以便來年和人串種，這樣的事情太姥爺交給別人做他不放心。

太陽升鄉周屯八十多歲的王心智至今記得，有一年春天種地，家裏少雇了一個伙計，他去幫忙幹活。我姥爺平時在外拉腳手生，體格也有些單薄，在撒種子的人前面濾糞時趔趔趄趄地在前面小跑，糞土有時會揚到壟溝外面。太姥爺看得皺眉，終於忍不住，一把推開他的三兒子，撈過糞撮箕，用糞扒子三下兩下把糞肥扒進來，然後低頭欠腰小步疾行，右手將糞撮箕有節奏的顛撒，只見一條整齊的黑色糞線頃刻間壓在了壟溝中央。太姥爺特看重能幹活的莊稼人。他看了半晌王心智幹的活，沒挑出毛病來。尋思一會，就問他會不會趟地。王心智說，頭遍耕深淺，二遍稠寬窄，三遍擠壟眼，四遍刮刮臉。太姥爺沒說話，傍中午對他說，你到我家幫我幹活吧，你家裏有多少地我給你捎帶幹。那時的小伙子王心智就是來

幫個短工就沒同意。這事太姥爺挺上心，後來伙計沒雇成，王心智成了太姥爺的三女婿。這和太姥爺年輕時能夠娶到媳婦如出一轍。當然這也給太姥爺家帶來了一個新的契機。

三女婿王心智家有個親屬在瓦房店城內開家崔豐大商號。太姥爺家裏在縣裏領了營業執照，在前屋開起了方圓幾個村子才有的一個雜貨鋪。從崔豐商號批發配貨兼營小農用具。那店裏真是雜，有土有洋貨品竟然有幾十種。太姥爺的過人之處在於他能知道每個東西能賣出幾分幾厘錢，誰家買東西賒欠幾回都掛在腦子裏，不用對賬再看。連一盒洋火柴裏面有多少根火棍棍都清楚。民國期間，日本人在東北扶持滿洲國的時候，1941年開始生活用品一律實行配給制度不允許自由買賣，小鋪也因此開始揹運。

日本人侵佔東北後期在復縣搞勤勞奉侍隊、強征出荷糧、生活用品配給制，給平靜的小村屯也帶來了不平靜。

村裏人和動盪時局打的種種交道也都是通過村裏的另一些頭臉人物。太姥爺的侄子周長安民國初做過屯長，偽滿洲國時做保長，娶過小老婆。當地人現在對他也是褒貶不一。有人罵他是官家的二狗子，也有人說他天生就是出頭露面的料。太姥爺對他這個侄子不是很看好。偽滿洲國政府實行保甲法。十戶為一甲，十甲為一保。保長周長安硬給按上一個銜兒，於是太姥爺有了平生唯一的稱號——甲長，也叫十戶長。太姥爺也清楚，這是個沒有任何實際權益的稱謂，最大的貢獻就是要老老實實做良民，村裏村捐和交稅包括出勞工，能夠保證及時出錢出物

作者姥爺周長義，其長相和太姥爺周春富最接近。

出力。對自己的這個侄子看不慣的地方並不是因為他討小老婆，而是認為他說話行事方式不實誠。

太姥爺和東街鄰院為院落山牆的界限鬧了糾紛。鄰院新起的山牆地基佔了太姥爺家下院二指寬的地方。周長安來調停。來前，找人通知倆家準備好地契和線尺。侄子來了，並沒有叫兩家用尺線來重新度量。而是打起哈哈對圍觀人群說了段典故。古時候一個人在京城做高官，家人因建房子與鄰居矛盾，互不相讓，便寫信給他要他利用職權干預糾紛。沒想到他回了一份家書勸告：「千里家書只為牆，讓他三尺又何妨？萬里長城今猶在，不見當年秦始皇！」家人收到來信後很受教育，立即把牆後退三尺。鄰居一看，頗受感動——很慚愧，也主動後退三尺。

周長安講完後這個故事後說，都是鄰居，抬頭不見低頭見何必傷和氣呢。鄰居聽了認為保長給足了面子，立刻答應馬上重砌院牆，並把周長安拉進屋裏喝酒。太姥爺卻氣得要死。事情雖然解決了，他卻感覺自己成了輸家，站在簷下把侄子周長安罵個狗血噴頭。

苟氣、拔尖、有一是一，成了太姥爺脾性裏不變的頑固。他借過人家的東西說今晚還沒有拖到明天早上的。同樣，別人借他的東西說今晚還拖到明早還了，他就會不高興。民國末期，家已經有了近一百多畝地，田地的和家裏幾個小作坊都需要人幹活。家裏的伙計從兩三個到五六個的時候都有。幾個兒子也成了編外

周春富的三女婿王心智（作者攝於2004年）

的伙計。太姥爺周春富脾氣之壞是有名的，但遭到呵斥的總是兒子，筐裏的餅子先吃的總是伙計。姥爺周長義有一次給罵得受不住，在背後嚷嚷起來，不知道到底誰是你親兒？太姥爺隨手給了他一鞭桿子，驢操的玩意兒，你用人家你就得實心對人家，名聲搞臭了你誰也雇不到。姥爺兄弟幾個都熟知一個故事：他們的爹周

閣店鄉寫鄉史的老教師宋乃文（作者攝於2005年）

春富年輕時去幫大戶蓋房子。房頂起瓦時三天的活兒，工匠幹了一整周。東家也不吱聲好酒好肉招待。活幹完了，打頭的說東家你看看，把壓地的石滾子扛到屋頂瓦上，用繩子拖著在屋頂瓦上過了一遍，竟然沒聽見一點動靜……

這個場景對年輕時的太姥爺的影響多年後體現得異常矛盾，對待外來幹活的伙計客客氣氣，對待自家子女吹鬍子瞪眼如驟馬般驅使。

六

太姥爺死於1947年的土改。

可能令他想不到的是他死後竟然名揚天下。一個自稱在他家放過豬的小孩在參軍路上學文化練寫作，不會寫的就畫圈兒，1955年以後，在陸續發行有五百萬冊之多的自傳體小說《高玉寶》這本書裏，將他原名原姓寫進去，是書裏面怙惡不悛的惡霸地主周扒皮，

一個經典的細節是，他為了逼迫長工少吃飯多幹活想出一個最損的招數，每天半夜，居然不嫌髒不嫌臭，鑽進雞窩裏，捏著嗓子學公雞打鳴，引得其他公雞一起叫喚，公雞一叫，長工們就得爬起來下地幹活。這就是中國人家喻戶曉的「半夜雞叫」。周扒皮也因此和劉文彩、南霸天、黃世仁一道成為中國有名的四大惡霸地主。

公元2007年春天，我在太姥爺的老家黃店村所在的瓦房店閻店鄉，見到了當地七十九歲的老教師宋乃文，他在1980年代末曾經和幾個人為閻店鄉寫鄉史。幾個飽經風雨、土生土長的當地老人組成鄉史小組，一句一段地梳理著閻店鄉自1840年以來的歷史。字斟句酌整理了四年之多，卻因經費原因至今還躺在鄉政府的鐵櫃裏。現在提起來老人雖然唏噓不已，但也有幾分興奮。老人說閻店鄉發展不快，還是個窮地方，但地瓜在全國都有名氣。這個小地方的名勝古跡過去曾有接官亭驛站和石佛寺，文革時一點痕跡都沒留下。遠一點的永寧城還是明朝的馬監，養過十萬匹軍馬呢。後來都陸續毀沒了。

我問他這裏是否有名人。老人說，有，寫「半夜雞叫」的高玉寶就是這裏的人。我說，那麼周扒皮也該算是這裏的名人了。老人說，我們幾個搞史的寫人記事都要找人簽字確認。我倒是聽說有這麼個人。但「周扒皮」是不能寫進歷史的，周春富不是書中的那個惡霸地主。

第二章
最有名的雇工

第二章　最有名的雇工

一

據《瓦房店志》記載，解放前（1947年土改前）瓦房店境內有耕地近兩百萬畝，除卻日偽官地、寺廟地，大都為民地。全縣九萬戶中，地主兩千餘戶，富農七千餘戶，佔有近一百四十萬畝田地，為總耕地面積的十之有七。地主主要靠地租、雇工、放高利貸等方式剝削農民。縣誌中列出了全縣佔地最多的頭三號地主。一是復州城南東瓦村陳維禮，擁地七千二百畝，家有七十人，雇工十五人種地七百二十畝，其餘耕地出租，另有山林、果園、鹽場若干；二是瓦房店西郊張山嘴村張光鈞（綽號小金人），家有四十人，有耕地一千二百六十畝，全部出租，同樣擁有山林、果園、鹽場；三是鄧屯鄉老爺廟村那永安，有耕地六百畝，雇工和出租各三百畝，另有鹽灘和果園。

太姥爺周春富和他在閻店鄉黃店村的幾個老財們嘴省肚子挪地晝夜算計，贏來了肥瘦不一的一百多畝的田地，又實在是端不上桌面來的。但在春種秋收的稼穡工夫中，他們懂得天道酬勤，也相信天下大事分久必合，合久必分，因此在動盪而暗昧的民國年代，面對強權壓制、兵匪蜂起、災荒綿延、道德失範、民眾流離的變換時

局，在以家庭為基本生產單位的小農經濟，憑藉頑強生命力偶爾也能獲得某種溫飽和安定。然而愚、貧、弱、私是整個民眾生活的基本缺點。在民國20年以後，太姥爺一家老輩哥仨悄然發生的變異，成為那個時代遼南鄉村底層民眾生活的縮影。

老三周春成開始沾上賭錢惡習，偶有小獲竟視其為謀生手段。兒子病死後，也喪失對生活的憧憬，最後賣地尋賭。老二周春有的兒子周長安當上屯長、保長，家裏門檻就高了，雖說登門催稅納賦征捐，村民唯恐避之不及，但趕上給縣城裏的日本人出勞工，村裏的遊手好閒者是指望他賞口飯或撈幾個小錢；老大，也就是太姥爺周春富，在一切的流變中，將千年不變的種地當作是最可靠的職業。有謂：

著衣看家當，
吃食看來方，
種田錢，萬萬年；
做工錢，後代延；
經商錢，三十年；
衙門錢，一蓬煙。

太姥爺後來家裏也置辦小作坊操持小買賣，但他的目的就是一個——攢錢買地。

生為兒孫置了地，死後才能把眼閉。土地是過日子的本錢，也是財富佔有的標誌。圍繞土地的買賣、轉讓和經營，引發出許許多多的社會矛盾。俗話說，私憑文書官憑印。土地所有權的憑證就是地契。分家要按地契分，糾紛要按地契裁，官司要按地契斷，賣地要拿地契看。

在民間，土地買賣和其他商品交易相比，更嚴肅，更慎重，更引人注目。買地者是置產、創業，賣地者是破產，損業。一個高高興興，一個愁眉苦臉。一般不是走投無路、告借無門、萬不得已不賣地。一般賣地者大致有五種情況，一是不堪苛政重負，官家逼款甚急。二是遭遇天災人禍，當即需要用錢。三是因為婚喪嫁娶，家中無錢支付。四是耍錢負債，面臨傾家蕩產。五是耽於奢侈之風，破產賣地揮霍。土地買賣之時先有賣方表明賣地之意，買方聞風而動也表明買地意願，然後請德高有擔當的人當中人介紹溝通，丈量面積，說和議價，地價高低根據地段位置、地力好壞和當時行情而定，可以是糧也可以是錢。一切談妥當之後，買方要請雙方中人、代筆人、所買地的四至地鄰和親戚吃頓

飯，賣方當眾拿出原地契驗證所賣之地的確是他的，然後中人當眾言明地價，買賣人無異議後，代筆人當場寫約，地契的基本內容要寫清買賣雙方戶主姓名、地塊位置、畝數、地鄰姓名、地價、附屬

物歸屬等，還要有賣地人、中人、代筆人簽名和手印，最後寫上立約時間。寫完後當眾宣讀，大家認為無誤後，再簽名蓋手印。地契即成，買賣成交。賣主所存舊地契當眾燒毀，而後再到官方辦理過糧，過差手續。官家按地畝攤糧、要款、派差，加蓋了官印的地契才真正有效。

地契是太姥爺的傳家寶，家裏專門找人打製了一個木匣子，加鎖秘藏保管，然後要做的就是和一家老少如何讓地春種秋收，長出好年景好日子來。

當太姥爺將地攢得有些模樣，家裏能幹活的幾個兒子不夠使喚的，也開始雇起伙計來。1947年東北土改前的十幾個年頭裏，太姥爺家地上、自家小作坊裏雇工三兩人、五六人的時候都有。家裏老輩人能回憶起姓名的雇工有王增泰、劉德義、王義幀、左振業、孔祥明。還有一個因是否在太姥爺家幹過活而有爭議，這就是後來大名鼎鼎的文盲作家高玉寶。

這些雇工在我2007年寫本書稿時，只有王義幀和高玉寶等兩三人尚健在人世。

二

2005年，我再去瓦房店閻店鄉黃店村尋訪太姥爺周春富的老房子。

太姥爺最早建於清末的三間石頭房還在，大概是前街後院也是方圓幾十裏最老的房子了，它老模老樣不聞世事，一派寧靜致遠的深沉。屋頂上滴水沿邊稀疏地長出了草，外牆石頭表面已經風化，用手指似乎能摳下沙礫。最裏屋的窗戶沒換玻璃，還是原來的紙糊窗欞。姥爺原先就在它並排鄰舍住，上世紀90年代搬到鄰鄉高嶺的小村去住了。老房子土改時分給村裏黃姓人家住，那家老太太九十歲了，身體硬實，她的兒子在姥爺周長義搬走時買了姥爺的房子跟

他母親做鄰居。屋子裏很暗。裏屋的牆上掛著一架老紡車。多年不動，它隱隱地掛蛛網了。老太太說那是土改時分的。

我到院子裏站了很久，想像著當年太姥爺、姥爺一大家在這座老院子曾經的生動往事，腦海裏有一個詞：物是人非。老太太的兒子對我的舉動似乎不陌生，他說他在這裏住後，前些年也有幾撥人從外地輾轉找到這裏，像我一樣拍照和問這問那，最後都搖搖頭走了。

周春富老屋的現主人高殿榮（作者攝於2004年）

我沒有告訴他我的真實身份。

我問他這房子這麼老，你打算翻新嗎？他說現在蓋房子要很多錢，等家裏老太太「百年」以後再說吧。我祝老太太長壽。

小時候雖然去過姥爺家數次，對太姥爺半夜學雞叫的故事半信半疑。這個故事對我的影響我將在後文裏詳細記述。大概從2004年開始，我像一隻逆流的魚，在遙遠的往事河床中倔強又孤獨地洄游。

我去瓦房店市馬蓮鄉高嶺村看望姥爺。姥爺和小舅舅在一起住，住的是大姨搬到城裏後倒騰出來的四間瓦房，房頂上有屋脊六獸。這一帶的房子這樣的並不多。姥爺年輕時遭了大罪，快到九十歲了，鬚髮皆白，腰背駝著，說話多了口角就會流涎。搬到新地方住要有十年了，和鄰里處得很好，逢年過節黃店村那裏還有老鄉過來走動。聽說我要找過去在他家幹過活的人，拄著拐棍就要領我到後街。原來當年的伙計王義幀住在那兒。他比姥爺小一歲，老哥倆沒事就在大道邊一起曬曬太陽。

王義幀身體比姥爺硬朗得多，見到他時正在院子當中收拾草垛，腰板挺直，面容清癯，腳上打著綁腿，能想像出他年輕時挺俐落的樣子。他沒有子女，解放後一直在農村，後來過繼了在工廠裏幹活的兒子，80年代到城裏待過幾年，

雇工王義幀和周春富三子周長義在一起（作者攝於2005年）

兒子得病死後又回到農村。現在有一個老伴。是村裏的五保戶，住著村裏給安排的兩間石頭房，一間臥房一間灶臺，小院裏種點蔬菜。老伴眼睛不好，看樣子是白內障，身體還行，能給他做飯。他願意吃小蔥拌豆腐和小米粥剝雞蛋。

我和王義幀的對話是坐在住屋裏的炕沿上進行的。他的住屋很簡單，牆上掛著相框，裏面有幾張是老頭解放後不同時期的照片。靠北牆是臺老式的地櫃，四周鑲著黃銅護角，櫃門開啟處是滿月狀的銅鎖。櫃子上面擺著幾個紙缸，上面貼著老太太剪的紙蝴蝶。這些都是在我姥爺家找不到的老印象。老頭說這都是土改時分得的一點家底，以前家裏還有些小物件，都被下鄉淘舊的人給收走了，他和老伴都不會討價還價。

王義幀對能在高嶺這地方和我姥爺做街坊鄰居很高興，早年在姥爺周長義家幹活時他喊排行老三的姥爺為三哥。現在也喊三哥，他很羨慕姥爺晚年的時候膝下有子女兒孫。三哥對他也不錯，去年冬天家裏草不夠燒，三哥讓兒子給他送來一車苞米秸。

老頭耳朵有些背，和他說話得用挺大的聲音，自然他也是高嗓門。嘮扯起幾十年前的往事，他的記憶還很清晰。那個上午我和他有了一段對話。

「您還能記得在老周家當伙計的事情嗎？」

　　王義幀：「記得啊。我在周家幹了一年活。應該是1940年，我二十二歲，三哥（我姥爺）二十三歲。他家老大和老三領著我種地，老二跑外和染布。老四念書，老五還小。老父親叫周春富。油坊、粉坊那時還都沒有，就開個染坊，別人家的買賣掛幌，開染坊不用，有大架子，曬布用桿子挑。論尺，藍的多少錢，青的多少錢，二藍的多少錢。我去那陣兒，雇個姓魏的伙計幫助染布。」

　　「老周家那時候地有多少？」

　　王義幀：「當時大概接近二十天地吧，能有一百畝。地薄啊，收成不好，種苞米、高粱、大豆。好地打糧，薄地落花生。地種不過來才雇人。幹活，他家的老娘們也上山幹，已經結婚的妯娌仨，小苗出來就上山，別人家沒有叫老娘們兒上山幹活的，怕笑話，他家女人都上山，而且都是小腳婆。」

　　「租地和雇工還記得是怎麼回事嗎？」

　　王義幀：「地租有分租、包租、預租、押租四種，選哪一種需要兩方商量，租地的有小自耕農也有無地的佃農。租種田地時有寫租約的，也有不寫租約的。立契約的由中間人介紹，雙方立約憑約收租。不立契約的由租地人直接向地主說定租價，到期交租。雇工分長工、短工和半拉子工。幹一年的是長工，春種、夏鋤、秋收忙季或按月按日的是短工，不到成年的給人幹活的叫半拉子工。

　　咱這個地方，地主富農和佃戶或者雇工關係挺好，雙方大都是近鄰或著同鄉或者親戚介紹，遇到婚喪嫁娶的還有往來，沒聽說有佃農、雇工抗租或霸種，或者地主欺詐或威嚇的事情發生。」

　　「那時候的雇工都怎樣給地主和富農家幹活？工錢和待遇怎樣？」

　　王義幀：「我從十五歲就給人幹活，在馬蓮、黃店幾個地方都幹過活，半拉子、短工、長工都幹過。每天要幹活大概十小時。自打陰曆立夏起至立秋日止，每天下午自午飯後至三時為休息時間，

這叫做歇晌。別的日子只在午飯後稍微休息一會。在幹活期間，每天上午休息兩次，下午休息一次，每次大概有一袋煙工夫。長工一年裏假期很少，廟會、八月十五、陰曆過年是必須要放假的，半天、一天、兩天的都有。工錢都是不算錢，算糧。一個好打頭（工頭）一年十石糧，養活家裏老少不算問題。給地主富農幹活，待遇還行。名聲好的來找活的也多。平時吃飯人家吃什麼咱吃什麼，苞米粥、苞米餅子、高粱米是常飯。一年裏還有幾次犒勞。吃上工飯、開鋤開鐮飯、吃下工飯。這時候是能夠喝上酒的。逢上端午、中秋、重陽這樣的節日也要改善一下生活。搞點粉條，做點精米飯。記得一次趕上老東家殺豬，我還幫助挨家挨戶「號」肉，先給有錢人家送，一斤、二斤。再到窮家給掛在大門口，那時候比現在講信譽，秋後算糧就行了。」

「那您對老東家周春富都有那些印象？」

王義幀：「我去那年，老頭六十歲。不閒著，鍘草他幫著續草，他續草鍘出的苞米秸長短勻齊，牲口愛吃。夏天上身不穿衣服，後背曬得黑紫黑紫的。人會打算，仔細，老頭有個特殊要求，伙計也好，兒女媳婦也好，不准穿紅掛綠，幹活怕沾灰就不能撒手幹。我二十出頭，老媽給做件小白褂。老頭說，王伙計給你染染吧，不要你錢。都說老頭狠，那是對兒女狠，對伙計還行。沒說過我什麼，我單薄，但會幹。老頭說，會使鋤，能扛糧就行。老頭對兒女嚴，人家院子裏是不能有雞粑粑的，孩子回家了就拿起小鏟子往院坑裏拾掇。家裏不養牛，養騾馬，

腳力快也乾淨。我在他家早起是不晚。人家養成了習慣，冬天天沒亮點了火油燈，家裏人做飯的做飯，餵牲口的餵牲口。人家都起來了，你伙計還能賴在被窩裏嗎，起來沒有事摑著筐揀狗糞。老頭把家，就願意買地。和人家在地頭說話，末了要問，你賣不賣啊？地有地照，土改那年，聽說都縫在家裏老太太棉襖裏，躲在山坳被雨雪給齒死了。」

「在老周家幹過活的雇工您都熟悉嗎？」

王義幀：「不全熟悉。我在老周家幹過一年多，回家後就到西洋鄉給日本人栽煙了。我在外面扛活總共十五年才回家。解放後，1955年在促進社當過主任，第二年入黨。合作化、互助組都當過小幹部。給老周家扛過活的聽說最多時有五、六個人，我在時加上染坊師傅才兩個人。都是遠近村屯的人。給他家前後幹的時間最長的是打頭劉德義，後來在大隊當過貧協主席。有一個叫王增泰的，還做過閻店鄉的副鄉長。最有名的要數高玉寶，他寫了一本書就叫《高玉寶》，把周春富寫成惡霸地主，弄得全中國全世界都知道。但聽說他沒在周春富家幹過活……」

三

王義幀所說的長工高玉寶比王義幀要小七、八歲，的確應該算是全世界最有名的雇工。

在《新中國文學詞典》（潘旭瀾主編，1993年出版）有高玉寶這個詞條，是這樣說的：小說家，1927年生，遼寧省瓦房店人。九歲給地主放豬，十歲至十五歲流浪到大連當童工，後來當勞工，學過木匠，1947年參加中國人民解放軍。次年加入中國共產黨。當過通訊員、警衛員、軍郵員、收發員等。曾參加遼瀋、平津、湘南、廣西戰役，多次立功。1949年隨軍南下途中，開始學習識字、寫

作。1951年初，以不凡的毅力寫出二十多萬字的自傳體小說草稿。1954年到中國人民大學工農速成中學學習。1955年出版長篇小說《高玉寶》，在國內外引起熱烈反響，國內十多家出版社以七種文字出版，國外十二個國家和地區用十五種文字翻譯出版。1956年加入中國作協。1958年進中國人民大學新聞系學習。1962年畢業，回部隊工作，任文藝幹事。曾任旅大警備區大連俱樂部主任，現為旅大警備區政治部創作員。

……就是這個高玉寶創造了若干個奇蹟：

第一奇蹟：文盲戰士高玉寶1947年參軍後邊打仗邊畫書。利用一年半時間畫出了《高玉寶》一書的原稿，後收藏於中國革命軍事博物館。

第二奇蹟：《高玉寶》一書創造出中國文學史上的先例——集書名、主人公、作者三者同名。

第三奇蹟：《高玉寶》，僅漢文版累計出版印數達四百五十萬冊，在中國出版史上還沒有哪本小說能有如此高的印量。

第四奇蹟：以親身經歷創作的這部自傳體小說真名真姓真地點，其主要篇章〈半夜雞叫〉、〈我要讀書〉被編選進中小學語文課本。〈半夜雞叫〉被拍成木偶電影。書中主人公周春富是惡霸地主，綽號周扒皮，為了逼迫長工上地裏多幹活，半夜偷偷趴在雞窩門口學雞打鳴的故事，家喻戶曉，以其強烈的真實性深深影響了幾代人。而且作者本人不僅善於筆耕，還善於舌耕，數十年來，作過四千多場報告，聽眾超過四千五百萬人次。在21世紀的今天，中國的許多地方許多中小學還要排隊請書的作者去講述革命傳統教育。

然而當有一天，當你聽說高玉寶並沒在周春富家幹過活，你會怎樣想？！

在這幾年的有關周扒皮的尋根之旅中，我明顯感到了甲乙雙方的存在。

四

黃店村的許多老人對此莫衷一是。很多人也流露出不願意再去回憶過去那些陳芝麻爛穀子。

姥爺對這件事的說法很堅決：高玉寶沒在我家幹過活。我家從沒有見過這個人。

2005年九十歲了的姥爺，話說多了嘴角流涎，談及過去的事兒他像魯迅寫的那個祥林嫂，就總要車軲轆似的重複一件事情。

這件事的時間、地點、人物在他那日趨老化模糊的頭腦裏一直很清晰：

> 1963年春夏之交，他（高玉寶）來了一趟。我和人正在地裏幹活。高玉寶四十歲模樣，招呼大家一起要開個小會。黃店有兩個生產隊，山後隊的人沒理睬他。呂XX（姥爺說話含混不清，我聽了幾回都沒聽清這個人的名字）跑過來了，呂參軍回來當隊長和把頭組長（五副犁鏵一個互助組），領著高玉寶，現找了幾個人，高玉寶隔老遠在地裏給幾個人握手。我這也是第一次見到高玉寶。高玉寶對我說：誰說我沒在你家幹過活？！我學木匠時還給你家做過馬槽子。這事很多人都清楚。人家來調查，你們照我那樣說沒有錯。高玉寶又說他現在很煩惱，小人多。他又對我說，寫周扒皮不是寫你家的事，不是寫咱這地方的事，但天底下能沒有這樣的事嗎？小說是拿（到）全國來教育群眾的，有沒有重名重姓的？肯定有。回去告訴你們家裏大人和小學生，不要亂講話。

據姥爺講，高玉寶這番話那個上午講了「六千遍」，中心意思就一句：外面來人問要回答，我在老周家幹過活。

幾十年後的今天，我絲毫不懷疑姥爺腦海裏這個揮之不去的特殊鏡頭的真實性。但我得為這個鏡頭找到它發生的時代背景。

1963年都發生了什麼呢？打開1963年的年度記事：

毛主席號召全民學雷鋒。

禁演鬼戲。

南京路上好八連命名。

三年災害的陰影逐漸遠去。

百分之九十五以上的人民公社有了電話。

知識青年上山下鄉深入開展。

城鄉四清運動。

萬噸輪躍進號沉沒。

中蘇論戰進入白熱化。

中國告別洋油時代

……。

在對眾多家事、國事、天下事的掃描中，唯有一條年度關鍵詞——「憶苦思甜」，似乎可以為高玉寶急著來農村「開小會」做注腳。這一年的5月8日，毛澤東在對東北、河南兩個報告指示中提出：用講村史、家史、社史、廠史的方法教育青年群眾這件事，是普遍可行的。此後，各級各類學校普遍開展了訪貧問苦，請「三老」（老貧農、老工人、老紅軍）作憶苦思甜報告，通過社會調查寫村史、家史、社史、廠史的活動，向學生進行階級和階級鬥爭的教育。「憶苦思甜」從1963年開始，城鄉貫通席捲全國。

後來，姥爺那個小村果然來了寫文章的記者，至於寫了什麼樣的報導，發在什麼樣子的報刊上就不得而知了，也無從細考。

　　但這是一根藤。因此，這也可以為我後來尋訪給我太姥爺周春富當過十年打頭的劉德義時所產生的種種困惑找到了鑰匙。

五

　　2005年秋天，我在閻店鄉鄉政府東面一個叫王屯的村子，見到了劉德義的兒子劉吉勝。

　　劉德義1978年去世，關於他的很多內容都是從他的兒子嘴裏得知的。劉吉勝1949年出生，上有兩哥兩姐，下有仁妹。現在家裏老娘還健在。他當兵復員在鄉里供銷社當賣員，供銷社解體後回家務農。家裏蓋的是八間帶地下室的鋼筋水泥平房，門戶敞亮，這在農村已經屬於小康之家了。他人長得寬頭大臉，眉眼間暗蘊著幾分道眼。

　　劉吉勝說聽他老娘講，她十七歲嫁到劉家，老頭子一直在周春富家扛活，中間有過幾次間斷。有一年復縣下了四十天雨，地都澇壞了。爹就帶著全家到吉林了。由於水土不服得了大骨節病，死了兩個孩子，回復縣後周春富就又找上門來了。他爹活好，在老周家雞叫上山，天黑下山，吃的苞米餅子。周春富待他也可以，你家缺糧，他給你送來，你家缺草，他給你送來。秋收時他爹帶著伙計每人一天要捆兩百捆苞米。

　　劉吉勝說他爹這個人給他印象最深的是不會彎轉，解放後當過大隊的貧協主任。下面

長工劉德義的老伴和兒子一家（作者攝於2006年）

哪個生產隊的隊長活兒孬，他就去代替幹。後來搞「憶苦思甜」，他經常出去做報告，在鄉里還和高玉寶同臺做過報告。每天補助三角錢，他始終不要。他從不說周扒皮的綽號，也不說半夜雞叫的事情，就說自己是怎樣幹活的。「文革」時還為此被「過篩子」。

劉德儀雖然沒有像我太姥爺周春富被原名原姓寫進《高玉寶》書中，但他是書中正面人物劉打頭的人物原型。我問了他兒子劉吉勝兩個問題。一是高玉寶是否在周春富家裏幹過活？劉吉勝說聽他爹講，高玉寶曾經在周春富家裏幹過兩個小半勁兒，是半拉子短工。我問的另一個問題是，聽沒聽你爹講過半夜雞叫的事情？劉吉勝似乎停頓一下，說這個爹好像也沒細說。但他感覺那是不現實的，他還一直想到大連問問高玉寶是怎麼回事呢。

劉吉勝很真誠地和我談論著這些話題，但我隱約感覺到這真誠後面似乎有某種保留或者是掩飾。

告別他家時，我去看一眼他家的老太太。

劉德義的老伴還健在，八十八歲，顯然見過世面，應答從容。他們一家人的說話給人一種訓練有素、滴水不漏的印象。這種似曾相識的感覺，讓我想起他們的話就像我那些電視臺的同事們，為那些被採訪者準備的種種「上鏡語言」。我給這家當年的光榮人家拍照，他們很配合。老太太還顛著小腳爬上炕打開櫃，取出一個小鏡框，是劉德義早年時戴紅花做報告的照片。老太太說：這是國家給照的。我愣住了，這語氣真大。老太太接著說：不花錢。

長工劉德義（攝於上世紀60年代，拍攝者不詳）

2005年開始，我陸續見到王義幀等幾個還在世的雇工。王義幀算是長工，

但他只在周春富家只待了一年多時間，其他人也像他這樣或者做短工，他們在不同時期做伙計的時候並沒有見到高玉寶這個人。而當我見到唯一的老長工劉德義的家人後，我曾一度困惑不已。為什麼我姥爺那樣堅決，而給他家扛活十年的長工的說法大相徑庭？

高玉寶是否在我太姥爺家幹過活？我曾在我姥爺為代表的甲方和劉德義為代表的乙方之間陷入懵懂。後來我大膽地做了一個假設：假如我姥爺所述完全屬實，高玉寶為了在「憶苦思甜」中達成口徑的一致和真實，而急匆匆到黃店地頭上「開小會」千叮嚀萬囑託，那麼，他或者「上面」同樣也會對老貧農劉德義開這樣的小會。

當然這純屬假設。

那麼高玉寶到底在沒在周春富家幹過活呢？這是個謎。只有高玉寶知道答案。

六

雇工的多寡，雇主的好壞，在特殊年代裏是和成分劃分有關與階級鬥爭有關的嚴肅事情。

有意思的事情還在後面。

上個世紀70年代末，開放個體戶創業，解禁鄉村家庭工業，恢復城鄉小商品市場——私營經濟開始在中國大陸萌動。隨之而來的是，「雇工」這個在中國曾一度絕跡的、在以往被視為有剝削色彩的辭彙再度出現了。

廣東高要縣農民陳志雄承包魚塘，廣州第一批個體戶之一高德良下海創辦「周生記太爺雞」，安徽著名的「傻子瓜子」年廣久，經營擴大而雇工，從臨時工到固定工，從一個到數個。這也觸動了當年意識形態最敏感的神經：在社會主義國家，是否應該有以往被視為帶有剝削意味的「雇工」的存在。

《人民日報》展開討論，歷時三個月。爭論的焦點之一是：「雇工算不算剝削？」

討論中，有人引述馬克思在《資本論》的論斷，「雇工到了八個就不是普通的個體經濟，而是資本主義經濟，是剝削」。這是馬克思在《資本論》第一卷第三篇第九章《剩餘價值率和剩餘價值量》中明確劃分的「小業主」與「資本家」的界線。按馬克思的計算，在當時（19世紀中葉），雇工八人以下，自己也和工人一樣直接參加生產過程的，是「介於資本家和工人之間的中間人物，」也就是小業主；而雇工超過八人者，則開始「佔有工人的剩餘價值」，是為資本家。

爭論並沒有就此打住。從省委到中央，是提倡是取締？是公開是默許？最後驚動了鄧小平。

1984年10月22日，鄧小平明確指出：「前些時候那個雇工問題，相當震動呀，大家擔心得不得了。我的意見是放兩年再看。那個能影響到我們的大局嗎？如果你一動，群眾就說政策變了，人心就不安了。你解決了一個『傻子瓜子』，會牽動人心不安，沒有益處。讓『傻子瓜子』經營一段，怕什麼？傷害了社會主義嗎？」兩年到了，鄧小平還是說：「再看看。」

「看」了幾年之後，形勢越看越好。

待到1988年，中國首次在憲法上重新確立私營經濟的法律地位，雇工也隨之合法化。

再看今天。長工、短工、日子工，人人在打工。寰球同此涼熱。與國際接軌的新鮮事，年度最佳雇主評選已經成為對中國企業界和社會影響力最大的媒體品牌活動。

農民工評、大學生評、網民評。各行各業為此喧囂。

競爭實力、薪酬福利、成長空間等都是評選的標準，而企業CEO的人品和人性化管理似乎更尤為被員工看重。

　　在網上，有人建議將善於時間管理和注重人情味（不是用棍子打醒而是間接通過雞叫開工）的周扒皮評為最佳年度雇主。儘管是戲謔之語，但頂帖者甚眾。周扒皮們學雞叫搶劫時間所帶來的剩餘價值，卻以遵循天命的姿態躍然於歷史中。而現在從事酷吏般管理的老闆往往理直氣壯，他們像金魚一樣待在四周全是玻璃的「魚缸裏」，俯視員工的一舉一動，連上廁所也規定了具體時間，超出規定時間裏面就自動停水斷電。按照高玉寶的說法，周扒皮學完雞叫是要回屋睡覺的。這些置身於「魚缸」的老闆無處瞌睡，翻著死魚眼睛，只能拿給員工觀賞。當然安裝監控器的例外……

　　時光之手撥轉出來的世界真的很有趣。

半夜雞不叫──揭開地主周扒皮的真實面目

第三章
偽滿洲國痕跡

第三章　偽滿洲國痕跡

一

高玉寶的長篇自傳體小說《高玉寶》共計十三章，第一章叫〈鬼子兵來了〉。

開頭寫道：

> 東山坡上農民正忙著春耕，看見山岔口跑來一群男女，惶惶張張地說日本鬼子朝這邊來了，一路上殺人放火無所不為。村民都放下手中的活計收拾農具回家趕牲口進山躲躲……這情景可樂壞了村公所的閻王保長周長安和屯長王紅眼。鬼子兵來到太平村搶糧、抓勞工辦思想犯。一小撮鬼子頭目還住在周長安的爹老周扒皮周春富的家……

在接下的章節裏敘述：

> 周扒皮家在太平村黃家店，屯西那座粉牆大院，三進三出的大瓦房。老周扒皮當年蓋這座大院時，得意地說過：三面靠山一面靠水，不怕土匪來搗亂。院子和窮人家隔開，也

免得叫那股窮氣衝著。兒子周長安當上滿洲國的保長後，房子又翻修一回，氣派更大了。⋯⋯當住在大院豬圈旁小破房的長工們發現是老周扒皮半夜學雞叫逼他們下地幹活時，都怒不可遏。又一個夜晚，小高玉寶設計把老周扒皮當作偷雞賊一頓痛打。喊抓打偷雞賊的聲音傳到上院，驚動了住在西廂房睡覺的鬼子軍官，聽見喊聲，帶了兩個護兵，拿著手槍就跑出來，邊跑邊喊：賊的一個不要，統統打死。來到黑糊糊的下院，小鬼子軍官噠噠地照著雞窩就是兩槍，老周扒皮「哎呀」叫了一聲，直喊是我是我，一頭就鑽進了雞窩裏，嚇得拉了一褲兜子屎。

這些都是很多人耳熟能詳的情節。但《高玉寶》作為自傳體小說，雖然採用了真名真姓真地點，但日本鬼子這樣在遼南復縣農村一帶猖狂活動的類似描寫，基本屬於虛構。

二

復縣一帶對東北而言是遼南。復縣之南三百里是遼東半島的前端大連，乘坐火車兩個小時左右就可以到達。中國半部近代史都和它有關。

1894年甲午中日戰爭，日本侵佔遼東半島旅順、大連，後向清政府索要巨額賠款退還遼東。1898年俄國取代日本侵佔大連，簽定《旅大租地條約》。1904年日俄戰爭爆發，俄將旅順和大連的租借權轉讓給日本。大連地區變為日本殖民地。日本侵佔大連地區後，由沙俄關東州下設的租借地金洲、貔子窩、亮甲店、旅順等市擴張至複縣境內五島和普蘭店以北隙地，新侵佔面積二百六十二平方公里，總面積三千四百二十六平方公里。中華民國建立後，復縣除境

內五島外，其餘隸屬北洋軍閥（奉系）政府和南京國民政府。1931年「九一八事變」東北淪陷後，復縣隸屬偽滿洲國奉天省，直到1945年8月偽滿洲國垮臺。日本在大連的殖民統治機構頻繁變動，關東軍司令部、關東廳及南滿洲鐵道株式會社（1906年8月成立）成為日本統治旅大、控制東北的三大互為倚重的侵略機構。

日本侵佔大連後在東北的活動主要在南滿鐵路沿線租借地，像一條貪婪的長蛇蜿蜒在東北。在瀋陽，火車站一帶都是日本人的勢力範圍，老百姓和日本殖民者倒也相安無事，日本人天天往回拉礦石、大豆，日本三菱廉價從中國收購，簡單加工後賣到德國賺大錢。中國政府和地方軍閥都沒有這個能力，只好眼看著日本人這樣拿中國的東西去掙錢。在這表面的平靜和無奈背後，暗流湧動。2005年抗戰勝利六十週年，據當年北大營的東北軍老戰士陳廣忠回憶，在滿鐵沿線大小車站都有駐軍，還有鐵甲車晝夜不時來往巡邏，租界地也由日本的憲兵、員警維持。沒人敢惹日本人。經常有全副武裝的日本兵，三五成群借「參觀」名義到北大營鬧事，大家恨得牙根癢癢，但長官不讓動手。1931年入秋天變涼後，日本人的演習多了起來。事變前的幾個晚上，日本人每天都演習到很晚。城裏的一些日本人非常囂張，有人在酒館裏叫囂說：過幾天要給中國人顏色看看。

果然，一個巨大的陰謀不期而至。

1931年9月18日晚，侵駐在中國東北的日本關東軍按照精心策劃的陰謀，由鐵道「守備隊」炸毀了瀋陽柳條湖附近的南滿鐵路路軌，並給幾個殺死的乞丐穿上軍

1937年九一八事變，日本人拍攝的日本關東軍進攻北大營原版圖片。（瀋陽收藏家詹洪閣2008年9月18日捐贈給當地博物館）

服嫁禍於中國軍隊。這就是所謂的「柳條湖事件」。日軍以此為藉口，突然向守在瀋陽北大營的中國軍隊發動進攻。

因東北軍所謂「堅決」執行「不抵抗主義」，當晚，日軍攻佔北大營，次日佔領了整個瀋陽。日軍繼續向遼寧、吉林和黑龍江廣大地區進攻，短短四個月內，一百二十八萬平方公里、相當於日本國土三倍多的中國東北全部淪陷，三千多萬父老鄉親成了亡國奴。千秋功過誰來承擔？

太姥爺周春富的外甥劉德安是當地為數不多的通曉文墨的老人，他說是張學良而不是蔣介石。「老子都叫日本人給炸死了，兒子竟把槍炮鎖進庫房」。也許這種說法是對的。僅僅說張是代蔣受過似乎沒有依據。因為直到今天始終無法找到任何一份蔣在「九一八事變」當時命令張不抵抗的電報或手諭。張學良在1990年6月和8月兩次接受日本NHK電視臺記者公開採訪，談及「九一八事變」時曾坦言：「我當時沒想到日本軍隊會那麼做，我認為日本是利用軍事行動向我們挑釁，所以我下了不抵抗命令……我對『九一八事變』判斷錯誤了。」

東北各地淪陷時間表如下：

遼寧省

瀋陽　1931年9月19日5時30分

安東（今丹東）1931年9月19日5時40分

營口　1931年9月19日8時

海城　1931年9月19日8時

鳳城　1931年9月19日7時

遼陽　1931年9月19日10時

本溪　1931年9月19日10時

復縣　1931年9月19日10時

撫順　1931年9月19日11時

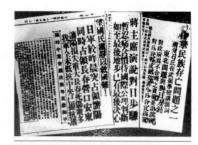

當時報刊對事件及不抵抗政策報導

蓋平　　1931年9月19日14時

四平　　1931年9月19日

昌圖　　1931年9月20日

遼源　　1931年9月22日

開原　　1931年9月24日10時

鐵嶺　　1931年10月9日8時

梨樹　　1931年10月11日

洮南　　1931年10月25日9時40分

通遼　　1931年11月4日18時

懷德　　1931年11月18日

新民　　1931年11月23日

法庫　　1931年12月21日

盤山　　1931年12月29日12時

錦縣　　1932年1月2日18時

吉林省

長春　　1931年9月19日18時

敦化　　1931年9月23日11時

黑龍江省

哈爾濱　1932年2月5日10時

復縣淪陷準確時間是1931年9月19日10時。《瓦房店志》這樣記載復縣淪陷情形：

　　「九一八事變」翌日，日本守備隊包圍復縣政府，解除員警即公安武裝。9月19日當天，復州城中師學生集會遊行抗議。愛國人士宋魁武組織400人準備游擊抗日被殺。民國最後一任縣長景佐剛，不願為日本人做事化裝經海路逃之北京。

10月28日，偽復縣地方維持會成立。次年三月，日本扶持偽滿洲國在新京（長春）成立，復縣屬偽滿洲統治範圍。

三

日本人統治大連四十年，強佔復縣在內的東北十四年。比較起1937年「盧溝橋事變」後日本全面侵華中國人浴血抗戰八年，東北人，對日本人有著一種複雜的情緒，那決不是單單激進狹隘的民族仇恨。日本全面侵華採取的是「分而治之，漸之殖民化」，東北是一個樣板。高效率地支騰起一個滿洲國，規劃城市、整理地籍、開拓移民、採掘資源、奴化教育。

後來《偽滿洲國史》等資料記錄：

日軍佔領東北之後，迅速收繳焚燒關於中國歷史和地理的教科書，從1932年3月到7月的五個月間，焚燒書籍達六百五十萬冊，九千名教師受到逮捕、槍殺或強迫改行。從此在各級學校裏，將日語作為第一語言，漢語退居第二位。在日本人編印的教科書裏，連中國地理和歷史都不讓兒童多瞭解，反之在專門接納日本兒童的中小學裏，特別重視學習漢語和中國國情的介紹。偽滿洲國成立以後，東北沒有新開辦一所大學。日本人認為不必過高地提高中國人的文化水平，這樣更便於鞏固其統治。但為了培養高級奴才，先後派被他們視為可靠的中國學生去日本留學，從1935年至1945年的十年之內，有五千人左右。

日本政府還以南滿鐵路為中心，大量向東北遷徙僑民，先以旅大做起點，漸次向各地滲透。1920年，在瀋陽的日僑不到五萬人，1931年「九一八」事變後，增加到十五萬人以上。在錦州、營口、鞍山等地的日人也同樣激增。佔領當局在各大小城市劃定日本人的

住宅、娛樂場所和工廠地區，各城市中風景較優美的地區，多半劃為日人的住宅區，不准中國人居住，甚至不准通行。另外指定一些被稱為「中國通」的日本浪人雜居在中國人中間，他們大都負有日本特務機關的特殊任務。此外，還販賣鴉片、白麵和嗎啡，開設賭場、煙館和妓院等，進行毒化中國人的罪惡活動。

根據瀋陽日僑聯絡總處1946年的統計，哈爾濱、齊齊哈爾和佳木斯等地的日僑約二十五萬至三十萬人；長春、吉

日本人扶持的僞滿皇帝溥儀（選自《大連近百年風雲圖錄》1999年遼寧出版社）

林、瀋陽、鞍山、錦州等地約有九十萬人；旅大、營口和鳳城等地約有二十萬人；再加上內蒙地區的十二萬日僑，共計一百五六十萬人以上。

在東北聽不到任何關內的消息，完全不瞭解關內抗日進展的情況，所見所聞全是日本的宣傳：日軍如何神勇，武士道精神如何偉大，中國人如何無能，中國軍隊如何慘敗，日軍又在華南、華中某地打了勝仗……特別是在佔領一個大城市後，都會舉行慶祝勝利的大型活動，並強迫中國學生參加，由此使一些青年人在思想上彷徨，在生活上消極，對抗戰及國家前途愈來愈感到失望，而對地球東邊的那個島國卻愈加佩服起來……

<h2 style="text-align:center">四</h2>

我曾經問過復縣（現瓦房店市）老家的一些人，僞滿洲國時候見過日本人嗎？他們一直在搖頭。在太姥爺那兒的鄉村，我問《高

玉寶》書中寫的日本鬼子飛揚跋扈駐紮在黃店村的情節，是否確有其事？一些老輩人連聲說，扯淡、扯淡。

日本人侵佔東北後，遼南農村很少有人見到日本人。日本人主要活躍在滿鐵沿線的大小城市和礦產資源所在地。在復縣，除了縣城內駐有小量憲兵隊和特警機構外，其他主要是在境內的原日租借地的五個島嶼和淪陷後的復州灣鹽場、煤礦以及華銅礦。在縣裏中國人做縣長，日本人做參事、副縣長，但卻掌握實際權利。境內佔地大多的農村實行保甲制，實行連坐統治。

各村設村公所和員警署，鄉里還有維持治安的棒子隊，週邊組織有各種道德會宣揚日滿親善，日滿協和會在各村公所設專職幹事負責情報採集。偽員警署和村公所一文一武，偽員警抓賭博違法，維護治安。村公所下面分別有屯長、閭長和甲長。日本人利用屯長組織出荷糧、挑國兵，剩下的國兵漏兒就參加勤勞奉侍，勤勞奉侍人數不夠就抓勞工。而偽員警下鄉一是抓勞工二是趁機撈錢。窮人怕偽員警，地主不怕，地主在方圓幾十里都有勢力，能鎮住他們，甚至想在老財家裏噌頓飯都難。相反，地主怕的是窮人，怕得罪窮人被留後手，放火或偷盜。瓦房店的政協原副主席兼文化館館長牛正江老先生，對遼南地區的民風民俗頗有瞭解，他說，後來解放初期土改，很多人在訴苦會上講要飯苦，但說來說去，找了一圈都能要上一筐餅子。

我在太姥爺家鄉所在地和很多老年人交談。他們對侵佔東北後的十幾年來日本人的印象僅限於量地和烤煙。太姥爺的外甥劉德安等人回憶，上世紀30年代滿洲國時期，他們

偽滿遍佈東北的日本神社（選自《大連近百年風雲圖錄》1999年遼寧出版社）

那裏曾經見過一個日本人在中國人陪同下「打地」。「打地」就是量地砍個粗木頭尖「楔」在地裏，東邊誰西邊誰。旱田叫旱地。房屋是宅地。墓穴叫墓地。樹欄子叫雜地。1942年、1943年，黃店村一帶還來過兩三個日本人蹲點，負責指導烤白菜、烤蘿蔔乾、烤煙。大白菜連根拔下，一扭去根，用草繩拴掛起來，放進烤房，烤壞不行，原來是綠的必須綠，日本人提供技術。僞滿時期，復縣得力寺種過烤煙，復縣西藍旗等地大量栽植煙草，都是日本人指導的，當地有不少人去煙田打工。

老輩人所能見到的日本人似乎挺和氣。但他們可能並不知道，日本人來「打地」正是日本侵略東北後，利用僞滿政權開展計畫長達八年的「地籍整理」的一個鄉村鏡頭而已。這次地籍整理動用五百五十萬人次，對東北境內七十二萬平方公里土地進行「整理」後，大量地佔有東北的原有國有、公有土地和有力控制了私有土地，使得日本人在東北大量開拓移民、佔地經營合法化。日本人在太姥爺家一帶烤白菜，正是太平洋戰爭爆發戰場上資源緊張之際，接下來是強征強買的「糧食出荷」，家家攤派戶戶刮地。1943年奉天省（遼寧）春季因無法「出荷」而被逮捕的人就有三千人。

但老輩人對日本人似乎挺麻木，相反認為是那些「二狗子」不好。誰是二狗子？劉德安老人說，滿洲國

日本人在東北整理地籍（選自《大連近百年風雲圖錄》1999年遼寧出版社）

皇帝溥儀就是最大的二狗子，溥儀就是僕役，日本人叫幹啥就幹啥。在老百姓面前給日本人辦事的都是二狗子。

1931年「九一八事變」日本佔領復縣時，縣長景佐剛正組織大修有兩百年歷史的復州古城。日本人來了，景縣長跑到外地參與抗日了。他是好樣的。老城沒修，後來日本人強徵生鐵，縣長張國銓和復州城街長為了「表忠」，竟然將城牆上的六門鐵炮拱手獻出。而偽滿洲國的末任縣長郭振昌在職期間，把老祖宗忘得一乾二淨，大力推行日滿一德一心的奴化教育。小學生都不讓學中國話了。而且為日本人動用欺騙手段強徵二萬勞工修路、開礦並遠送邊境充當苦力。2005年中國慶祝抗戰勝利六十週年時，一位解放初期押審過郭振昌叫宋學恕的老律師，完成了歷時八年的瓦房店地區二戰倖存勞工調查、公證工作。復縣地區，二百三十五名倖存勞工的血淚口述動人心魄。

按照老輩人的說法，太姥爺周春富的侄子保長周長安（在《高玉寶》一書中被寫成周扒皮的兒子），也屬於二狗子之列。劉德安老人對他的評價是見人說人話，見鬼說鬼話。

後來，我在大連見到了周長安的兒子周有合。因為有親戚關係，給搬居大連的他打電話，電話那頭很熱情，竟然給我留了他的兩個手機電話。等我見到他時才知道，他在瓦房店農村務農多年，後來因為孩子大學畢業定居大連才搬來養老的。他說他父親當保長時他剛出生，父親人心眼好，保了不少人，朋友特

上世紀30年代日本關東軍在大連港進行消防演習（選自《大連港百年圖史》1999年大連出版社）

別多，後來死於肝病。雖然在一起說了不少話，但他一直沒有親口說他父親解放初期蹲過大獄。

也許是中國人都有隱惡揚善的特性吧，第一次和他見面，我也不好直接問他。

瓦房店那位老律師發起的復縣地區二戰倖存勞工調查、公證，在國內影響很大。當年的倖存者或者見證人從民間站起來作回憶。曾經在日偽復縣公署工作唯一健在的劉繼孔老人，對當時徵用勞工的記憶一直很清晰。他的老家和太姥爺老家的距離不遠。

1940年，十九歲的劉繼孔考入了當時的復縣公署，在行政科工作。1943年，他被調到動員科，有機會接觸到全縣的戶口管理和徵用勞工的工作。劉繼孔回憶說，當時，動員科分三個股，勞務股、國兵民籍股和勤奉股，科長和幾個股長都由日本人擔任。偽政府對戶口管理制度非常嚴格，所有人都要登記造冊。日本人徵用勞工大概是早在1932年就開始了，日本關東軍在東北的許多廠礦，如果需要用人，就發函到公署，每次需要的人數不等。公署接到來函後，就由勞務股向各村攤派，攤派是按照各村的大小和人口多少，然後各村再把任務攤派到各屯，最後由屯長決定誰家的人出勞工。攤派到有錢人家，他們可以花八擔糧雇人去，自己不用幹活。徵用勞工來函時間不確定，人數不確定，有時一批一二百人，有時就幾個人。出勞工是很少有報酬的。

劉繼孔的回憶能說明一個問題，當時

上世紀30年代大連的中國人的居住區（選自《大連港百年圖史》1999年大連出版社）

日滿時期的屯長、保長之類人物的權力是很大的。因此在日本人推行的「糧食出荷」、「勤勞奉侍」中，對太姥爺的侄子保長周長安的種種行徑，我的想像空間很大。

五

今天在東北還能見到各種各樣的「日本痕跡」。港埠、機車、造船、化工行業如此，城市建築規劃亦然。

從哈爾濱、長春、瀋陽、鞍山、營口到復縣一直往南，特別是當年日本人在東北的特區大連，日本的殖民痕跡如雕如琢，留下處處鮮明的印記。在旅順口留下的是觸目驚心的日俄戰爭遺址。在大連市區則是殖民者處心積慮的建設痕跡。

大連有名的中山廣場當年叫中央大廣場，偽滿洲時期由廣場輻射出去十條大街，呈有序的蜘蛛網狀，廣場四周各大街道之間是當年的正金銀行、日本朝鮮銀行、民政署、市役所、郵政局、法院、員警署、中國銀行、英國領事館等宏偉的建築東西洋結合互為呼應，既是大連的地標，又是日本殖民大連的外觀特徵。這些建築群幾乎都有百年歷史，現今仍為當地金融、司法、郵政等部門所用，其莊重典雅的風格及堅固耐用度仍為後來城市的其他建築所難企及。中山廣場南面的滿鐵大連醫院（後來的鐵路醫院、大連大學附屬中山醫院）起建之初，就與當時走廊與平房相連的主流醫院大相徑庭，著力建成醫療與教學並行的超大型綜合醫院。據說醫院的所有房間每天都能保證有兩個小時的光照。2006年醫院在原有框架下內部重新改造裝修後，院長趙德偉帶著筆者在內的新聞單位記者參觀，那通透的氣勢和科學格局讓人嘆為觀止，大連的其他大小醫院尚沒有一家能給人帶來如此美感。

　　筆者先前在大連的兩家大型國有企業工作過。一是遼寧省大連海洋漁業集團（又稱大連灣漁港）。一是大連港。在遼漁，早年日本人留下的冰橋至今仍在使用。大連港的整個開港和建港都和日本人有關，陸上滿鐵，海上大連港口，大連灣南岸的幾乎所有碼頭基礎設施都和日本人有關。半個世紀過去了，它們仍然各自以凝固的姿態出現。大連港埠大樓也是大連地標建築。它身後是原來通行電車的港灣廣場，它前面面對的是作為海上玄關建造的長長的候船大廳。現在仍有往來於上海、天津、青島的航線，乘客可以通過大廳穿過架橋直接上船。只可惜後來港口的管理者，在候船廳這個海上玄關入口的高大柱臺上面「亂搭亂建」，原來在歷史照片上所能見到的「門戶」印象已蕩然無存。

　　在中山廣場附近的南山、鳳鳴街等地，還有大量的日式小樓散落縱橫，當年日本對大連的移民大多居住在那裏。獨門獨戶清雅安靜地藏在城市的喧囂和繁華深處，留聲機曾經在這裏吱吱呀呀傳來李香蘭的歌聲。可以想像得出，在日俄戰爭之後的若干年裏，日本國內奔湧著巨大勝利喜悅，很可能已經視大連為自家庭院。

六

　　大連近幾年古玩市場多了起來，有專門形成規模的場所，也有幾處自發的跳蚤市場。在這些場所裏日滿時期的玩意很多。這些殖民色彩的東西有些真的挺說明問題，偶爾還能遇到一些研究當時歷史的孤品。那些陳紙片舊標識有的要價不菲。一隻憲兵隊用的馬燈最低要價一千元。而國民黨用的德國造馬燈由於存量大只能賣三百元。有一張30年代初的城市寫真照片看了讓人心旌搖盪：歐洲與日本美學結合體的城市街巷上，幾個跨海而來的移民懷抱嬰孩，肩挎包裹，似乎滿目懵懂，心底卻對這新大陸油然而生怯怯的嚮往之

情……這張要價兩百元的新滿洲寫真照片，我只在一家古玩固定攤位見了一次，隔周就不見了。攤主說滿洲國的玩意兒挺走俏。

老一輩人講，「九一八事變」前的數十年裏，由日本政府支持的公司和大量的日本特務早已把中國東北的人情地理摸得一清二楚，哪裏有金子，哪裏有煤有鐵……直到今天，當人們在檔案館看到日本侵略者當年繪就的地圖時，仍不禁為侵略者的侵略準備之精細、全面而震驚。我無意中在古舊市場見過幾個東西。我相信那些說法的真實性。一是中國鐵路沿線外國人居住人口統計。幾百個車站附近住有日本人多少、朝鮮人多少、俄國人多少等等均有精確統計。一本昭和十二年版的滿洲農業團體中央會編撰的《農產提要》，內中對東北農業實驗場、實驗地、採種田等地作物的土壤、生育管理、收量、特性均有少見的翔實細緻的數據調查和比對。我從小到大在農村生活十七年。翻翻此書，我吃驚地發現，我的很多農業知識還等於零。

原瓦房店文化館館長、文史委員會主任牛正江（作者攝於2007年）

有歷史學家評價日本在侵佔東北後大施奴化教育，認為日本破解文化中國之心，其迫切、歹毒遠甚於掠奪地理中國。

後來陸續發現的日滿實物、讀物真切地證實了這一點。

1922年生於瓦房店復州灣的牛正江老人在日偽時期做過縣小學教師，

神舟總設計師戚發軔院士也是復縣（瓦房店）人

他說日本人和偽員警不准中國人談論國事，城鎮裏旅店、大車店、飯館、浴池牆壁上貼著「自看衣帽、休談國政」的標語，商家和廟裏掛的牌匾以及各種石碑上刻有中華民國年號的都得鏟掉，當年被鏟的石碑和牌匾今日在有的廟宇裏還能看到。教師使用的字典等工具書中的中國或中華民國的詞句都得塗掉。學生教材都是由日本人編寫，印了不少日本人創造的漢字，教師不知念啥無法教學生。同是書裏還寫了不少所謂的「協和語」，如「出荷糧」、「勤勞奉侍」、「寫真館」等。此外還有許多倒裝語等，嚴重破壞了中國的語言和文字。

一個叫冉雲飛的人，2007年3月份在舊書市場搜到一冊有意思的作文，是偽滿奉天大同學院編輯的《小學模範國文大觀》（第二集，偽康德五年改版），收錄的都是偽滿時期的小學生作文，多用文言文寫就，標點尚在新舊之間。他在網上個人部落格評價：從偽滿時期的作文可見出「亡國奴之情形」。

這本《小學模範國文大觀》的篇目有：〈祝滿洲國之勃興〉（復縣縣立小學 戚

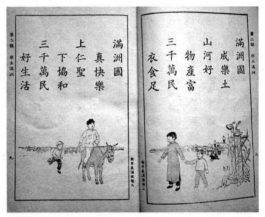

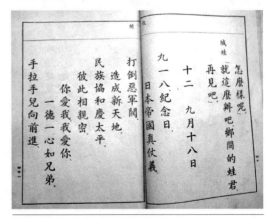

偽滿時期課本書影（兩幅圖片供參考）

長發）、〈對於滿洲國之希望〉（昌圖縣立小學　高純）、〈友邦承認紀念日之感想〉（承德第二小學　吳振生）、〈聖上訪日回鑾宣詔謹言〉（奉天市大南關小學　董增喜）、〈對於日本東京奉迎皇上陛下之感想〉（奉天中街小學　張家楨）、〈國旗〉（昌圖公學校　景常春）、〈歡迎河本總辦記〉（西安縣立第一小學　王保民）、〈對於九一八紀念之感想〉（灤平縣小學梁志峻）等。

現將其中的一篇茲錄於下：

對於九一八紀念之感想

　　滿洲國成立已三稔於茲矣。余於三年中之歡喜、至於曷極。從前清帝遜位、滿洲地方、已為軍閥盜竊、擅權弄政、窮兵黷武、暴虐橫徵、濫發紙幣。以致民不聊生、餓莩載道、吾民何幸、罹此荼毒、思之不寒而慄也。夫滿州建國、推原其功、雖曰天命、實為今日當道諸公、為人民所驅、奔走運動。又蒙大日本帝國、出師協助。吾人對滿洲國之出現、不啻為天上福音、施行王道主義、使人民復瞻天日。以前暴政、悉律廢除、剿滅胡匪、修築道路、建設完備。政府又撥賑災款、救濟災黎、百姓之喘息漸蘇。王道平平、前途光明、定不可限。吾憶當慶祝九一八紀念之時、參與會者、天下數萬人。軍樂奏於棚中、歌聲達於雲漢。各種會劇技術運動、各顯奇異、洵從前未之盛舉。從此人民、可享王道樂土、鳶飛戾天、魚躍於淵、此誠夢想不及之樂事也。

部落格作者評價：如果不看內容，僅就行文而言，其結構之嚴謹，用詞之老練，足以令人稱道。如果不看落款，決不會想到這篇文章為當時的小學生所作，這樣的文筆，恐怕不少今天的大學生見了也會自嘆弗如的。然而端詳一下這堆文字的真面目，一個活脫脫

的亡國奴的形象
便躍然紙上，以一
顆稚嫩的中國少年
的心靈，以老祖宗
創製出的數千年方
塊字，竟對佔我河
山、殺我同胞之倭

寇極盡歌功頌德、阿諛奉承之能事，即便今日讀來，也不免肉麻之
至，心驚十分。當日國民靈魂之麻木、洗腦奴化之奏效，由此可見
一斑。

　　的確如此，中國執掌神舟飛船挑戰太空的總設計師戚發軔就是
大連瓦房店人。戚發軔1933年生於復縣，少年時期曾受過日本的奴
化教育。由於日本人統治了旅大地區四十年，所以戚發軔至今也無
法忘記他上小學時的情景：中國的學生每天早上一到學校，便被教
師集合在操場中央，然後全體學生面向東方，先是三鞠躬，再放聲
念道：「我們是天皇陛下的皇民！我們是天皇陛下的皇民！……」
他在接受央視記者訪談時誠懇地說，他直到十幾歲日本戰敗投降
時，才知道自己是一名中國人。

七

　　今天許多人到大連旅遊，很多年輕的導遊小姐還喜歡向人介
紹，這個建築是俄國人留下的，那個建築是日本人留下的。而那些
參觀者也不禁嘖嘖。在日本有一個excite網站，專門將日俄在大連的
歷史建築物做成網頁，並有煽情文字云云：「藏在這些建築裏的那
一段歷史早已隨風而逝，唯一剩下的則是一股餘燼之香，久久飄在
這座城市之中，揮之不去。」

的確，在餘燼之香中，歷史彷彿掀開新的一頁。在大連這個城市，外資企業中，日資占了一半之多，在那些工廠裏一些管理仍然給人以某種新鮮。在大連的老市區中山廣場

原來的滿鐵建築群附近，偶爾會看到白髮蒼蒼的老人在仔細尋找著什麼，原來是日本人在這裏尋找什麼昭和年間的馬葫蘆蓋。就在我寫這些文字的時候，在大連的《新商報》還看到甘井區大連石化的家屬樓原來是日本人的某個住宅區。那裏的老街坊們看一時半會兒不能動遷，就在院子裏做起「小橋流水人家」來，建小廳，栽花樹，置魚池。當年居住與此的日本人來尋根，因此結下新情誼。

那一段歷史畢竟遠去了，愉快和不愉快都將沉澱下去。但有些事情是不能忘卻的。「九一八」諧音是就要發，在大連在東北被很多年輕人當作新婚的日子。一年裏早早就跟酒店訂下這個日子。但不知道在他們歡喜天地的時候，是否知道這一天和所有中國人的恥辱和痛苦有關。而我所在的小區內曾發生這樣的事情，某年「九一八」紀念日後的第二天早晨，很多高檔的日產車一夜之間全都被割劃。

我和我的好朋友，大連的港史專家劉連崗經常探討這些現象和話題。他引用臺灣老照片收藏家秦風的一本圖片書《歲月東北》上面的感慨：日本侵華戰爭，凡我國人無不深惡痛絕，他們的罪行罄竹難書！但是，平心靜氣的說，瘋狂掠奪的同時，他們也有建設，這是事實。如果日本人預料到他們最終鐵定失敗，那麼他們絕不會發動大規模侵略戰爭，他們在其佔領區苦心經營，大興土木，是以為能畢其功於一役，一勞永逸地解決所謂「支那問題」。這和他們搞城市規劃和搞奴化教育的專一可見一斑。我們記住仇恨和恥辱，但也應該堅守理性的底線，認識到持續和推動建設才是根本，在產

業現代化、在城市管理以及農業開發上，讓過去的侵略者和殖民者無話可說，讓他們真正心悅誠服。

劉連崗給我講的兩件事，一直在我的印象中纏繞。

第一件：日本人開發大連港時曾經給碼頭的苦力蓋了一批紅磚砌就的二層樓，日本人叫「碧山莊」，中國人叫「紅房子」，這個後來被稱為人間地獄的華工「集中營」，其實宿舍、浴池、診所，包括煙館、妓院一應俱全，不談毒害和壓迫華工，單就規劃嚴謹自有可取之處。上世紀90年代，大連的寺兒溝一帶紅房子在動遷改造之列，一些力工在用大錘砸磚牆時，竟然火星直冒紋絲不動，這些砸牆專業戶平時見慣了豆腐渣，這次齜牙咧嘴，遇到了真正的硬骨頭。當時主張修建紅房子的日本人相生猶太朗是個中國通，他的調查功夫是出了名的。在大連魯迅路圖書館的日偽檔案裏，上世紀30年代專門有一本書記述他。他為了蓋勞工房，把大連地區民居生活習性摸了遍，對廚炊、擺件、起臥等等一一精悉。而他剛從日本來大連時是做碼頭長，專門管理各區工頭的。他跳下船來先和工人一樣扛大包，先扛一包，再扛兩包，最後能扛四包。等後來見苦力扛包扛少時，就一腳踹過去。

第二件：大連勝利橋北的大連藝術展覽館原是沙俄東青鐵道汽船公司所在地，是一棟別有風格的俄式建築。也是在上世紀90年代初，因年久失修，城市主管領導沒有修舊如舊，而是聽從了某些

建築公司的動議決定在原址原樣拷貝一棟。消息傳出，來自日本的專家也前來做了大量的技術考量和圖紙複製，在本國幾乎與大連同期複製那座俄式老房子。而房子竣工的時間比大連方面整整晚了兩年。究竟那一座能夠形神兼備？可想而知。

這樣的事情，相信你我都會在心裏，是是非非地嘀咕幾句，甚至要罵娘。

的確，儘管很多中國人不像那些割劃日產車的憤青一族那樣偏激，但對日本和日本人確有一種複雜的民間情緒。鬧禽流感那陣兒，一條短信因寓藏著某種情感曖昧和搞笑的愛國情結，因此在都市男女之間甚是風行。我的手機也收到那條著名的短信：「這可能是我最後一次給你發短信息了，我想了很久告不告訴你，因為我捨不得你！我要去日本了，手續都辦好了，我也沒辦法，我得了禽流感，黨派我去傳染。」

第四章
疼痛的村莊

第四章　疼痛的村莊

一

1945年的8月，讓瘋狂的日本完全墮入黑色。由於日本無視中美英三國的《波茨坦公告》，6日和9日，美國在日本本土廣島和長崎各投下一顆原子彈。8日蘇聯加入盟軍簽字隊伍，百萬蘇聯紅軍橫掃中國東北的關東軍。中國軍隊也全面開始反攻。15日日本宣佈無條件投降。中國各淪陷區陷入悲喜交加的狂歡中。東北光復了，偽滿洲國頃刻瓦解，大小官員也作鳥獸散。

當年在遼南復縣倪窪村村公所當文書的劉德安老人回憶，當時村裏棒子隊的團長陳子厚等人正帶著百來號人在復縣的松樹區集訓，看見來往火車上的膏藥旗和五色旗都不見了，插上了紅旗，就懵懂地意識到可能是滿洲倒臺了。隔日，村員警署門口黑煙滾滾，好像在燒東西，又隔日，員警署空無一人，裏面電話和桌椅都不見了。村公所還照常上班。又隔了一周，來了七八個穿青衫著步鞋腰裏挎匣子槍的陌生人，巡視了一圈，對村公所的人講，小鼻子完蛋了，這以後是中國人和共產黨的天下，你們該幹什麼還幹什麼，不要到處亂走……。村公所的人私下嘀咕，我只聽說有國民黨，怎麼又冒出個共產黨來了？屯長說，誰來了都得用人。

等到了下月初，從二十幾里外的永寧來了掛大車，讓村公所的人收拾一下，集體到區裏接受調查。二十歲出頭的劉德安上車時發現，屯長不見了。

劉德安在此之前不止一次去過永寧。這次他去感覺出了異樣，這座只有三個城門的小城裏，空氣中透著莫名的壓仄。街心那裏有座康熙四十八年建的永祥寺，大廟的佛胎都被拉到了城門外南河沿打碎，十幾個房間被收拾出來，廟門口的土戲臺也打掃得乾淨。大車進進出出，不停地往裏面抬檔櫃和各種箱子，遠近二十幾個村的村公所的村務人員都被「請」來了。新來的區長姓毛，面色嚴肅，給眾人訓話：給偽滿洲國幹過事的要一個一個接受審查，今後所有人不准隨意出入大院，有事情要打報告。這個毛區長為人正直，處事原則性強，革命警惕性極高。據永寧地區給他做過文書的一個老輩人講，毛區長晚上睡覺從不脫衣服，總是半倚半靠在炕裏靠窗的牆角蹲著睡，一有風吹草動立刻拔槍而起。他的槍法之準是百裏挑一的。當時永寧地潤大廟前有兩個各高十米的石頭旗杆，在斗狀的上端高兩米處鑲有桃狀石頭做的旗杆尖為什麼禿了呢，就是在一次萬人大會上，毛區長於幾十米開外，啪啪，抬手兩槍打掉了，這也確實震懾了敵人。

打這以後，不時有武裝人員把人押進院裏關進一間屋子裏。廟門口的戲臺將被抓對象搞批鬥，動員群眾揭發壞人壞事。劉德安這樣的一些通曉筆墨的年輕

永寧監城內永祥寺（牛正江　1956年寫生）

人，負責沒白沒黑地抄錄審問記錄和口供以及各村的戶籍和土地情況。被抓被關的好像都是屯長、協和會長之類的人物，也有家業興旺的老財或者偽滿洲國員警的親屬。緊張空氣漸漸濃郁，一個姓徐的地主被抓起來了，他的一個和劉德安等人一樣在村公所幹事的兒子面色灰暗，老尋思逃跑，結果跑掉了。其實這期間陸續已有十幾個抄寫文書的人從大院裏偷偷跑掉了。毛區長開會說不用慌張，都是中國的土地，想抓誰都能抓住。但區裏只是弄清楚了是誰離開了大院，好像並沒有急著把那些跑掉的人抓回來。這天，一個在區裏做事的年輕人看見他父親被押進大院來了，立刻從腰裏抽出皮帶，咆哮著狠很地抽打他爹，嘴裏大聲說，我離家才幾年？你就變成了漢奸？這情景讓年輕的劉德安看得心驚肉跳。轉眼間，他在封閉大院裏待了四五個月，到了臘月迎新年了，他也想家想得要命。正趕上區裏晚上在大廟院裏給區裏的小學教員開會。他約上鄰村的一個人悄悄翻出大院，踩著積寸的小雪，連夜出城跑回家。

多年後的今天劉德安回憶起那一幕，說那時的心情就象囚鳥離籠，既隱約興奮又漸覺不踏實（當然幾年以後他也為此付出了被管制的代價）。

他跑回家看了看母親，第二天一大早，就跑到太平村黃店舅舅周春富那裏。舅舅家裏很冷清，只有三表哥在家。幾個長工收了秋背著糧都回自個家了，不知來年還能否回來。油坊、粉坊也都歇工幾個月了。七十歲的周春富身體還結實，只是眼神有些黯淡，看見外甥來了，連忙向他打聽他在永寧區政府那裏的事情。年輕的劉德安可能還沒意識到，在他在他受「禁閉」的幾個月的時間裏，整個中國關內關外乃至於他家鄉的這個小地方，一些關乎整個民族命運的重大事情正在他看得見看不見的空間裏醞釀、突發或者是集結、湧動。

二

日本投降後，中國的天空也並非全然晴朗。

蘇聯紅軍進入東北後，立刻牽動蘇美爭霸與中國內戰的敏感神經，這將決定戰後的世界誰將是真正的老大，以及中國人未來應該選擇什麼樣的社會制度。抗戰末期，國共雙方的摩擦日劇。如今共同的敵人日寇瓦解了，國共之間的鬥爭也面臨著攤牌的時刻。在美國的協助下，原本集中在大西南地區的國民黨部隊，被中國和印度境內所有美國軍用和民用飛機快速運送到南京、上海、北平、天津、廣州等重要淪陷區城市進行接收，唯一不得其門而入的是蘇聯軍隊控制的東北。經過八年抗戰，國共兩黨力量均有大幅增長。國民黨接受了美式裝備，其中的精銳部隊已具備大批殲滅日軍的力量。此外，抗戰勝利也為國民黨帶來空前的聲望。至於共產黨，則從抗戰前的三萬部隊，發展到百萬兵員，更重要的，在延安艱苦的歷練中，共產黨樹立了強大的中心思想，具有極其卓越的領導隊伍和艱苦耐勞的幹部以及聯繫群眾、實事求是的工作態度，全黨全軍上下一心，隨時準備犧牲自己以實踐革命目標。1945年9月初，共產黨陸續派出部隊和幹部「闖關東」，接收日偽軍大量武裝彈藥，迅速建立一支勁旅。國民

1945年8月日滿潰敗後，東北成了三國四方（美國、蘇聯、中國國民黨、中國共產黨）看好的戰略要地。圖為1946年國民黨新一軍進駐瀋陽。（選自《歲月東北》2007年廣西師範大學出版社）

黨精銳則在半年後才趕到。蘇軍撤出後，國共雙方旋即展開一場大戰。國民黨憑藉強大武力在初期取得短暫優勢，但共產黨從事的戰爭並非只在軍事戰場，而是一場真正意義上的社會革命。這就是用土地改革贏得民心。

1946年6月，國民黨軍隊進攻中原解放區，中國內戰全面爆發。不過在東北卻出現了四個月的和平時間，國共兩軍都在進行增補。東北局要人陳雲起草的《東北局關於目前形勢與任務的決議》指出：「無論目前或今後一個時期內，創造根據地是我們工作的第一位……。跑出城市、丟掉汽車、脫下皮鞋、換上農民衣服，不分男女、不分資格，一切可能下鄉的幹部統統到農村去，確定以能否深入群眾為考察共產黨員品格的尺度……」於是東北大規模的土改運動展開。

我所接觸的復縣老輩人提及這段壯闊的歷史背景，都有一套自己的表述語言。太姥爺的外甥劉德安老人這樣說：「美國向著蔣介石，蘇聯向著毛澤東。史達林和毛主席關係好，替共產黨把（守）著旅順、大連，怕國民黨從海上打進東北。還讓共產黨在大連建兵工廠把炮彈走海路運到戰場上……」遼南解放不到一年時間，國民黨由北往南一路打過來了。復縣等地的土改煮了「夾生飯」，國民黨氣勢洶洶佔據遼南半年多時間又被解放軍趕走了，土改復又熱騰騰回鍋。這一來一往交叉反覆，幾乎每個村莊都發生過戰鬥都死過人，上了年紀的老百姓都記得兩個專有說法，把國共兩黨在遼南的百餘次的激烈搏殺叫「國共拉鋸」，把部分地區土改的過激行為叫「流血鬥爭」。

東北光復後，太姥爺所在的復縣在共產黨來的時候給劃成一縣一鎮十三個區三百多個自然屯。這些村屯在日偽時期雖然得到要塞式的統治，但日偽勢力並沒有真正涉入，除了要交納各種各樣的捐稅，偶爾有偽員警下鄉或流氓地痞騷擾以外，多數仍然處於幾百年

來形成的閉塞的自治體系中，有著自己的生息規律。直到來了共產黨。清一色貧農組成的農會、打游擊戰的武工隊，國民黨進犯的正牌軍、惡霸地主和土匪流氓組成的鐵血團輪番出沒在鄉村，暴力、鮮血，清算與仇殺，碾碎了小村莊的一切平靜。

<h2 style="text-align:center">三</h2>

太姥爺的外甥劉德安在家裏貓了幾個月，雖然無事心中卻也惴惴。遠近村裏紛紛成立貧農團和農會，過了年轉眼就到清明和穀雨，地濕氣上來了，也暖了，可家裏的伙計開春後沒一個回來的。太姥爺周春富還去找了一兩遭，奇怪的是伙計好像都在躲他們的東家。1946年春天的地是太姥爺一家老少自己種的，過了七十歲的太姥爺也上山了，去給兒孫們招扶平壟的拉子。當然哪個人活幹得不夠立整照例挨罵。地頭和村口是傳播蜚短流長和各種消息的場所。共產黨要給窮人分地了，這個讓太姥爺惶惑的說法很快就變成了現實。小苗苗從地裏拱出腦袋時，村裏農會和貧農團四處張貼標語和敲鑼打鼓宣傳共產黨的《五四指示》：「在反奸、清算、減租、減息鬥爭中，直接從地主手中獲得土地，實現耕者有其田」。土改由此在復縣拉開大幕。在轟轟烈烈的氣氛中，老百姓也是第一次通過村牆的畫像知道了毛澤東。在此之前他們中的絕大多數人只知道中國有個蔣介石。

反奸清算搞得最凶的地方是在日偽時期的復縣五島地區。復縣地區當年流傳一份小曲調《土改小唱》——

周春富外甥劉德安（作者攝於2006年）

正月裏來正月正，五島財產數著陳文成。
弟會長，兄包工，租界以內逞過凶。
哎呀哎嗨喲……小日本亡國現了原形。
嗯個來哎嗨喲，一切財產分給老百姓。
二月裏來龍抬頭，姜村長的兒子姜興州，
做官活，打人手，撩棍的煙捲不能抽。
哎呀哎嗨喲……八路軍來了跑到南金州，
嗯個來哎嗨喲……凡是在名的插翅也難逃走。
三月裏來三月三，於明山在島中是個大壞蛋。
吃小雞，拆婚姻，不管後患不後患。
哎呀哎嗨喲……八路軍來了手腳戴鎖鏈。
嗯個來哎嗨喲……誰想到有今天小命歸陰間。
四月裏來梨花香，郝永玉陳文章當過大隊長，
褲腰帶，別匣槍，事變時期民遭殃。
哎呀哎嗨喲……八路軍來了嚇得他臉發黃。
嗯個來哎嗨喲……郝槍斃陳判刑，白跑了西幫。
五月裏來五月五，王吉兆在家中放聲大哭，
鬥爭會，不能過，後悔當初做得錯。
哎呀哎嗨喲……幸虧他老婆哀求把話說。
嗯個來哎嗨喲……老百姓這才給留口吃飯鍋。
六月裏來三伏天，叢德富在屯中好事他不幹。
嫁佉媳婦，拆婚姻，人事不做畜牲般。
哎呀哎嗨喲……八路軍來了逃到大連。
嗯個來哎嗨喲……到處跑白費力還得蹲法院。
七月裏來七月七，王德富在衙門當過書記。
家有船，裝配給，窮人領糧兌沙泥。

哎呀哎嗨喲……國民黨來了打人顯「洋氣」。

嗯個來哎嗨喲……解放後蹲法院，西邦也白去。

八月裏來八月八，林元貴包大工把門把人打。

扣工錢，把財發，當屯長時糧兌沙。

哎呀哎嗨喲……國民黨來了他當官又反把。

嗯個來哎嗨喲……解放後在西幫才把他來抓。

九月裏來九重陽，王仕環當船頭伙計遭了殃。

扣工錢，不發糧，腆著肚子把貨裝。

哎呀哎嗨喲……欺壓人民上了四合房。

嗯個來哎嗨喲……八路軍來了逃到了西邦。

十月裏來十月一，叢家運看苗圃狠心把人欺。

打百姓，罰勞役，害得窮人哭啼啼。

哎呀哎嗨喲……他娶了小老婆一人占雙妻。

嗯個來哎嗨喲……八路軍來了小命歸了西。

十一月裏雪花飄，周全一在交流島打過幾年腰。

蓋瓦房，豆腐造，洋鬼子與他打交道。

哎呀哎嗨喲……八路軍來了嚇得他往外跑。

嗯個來哎嗨喲……大瓦房和羊群一起往外交。

十二月裏是一年，王洪仕開小鋪壞事幹得歡。

賣燒酒，水對半，配給「洋火」他說了算。

哎呀哎嗨喲……當村長耍流氓好事他不幹。

嗯個來哎嗨喲……解放後鬧土改小命歸西天。

十三月裏是閏年，陳洪仁真是老壞蛋。

鬥爭會，穿孝衫，七十多歲好可憐。

哎呀哎嗨喲……走一步哼一聲又把爹來喊。

嗯個來哎嗨喲……鬥爭會勝利了窮人大聯歡。

　　小曲詞調輕鬆詼諧，將反奸清算運動刻畫得生動形象。復縣的第一次土改其實是溫和的，和五島地區比，境內的薄地和山田所在的村莊並沒有受到太大的衝擊，對少數漢奸、惡霸的鬥爭和鎮壓已經起到了足夠的震懾。但從1946年7、8月份開始，鬥爭、翻身、倒苦水，這股風潮很快在全縣波及開來。開始時那些被分地分財產的對象都是反奸清算中被鬥的對象。後來幾乎村村都要開這樣的鬥爭會。被鬥者在接到通知後往往神魂不安。因為被鬥的結果不僅要戴上高帽遊街，還要將正在生長的青苗地交出去。太姥爺一家寢食難寧，將糧食、衣服還有一些貴重的東西悄悄地轉移藏到一些親鄰那裏，然後心驚肉跳地等待厄運的不期而至。然而這剛剛開場的大戲，還沒到達高潮就被國民黨南下進攻給終止了。

四

　　1946年11月底，國民黨佔領遼南復縣。共產黨的部隊撤出縣城打游擊成為「共匪」。各個村屯的政權組織或被瓦解或者轉入地下。據後來的《瓦房店志》記載，在國民黨佔據復縣的半年時間裏，復縣境內的幾乎所有山頭都發生過有規模的戰鬥，幾乎所有村屯都響過槍聲。復州城、永寧澗、松樹區等地的農村各區、村屯，一些地主惡霸、反動道首、流氓惡棍等勢力蠢蠢欲動，集結成武裝組織配合國民黨圍剿和反撲。太姥爺的外甥劉德安所說的永寧區大廟，已經成了國民

資料片：翻身農民鬥地主（齊觀山攝於1950年北京郊區）

黨東北行轅二處策反組（後改為清剿隊），一個冬天殺害農會積極份子和村幹部六十餘人。當地老百姓提及無不膽寒，背後稱其「鑭頭隊」。其手段兇殘狠辣，逮住捕殺對象後就地活埋，然後以鑭頭將腦袋敲碎。

形勢變了。國民黨在各個村屯的政權也建立起來了。躲在外地的太姥爺的侄子周長安也跑了回來，搖身一變做了保長。令人奇怪的是國民黨也跟老百姓講土改。劉德安老人清楚地記得，縣裏就有人到過他那個村裏。一個官長模樣的人只帶了兩個兵保護。國民黨官員這樣講土改：平均地權是國父孫中山提出的偉大理想，蔣委員長諭令我們要用更好的事實來對待土地的處理和分配。農民在中共土改中的勝利果實，由國民黨政權「徵收」後再「發還」給農民，地主損失由國民政府「補償」……

「國民黨土改宣講團」只晃了影就不見了。不但農民半信半疑，而且讓幾個月前被反奸清算的地主惡霸又抬起了頭，跟佃戶雇農要地要息要糧。兇狠者有之，和氣者有之，坐等往回送者有之。然而突然某個夜晚，這些傢伙會在夜半就會叫起來被訓話，警告不准翻把倒算、不准為敵報信，不准資敵助敵，不准造謠生事。否則共產黨嚴懲不殆。於是這些人的一部分變成了牆頭草和兩面光。

國共在復縣大小村落你來我往，敲門聲、狗叫聲、槍響聲都會讓人不安，生怕有禍事上頭。1947春節，臘月底，太姥爺跑外做生意的二兒子周長俊從瀋陽回來，特意把太姥爺願意抽的煙捲搞回家。年三十晚上一家人正在炕上圍坐著說話。房屋門突然被撞開，呼啦一下子進來五六個人，腰裏都別著傢伙。為首的嘴裏哈著酒氣、陰著臉，問：「共產黨好還是國民黨好？」全家人一下子楞住了。都知道這句話的厲害。這是村裏人最怕的一句話。有一段時間裏復縣一些村屯的老百姓，走在道上突然就會被穿便衣的人堵住，就問這句話。

說共產黨好，啪啪挨倆耳光。

說國民黨好，啪啪挨倆耳光。

到底誰好？

說共產黨、國民黨都好，照樣啪啪挨倆耳光。

不說挨打，說錯了挨打，非要你說出個誰好誰壞來。

太姥爺家過年，沒想到夜貓子進宅，也不知道來人是哪路神仙。全家人正呆在那裏作怔。跑外的二兒子周長俊見過世面，連忙上前往炕上讓，說：我們都是老百姓，過日子就是求個平安，別的我們都不知道。來來，大過年的，幾個兄弟，快上炕喝一杯暖暖身子……問話者盯著周長俊問，你就是周家老二？周長俊連忙說是是，是從瀋陽回來看看老爹老媽，說話間找出火車票連同一疊票子一同塞遞上去。問話者接過票子，說了聲不打擾了，完後率人離去，不一會村屯其他地方又響起陣陣狗吠。太姥娘噗地吹滅了油燈，除夕一家人半宿無言。而第二天早上發現院門口竟貼了一張警告信：通敵者殺無赦！太姥娘同幾個兒媳婦立刻腿腳酥軟、面如死灰。

多年後，在寫下這一段真實的文字後，我突然明白：像我太姥爺這樣家底殷實的小人物，在兩大政治勢力犬牙交錯的夾縫下生存，革命者把他們當作革命對象，反革命者將他們當作壓榨對象，他們是一群在可悲和痛苦中掙扎著的人。國民黨好還是共產黨好，其實在老百姓中還是能作出一些判斷的。國民黨一個營的兵力駐紮在復縣一個叫陳屯的小村莊，吃光了整個屯子的雞。這成了那個地方老百姓的集體記憶。而共產黨的部隊進村子裏幫助百姓挑水、劈柴、掃院子。臨走時還囑咐老鄉聽見槍響炮響，就趴在炕沿下面，別亂走動，當心子彈碰著。這些細節雖然零散卻讓記憶溫暖。當然，在絕多數老實巴交的村民中間，也另有一些人，在覷覬著機會，然後迫不及待地變現某種利益。

我的家鄉其實就在前文中多次提到的永寧澗。我少年時就不止一次地聽到老家人講述的國共拉鋸期間的兩個故事。一個故事中的主人公已經絕後，我可以大膽地記述這件事。在永寧區內發生的一次戰鬥中，一位游擊隊員負傷跑進在南河沿一戶農家。清剿隊得到情報後悄悄包圍了上去，但不敢貿然進去捉人。因為知道這位隊員身上有一顆手榴彈。告密者便假裝和游擊隊員嘮嗑，並對其身上的手榴彈強烈好奇，受傷的隊員解下手榴彈給他看。告密者把手榴彈握在手裏，便按照事先約定好的信號，嘴裏連說「拿了」，屋外的人一聽到「拿了」，立刻破門而入抓住了那位游擊隊員。

　　另外一件事，當地一位伊姓的懶漢，在永寧橋東的老哈大公路上看見電線杆上爬著幾個人，連忙跑到永寧大廟，對著裏面的長官氣喘吁吁地告密：報告，土八路在官道上掐電（話）線！誰知那個長官聽了一拍桌子，吼了聲，媽的，我們就是八路。原來，這時候，共產黨的隊伍已經趕走了國民黨，正在電線桿上接電話線呢。伊姓二流子沒領到一分賞錢，相反屁股上重重地挨了幾腳被放回家了。這件事成了他家後人無法洗刷的恥辱。因為後來即使是個屁大點的孩子，也會在村屯街巷、房前屋後若干次當兵打仗的遊戲中學舌：報告，土八路在掐電線！

五

　　國民黨只在復縣待了半年時間，就向營口以北的錦州、瀋陽等地節節敗退。1947年6月，復縣二次解放。第二次土改旋即開鑼。這是一場暴風驟雨。

　　農會、貧農團似乎一夜之間現形，村政權一應而生，正副村長、文書，還有民政、生產、財糧、公安、武裝、教育、婦女、調解八大委員，婦女會、兒童團、民兵組織緊隨其後。操持這些新

生組織的分別是縣、區、村裏下來的各級工作隊。著名作家周立波在其反映東北土改的長篇小說《暴風驟雨》中寫到工作隊進村的情形：「這幾天，元茂屯的男男女女，老老少少，都有一種奇怪的感覺。他們從玻璃窗戶裏，從破紙窗戶裏，從包米高粱的密林裏，從柳樹叢子的背陰處，從瓜架下，從大車上，睜開驚奇的眼睛。瞅著工作隊，等待他們到來以後屯子裏新的事件的發生和發展，而且人人都根據自己的財產、身份和脾氣，用各種不同的態度，接受新發生的事情，有人樂意，有人發愁，有人犯疑，也有的人心裏發愁，卻裝著快樂。沒有一個人的心裏是平平靜靜的。」

太姥爺所在的村屯同樣如此。而且很快形成一種鋪張風氣。地主、富農紛紛殺豬、宰雞。部分中農也開始殺雞，平時節儉慣了的農民做出如此揮霍的舉動，顯然不是歡迎土改工作隊的到來。對傳言中的分地、分財產，人們心裏並沒有底細，相反一種恐懼的心理在蔓延。

趕走國民黨後的二次土改首先是一場大規模清算，漢奸、土匪、惡霸、偽員警、國兵，包括翻把倒算的地主、富農在「公審大會」中直接槍斃鎮壓。一撥撥農民在訴苦復仇運動中獲得了土地和生產用具包括生活用品。

公審大會後，已經是8月份，鏟稭告一段落，趕上農民掛鋤。工作隊開始用生活好壞和政治表現來決定被鬥的對象和分誰家的地。並且第一次劃分成分。太姥爺家這次被劃為富農。家裏的一多半地被分了。太姥爺的痛心疾首可想而知。地裏的莊稼長到了一人高，每一塊每一壟他都如數家珍。而今年秋天那些玉米棒子和高粱穗就要堆到別人家的糧倉裏，尤其讓他怎麼也想不明白的是，最先分到地的竟有幾個原先是在村裏房無一間地無一壟，是又窮又懶的二流子。現在這些人的勤快麻利讓人吃驚，走動積極、消息靈通，像個打小旗傳令箭的嘍囉兵。

太姥爺一個屯子裏，原來有精細過日子的周閻黃穆四姓的「四大勁」，原先養種馬的閻姓人家馬死了，家裏煉馬油走了火十幾間房子全部燒掉，劃成分給劃了貧農。另外兩戶預先賣了地，又跟村幹部頻頻走動，表現積極，給劃了中農成分。有地、有油坊、有粉坊、有染坊，老守財奴周春富自然成為眾矢之的。黃店這個屯子要分就先分他家，眼道兒只看到腳尖尖的太姥爺免不了將家裏的東西東躲西藏一陣。工作隊早已派村幹部送來通知，限期交出地契、交出糧食、交出錢物、交出騾馬大車……

8月末尾的一個早晨，雞叫頭遍的時候，太姥爺的三兒子周長義（我的姥爺）和他的小表弟劉德安悄悄趕出家裏的膠皮軲轆大車套上四眼騾子，往營口、瀋陽方向奔趕，想以外出做買賣名義躲躲。車上裝著陳年花生和豆油，騾馬脖子的套包裏塞著錢，有偽滿洲國的、有民國的，也有蘇聯在東北用的票子。倆人趕車走了大半天路，來到永寧區西北靠海的一個偏僻小地方，在一親戚那裏貓起來，但親戚家的侄子在地方政府做事，倆人不想給人家惹麻煩，就撂下牲口坐船到營口再到瀋陽去。瀋陽城裏清一色的美式裝備的國民黨軍隊。太姥爺的二兒子周長俊在這裏有個小雜貨鋪，四兒子在鐵西給人打雜工，五兒子幫助二哥照應小鋪。倆人勉強待了一個月實在打熬不住，加上國民黨滿街抓兵差過得提心吊膽。想回家又不知道形勢怎樣，最後劉德安決定先替三表哥打個前站回家探探風向。劉德安風塵僕僕趕回舅舅家就爬不起來炕了，得了寒症。他舅舅家空空如也，幾個小作坊都被貼上封條，粉坨

奉天城內（選自《歲月東北》2007年廣西師範大學出版社）

子、豆餅、染布用的靛油被成車的拉到村部，糧房的幾個糧囤子也是空的。太姥爺周春富被叫到鄰村陪鬥了。有孕在身的三表嫂，一邊給喊餓的兩個孩子找吃的，一邊抹眼淚。太姥娘見劉德安渾身打擺子，顛著小腳摸索出一枚大錢，抹點豬大油蘸著水，跪在炕沿上給外甥刮痧。

半個月後，劉德安偷偷返回瀋陽。他的三表哥，也就是我姥爺坐臥不安立刻就想回家看看。後來又勉強待了一個月，他想家，擔心老爹老媽，也掛念老婆孩子，還有那撂在親戚家將近三個月的四眼青騾子是否掉膘了，也讓他牽腸。1947年12月初，他自己一路輾轉趕著大車急火火回到黃店村。

姥爺剛一到家，工作隊和村幹部就登門了，將大車和騾馬趕到村部，並加上一條轉移財產罪。那騾馬被生人驅使不聽使喚，只見村部的人拉住車閘，掄起棒子就是一陣抽打，心疼得姥爺直吸氣。姥爺隨後被拉到一個地方參加批鬥大會，在那裏他見到了頭戴高帽的爹。

這時候村子裏土改，就像早晨地面的結霜一樣，人人都可以感觸到這廣垠無邊的肅殺。

六

1947年10月10日頒發的《中國土地法大綱》，是與1947年中共軍事攻勢同等重要的政治攻勢。新法令以斬釘截鐵的語言，宣佈了封建土地制度的死刑：廢除一切地主的土地所有權，廢除鄉村土改前的一切債務……連同鄉村中一切土地按鄉村全部人口，不分男女老幼，統一平均分配……鄉村農會接收地主的牲畜、農具、房屋、糧食及其他財產，並沒收富農上述財產的多餘部分，分給缺乏這些財產的農民及其他貧民……

美國人韓丁作為中共的土改觀察員曾經參加了山西潞城縣張莊的土改運動，他在後來的著名的紀實作品《翻身》裏評價：新頒佈的《土地法大綱》在1946年至1950年中國內戰期間的作用，恰如林肯的《黑奴解放宣言》在1861年至1865年美國南北戰爭期間的作用。毛澤東的《土地法大綱》無償沒收了價值二百億美元的土地，使共產黨和國民黨之間絕無和解的可能，把戰爭的主要目標從保衛解放區轉移到全國範圍內打倒地主和買辦階級，促使了蔣軍大批向人民解放軍投誠，推動了中國內地的農民的騷亂，鼓舞了國民黨後方都市中工人、學生、商人和職員的示威運動。中共現在所要求的，不再是為了團結全民族抗日而曾實行的某種階級關係的調整，也不是日本投降後在解放區轟轟烈烈進行的反奸清算運動，而是要全面、乾淨、徹底地消滅農村的封建制度，土地必須分給耕種的人。新的《土地法大綱》條文成為全國所有解放區三年來檢驗土改成績的尺度。土地平均分配了嗎？地主的政治勢力摧毀了嗎？貧雇農當家作主了嗎？若沒有做到這樣的話，原因何在？新土地法也是檢驗所有人政治立場的尺度。你站在哪一邊？站在全國受剝削和壓迫最甚的貧雇農一邊，還是站在地主富農等封建剝削者一邊？還是要擋路，做絆腳石，或者中途而廢？

FANSHEN

翻　身
——中国一个村庄的革命纪实

〔美〕韩丁　著

北京出版社

《翻身——中國一個村莊的革命紀實》美國·韓丁著（1980年北京出版社）

　　復縣土改的高潮在1947年12月份。一場千人參加的貧雇農代表大會，成為深入土改的總動員，那些年輕的土改工作組隊員和村幹部一面檢討自己，一面將一股激熱無限放大，他們當中一些成分不純的被「搬石頭」了，一些「立場堅定」的被委以重任。他們要在幾個星期內完成一場偉大的社會變革。似乎在一夜之間，所有村落的顯眼位置的牆壁都被粉刷一遍，換上新標語。

　　貧雇農打天下坐天下。

　　揭發透，鬥爭透，翻身透。

　　有飯吃、有衣穿、有地種、有房住。

　　不留一個落後份子、不留一個問題、不留一點封建思想、不留一個地主。

　　這樣的鼓舞人心又充滿戰鬥力的語言比比皆是。甚至還有這樣的標語：共產黨是貧雇農的長工。

　　太姥爺所在的村屯緊鑼密鼓進行著兩件事情。其實全縣所有的村屯都是這樣。一是「自報公議」劃成分，二是深挖猛鬥起浮財。先前先有示範村後再大範圍普及的模式全部打破了。

　　進入臘月天已經飄雪，人們抄著袖子跺著腳來到村部，就怕給自己成分劃高了。在太姥爺所在的只有幾十戶的小屯子裏，竟然按「赤貧、貧農、中貧、上貧、下中農、中農、上中農、富農、地主」九個階梯來劃分，人人都希望自己越窮越好，這樣在分浮財的時候得到的東西就可能多一些，別說是頭騾子、一輛車、一張犁、一片耙、一副耬這樣的大件，一件舊衣服、一雙烏拉鞋也是好東西。更重要的是，如果評不出地主富農或者富裕中農來，就沒有財產可分。其次，許多家庭被評為貧農，那就勢必要減少自己應分的「果實」。因此出現兩種對立的傾向，所有被劃的農戶都希望自己

降級，同時都希望別人升級。這兩種對立的傾向經過「自報公議」互相抵消，這樣真實的階級地位也就顯示出來了。這樣做可以避免有些地方的貧農，白天拿了地富的東西晚上給送回去的明分暗不分。同時也避免了一些村幹部利用職權貪污受賄和亂搞男女關係。可是村民之間的積怨宿仇，也不可避免地體現在對別人成分的「公議」上了。但這種尚算「民主」的做法也並沒有能夠在所有村屯都執行下去。工作隊本身有些人對怎樣劃成分並不清楚，劃成分有時候還要考慮「湊數」，有的是一兩個人提出劃成什麼成分，問大家可以不可以，群眾隨著就答「可以」，就算通過了。

與劃階級成分同時進行的是深挖猛鬥起浮財。第一次土改和第二次土改前期，農民分得了地主的土地、房屋、牲口和農具還有一部分甚至全部金銀財物。然而一個縣裏數以千計的貧苦農民很缺乏成為獨立生產者所必須的生產、生活資料，因此財產沒收似乎還不夠徹底。窮人真要翻身就得再多找出一些財產來。可「油水」從何而來，「果實」讓誰獻出呢？一方面把地主剩餘的地財統統挖出來，另一方面，必須對那些裝成普通農民而實際上有某種剝削行為的人實行財產沒收。換句話說，鬥爭要深入，打擊面要擴大。審訊盤問、互相揭發、嚴刑逼供是挖浮財的最好辦法。一村人呼嘯著進入到鬥爭對象家中，翻箱倒櫃掘地三尺，尋挖底產浮財。並把地富家的男人吊起來，要他交代把財物藏在什麼地方，然後派人去挖找，有人管這叫「一頓棍子可以打出一個金

資料片：公審大會（拍攝者不詳）

元寶」，許多村屯都仿照這個方法。而且在一段時間內殺人的許可權已經完全下放。年輕的工作隊隊長歪一下筆尖，就可以決定明天的批鬥對象誰生誰死。

太姥爺在第二次劃階級成分時被劃為「雙富農」（有地雇人幹活，有幾個小作坊也雇人幹活），等同於地主。太姥爺和姥爺幾乎天天挨鬥，要地契、要財寶、要衣物。家裏的炕洞、鍋臺、雞窩、茅廁、豬圈都被挖掘過。自從在前院院角挖出兩缸衣服和布料後，工作隊一天進家一遍，就問一句話：東西在哪兒？

這天，工作隊又來抓人去批鬥了，這一回又是大鬥，「訴苦鬥爭大會」一次比一次升級，太姥爺周春富被打怕了，爺倆早早分頭躲了出去。工作隊的人就要把太姥娘和姥娘兩個小腳婆帶走。太姥娘心疼兒媳有身孕就跟工作隊說自己出去找。

翻開《瓦房店志》可以看到1947年復縣境內連旬大雪的記述。

太姥娘要去的地方是她的娘家孫屯。第一次土改時家裏曾在娘家親戚那裏藏過東西。具體只有太姥爺一人知道她想去打聽一下東西藏在誰家，能否拿回來好讓一家老少不再遭罪。儘管親戚們個個害怕沾邊賴，她還想去試試。老太太顛著小腳走在雪地裏也不知摔了多少跤。在娘家屯外那個小山崗子，一頭栽在溝裏再也沒爬起來，被人發現後已經死去。第二天下午被親戚屯裏人用薄板抬了回來，在家草草搭了靈棚。這天半夜裏冷月懸空，太姥爺許是有感應悄悄摸回家，扶著油坊的石頭牆往大院裏張望。而工作隊隊員早已在太姥爺家周圍等候多時了。

在村部太姥爺見到了為了捉他被抓來盤問的兩個兄弟，一個被劃成中農的老二周春有（周春有的兒子周長安，因為在日滿時期做過屯長國民黨在時做過保長而被判入獄），一個因賭博窮家被劃成貧農的病快快的老三周春成。隔天，自己的三兒子周長義也被帶到村部。爺倆被專人看管起來。

七

　　太姥爺死於1947年12月底，具體時間、地點、場景已經不詳，已經沒有人能夠完整地敘述出來。

　　2007年為紀念土地法大綱頒佈60周年，中央電視臺《見證‧親歷》欄目拍攝的歷史系列片《暴風驟雨—東北土改紀實》，包括《分為深入東北》、《劃分階級》、《煮夾生飯》、《砍挖運動》、《耕者有其田》五集，真實再現了60年前中央新影在東北拍攝的許多珍貴歷史鏡頭。

　　2005年，我見到給太姥爺家幹活前後十年之久的長工劉德義的兒子劉吉勝時，他說，周春富就死在太平村王屯的老學堂，被用繩子頭蘸著水打。一陣工夫打死七八個。那地方離他家並不遠。

　　2006年據七十一歲的大舅媽講，當年她的姐姐十八九歲，趕上幾個屯子召集人去看鬥周春富就去了。在一個大院子裏看見周春富五花大綁跪在桌子上，有人拎著水桶從頭澆下，老頭周春富頭晃著，怎麼打也不放聲。大院很大，層層圍滿了人，一群小學生和小孩子（兒童團）一起喊：周春富老白毛，摘人葫蘆開水瓢，周春富老滑奸，偷老娘們頭髮簪。為什麼會有這樣的民謠似的謾罵，這應當歸功於土改工作隊群火鬥地主策略（幹部是引火的茅草，積極份子是乾劈柴，群眾是濕柴，架在一起就是群火），在若干次到會人數多、聲勢浩大、拳腳相加的訴苦批鬥會上，太姥爺，這個每年收秋後整夜不睡覺看家護院的苟氣老頭，被揭發出兩件和偷盜有關的「惡行」：一是在到周家分米扛糧時在糧囤處發現幾個葫蘆，屯中一戶人家認為這和他家某年院牆外丟失的葫蘆很相似。二是村中一老嫗在河邊洗衣服丟了頭上的簪子，就到周家問路過的周老頭撿沒撿到，周老頭矢口否認，但據說有人曾在路上看到周老頭前衣口袋下面冒出了簪子尖尖。這對周春富的批鬥更加言之有物，但在當時「吐盡千年血和淚，清算萬年剝削債」的訴苦鬥爭大會上，並沒有人叫他周扒皮。

　　而我小時候無數次聽到的只是太姥爺死前的一個細節。家裏人土改這年冬天給他絮上厚厚的棉褲，把家裏所有的棉花都用上了。最後一次批鬥在他棉褲後腔後腰偷著絮上一塊狗皮。以往打是啪啪有聲，這次打得棉花都要綻開，聽到的還是噗噗聲，一拽一看是塊狗皮，遂棍棒更猛。隨後人被丟到西溝裏，當時太姥爺並沒死，蘇醒過來爬到溝沿，被人看見當頭補上了一棒。知情人講到這時總要惋惜地跟上一句：沒死再躲一陣就好了，幾天後，上面就嚴禁隨便打殺了。

值得慶幸的是太姥爺並沒有殃及家人。就在1947年12月底至1948年1月初的半個月裏，復縣十三個區三百餘個村屯的深挖猛鬥達到頂峰。個別地方由於嚴重偏離方向，對地富家庭不分老幼濫打濫殺已到無序和恐怖形態。給復縣閻店鄉寫史的宋乃文老人，當年在南海區的宋村做文書統計，他清楚地記得，當年區裏曾將宋村、吳屯、薛家、

瓦房店檔案館原工作人員——劉寶賢（作者攝於2005年）

河後圍二十餘戶地富家庭一百一十人圈在幾個大屋子裏。一天早晨，被集體捆縛著驅趕到今天西洋鄉萬屯的河沿，區工作隊長李某一聲令下，數不清的棒子就像秋後打穀場打苞米一樣，劈劈啪啪落在老人孩子和成年男女身上。幾個繈褓中的孩子被扔向半空摔死。那種慘烈的場景，讓宋乃文老人今天回憶起來仍心身戰慄。打完人後，區隊長對兒童團和民兵機幹隊講：人是你們打死的，國民黨很快就來反攻，拿槍參軍吧……

五天後，這種斬草除根不留後患的暴力做法被叫停。在復縣南海區十幾個屯子只有吳屯沒有人被打死？

區工作隊問村長要名單：「你們村裏有沒有應該揍死的。」

村長說：「沒有。」

「你們村一點罪惡也沒有嗎？」

「沒有。」

「你是地主狗腿子，揍！」

結果村長挨了頓暴打，村裏沒有一人被打死。然而在整個復縣這樣的情況僅有一二。

遼寧師範大學教授、知名學者田久川

2006年，我在瓦房店見到了曾經在縣檔案館整理復縣土改專題資料的劉寶賢老人。他告訴我深挖猛鬥中全縣貧雇農分得糧食二萬二千七百一十八石，衣物五十二萬五千五百零二件，牲畜一萬三千二百四十一頭，車輛四千二百五十六臺，黃金三十五斤，白銀四千三百一十八斤。1947年12月末參軍一萬三千人，並以出大車、擔架、做軍鞋等實際行動支援前線。而在1947年12月至1948年1月5日區召集聯席會議以前，全縣共處死人數有一千九百餘人，這個數字在後來檔案館裏的專題報告中以XXX的符號代替。

八

2007年4月份，一個偶然的機會我結識了遼寧師範大學的歷史系教授、大連市的知名學者田久川老先生。他也是瓦房店人。因是同鄉之緣，一起談了很多。對六十年前土改那段歷史，他自有一番解讀。

　　土地是農民的命根子。耕者有其田，也是千百年來小生產者因土地過於集中而嚮往的理想社會。毛澤東早在1936年在延安回答美國記者斯諾的提問時就說過：「誰贏得了農民，誰就贏得中國，誰解決了土地問題，誰就會贏得農民。」事實證明了他這個論斷。前方打仗，後方分田。

1947、1948是中國命運轉折的最關鍵年代，當國共兩黨在軍事戰線上進行殊死搏鬥的同時，共產黨用影響中國最大多數人口命運的土地改革，實現了對農村社會的改造，也完成了對中國農民的政治動員，贏得了千百萬農民對革命心甘情願的支持。跟著共產黨走，不僅是一句宣傳口號，也是那個時代民眾最真實的情感。不能因土改出現偏差，就否定這次中國歷史上最壯觀最徹底的農村社會變動。

　　中國的土改其實是學蘇聯。土改之前是沒有地主、富農、貧雇農的說法的。1928年蘇聯搞土改，地主們被流放到寒冷的西伯利亞饑寒致死。中國的土改既然是一次前所未有的革命，就不可避免地會產生許多問題。首先是從數次過度性調整到一次到位平分土地，在新老解放區、中心區、游擊區無法達到均衡性，其次是政策界限，什麼人是地主，什麼人是富裕中農？什麼人該鬥爭，什麼人該保護？地主家的財產抄到什麼程度為止？牲口、農具、衣服怎樣分配？這些都是具體的問題。但是在暴風驟雨的形勢下，來不及對這些問題做深入細緻的考慮。土改越發展，鬥爭就越升級。土改出現過激行為，還和歷代農民起義殺富濟貧對地主階級實施肉體消滅的傳統因素有關。狹隘、愚頑和自私也導致他們無法分清什麼是惡霸地主，什麼是官僚地主，

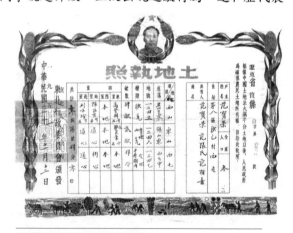

復縣農民1951年領到的土地證

什麼是經營地主。各個解放區都出現過不同程度的偏差和過激行為，時東北南滿負責人陳雲後來還專門就東北土改中的嚴重錯誤向中共中央做過檢討。劉少奇、任弼時等人當時專門研究和制定各種土改政策和糾偏。毛澤東也認識到問題的普遍性和嚴重性，他在與胡宗南的大軍在陝北周旋之際，在指揮三大戰役期間，仍對土改勞神，曾專門提示劃分階級成分的辦法，還提出一句名言「政策和策略是黨的生命」。而這些，後來也促成了國民黨在土地問題上主觀方面的某種覺醒，在後來深刻地影響了臺灣省的歷史。1949年，臺灣省「主席」陳誠在臺實行「三七五減租辦法」，穩定了臺灣省的農村局勢，後來國民黨政權進一步用重金將臺灣耕地收歸「國有」分配給農民。這是在上世紀50年代發端臺灣社會記憶的重大內容，然而骨肉分離的事實，又使大陸人民長期疏離了這一歷史。

田久川教授的話視角開闊又很具思辨性，我這裏只是做了個不合格的記錄員。

田老在談話中無意提供了一個令我有些意外的細節。在1947年年底，復縣翻身得解放的農民在復州城參軍，有三個青年膀靠膀地站在了隊伍中。一個是田久川十七歲的大哥，一個是於永波，還有一個就是高玉寶。

田老的大哥做過部隊的文職股長、地方衛生局局長，四十七歲時病逝。於永波後來晉升為人民解放軍上將。三人中高玉寶最有名。田久川1980年代到日本訪問時，還有日本人

毛澤東手書：依靠貧農發展中農有步驟有分別地消滅剝削積極發展生產

拿著《高玉寶》的主要篇章〈我要讀書〉教育本國孩子：你看中國兒童連書都讀不起。

第五章
黑黑的黑五類

第五章 黑黑的黑五類

一

1950年冬，韶山鄉負責土改的農會主席兼鄉長毛寅秋執筆寫信給毛澤東，說韶山正在進行土改，並把韶山人均土地的情況告訴了他，希望毛澤東把自己家裏幾口人分田告訴一下。

信發出不久，毛岸英、毛岸青兩人來到韶山，轉達毛澤東的意見：一、所有財產分給農民；二、劃為富農，責無旁貸，付來三百元做退押金；三、人民政府執法不徇情，照政策辦事，人民會相信政府的。

後來劉少奇根據毛澤東家舂米房的杵臼也判斷出毛澤東的家庭成分。

1960年4月，劉少奇在湖南作調查研究，順路參觀了毛澤東舊居。這裏的每一間屋子，每一件什物，都使他流連忘返。

當他來到舊居的舂米房，看到杵臼時，劉少奇對隨同人員解釋：這種東西現在看來很簡單，但過去在我們湖南農民家裏，它都是窮富的一個標誌。很窮困的人家是沒有舂米用的杵臼的，有的家裏有一個，有的有兩個、三個。大家看毛主席家裏有兩個杵臼，說明毛主席家家境比較富裕，比較殷實。

劉少奇說到這裏，回頭問陪同的當地幹部：「土改給毛主席家劃的什麼成分？」

「富農。」那位幹部回答。

「差不多，不是富農，也該是富裕中農。」劉少奇又說了一句。

新中國偉人毛澤東的家庭成分劃分，也是共產黨在反覆糾偏中成為和平土改的典型。毛澤東在向1936年下半年到達陝北的美國著名記者斯諾口述自傳時曾講到，他父親原是個貧農，靠勤儉逐步升至中農再到富農的。毛把其父親描述成一個性情粗暴的人，但善待雇工甚于家人，每月初一、十五，總給雇工吃雞蛋和鹹魚片。毛對其母親的描述則充滿了溫情，「我的母親是一個慈祥的婦人，慷慨而仁愛，不論什麼都肯施捨。她很憐惜窮人，在荒年，她常常施米給那些跑來乞討的人……」。太姥爺死後，東北復縣地區土改糾偏第三次劃成分，姥爺一家最終被劃成富農。多少年後，我把毛澤東的家庭成分告訴九十歲的姥爺。「咱家待扛活的也不薄啊？」姥爺口語不清地使勁辯解：怎麼會，怎麼會呢，人家毛主席會和咱一樣成分？

在他昏花的老眼裏，當年凡是地主、富農都少不了被批鬥的。

1950年6月《土地改革法》頒佈。到1953年春，全國範圍內的土改基本結束。1950年8月政務院頒佈《關於劃分農村階級成分的決定》，它在農村劃分了階級成分，劃清了農村階級陣線。按規定，凡佔有土地、自己不勞動而靠剝削為生的為地主。參加小部分勞動但主要以剝削雇傭勞動為生的為富農。佔有或租人土地、有相當工具、直接從事勞動並以此為生的是中農。租人土地來耕作、有不完全工具，受地主、富農剝削的是貧農。全無土地和工具、主要以出賣勞動力為生的是工人（雇農）。

2007年以記錄中國著稱的的民間大報《南方週末》，連續發表了葉匡正先生的「新中國土改學」系列篇，時光捱過半個世紀，這類打量歷史的文字仍受到爭議。

　　其中的「土改學」系列篇之一是「劃階級成分」：土改真正的大事是「劃階級成分」，這既是土改中變更地權的理由，更成為確立新政權在鄉村中合法性的基礎。

　　劃階級成分是對所有農民個人生活和思想的一次介入，它破天荒地在農民的頭腦中，將人與人的關係分出有「敵、我」界限的陣營，改變了每一個農民看待社會與個人的方法。這一點不僅讓農民從心理上與地主分了家，更是喚起了農民潛藏心底的權力慾望。一個人的出身和過去貧窮的程度，成為他得到各種社會資源和政治地位的底牌。

　　劃階級成分可以說徹底變更了農村的社會關係和社會結構。舊的鄉村秩序是以宗族、學識、財產、聲望為根基的，這一切都被「階級」這個新概念顛覆了。那些過去主導了鄉村社會的地主和富農們，在土改中是被批鬥、控訴的對象，其後很長的一段時間成為被管制、鎮壓的對象。它不僅摧毀了原來鄉村精英的社會與經濟基礎，使他們「權威失落、土地被分、聲望掃地」，更通過授予不同階級以差別各異的政治權力，達到了社會動員與社會控制的目的。劃階級成分，其實是重組國家權力的第一步，目的就是通過打擊一小撮階級敵人，來顯示新政權和以前窮人的力量。

　　它所培養的話語、儀式與精神習性，深深地保存在中國幾代人的記憶中，成為以後群眾運動的一個重要源頭。

二

　　地主、富農、中農、貧雇農，階級成分像一道道溝壑劃開了姥爺的兄弟姊妹和後代子女的命運。地主、富農是一群生活在親情分裂、社會歧視和打壓、人身倍受侮辱的人。宋強、喬邁等人所著的《人民記憶五十年》這樣記述這群人：他們及其子女從50年代起

就被社會所排斥，到60年代，是始雪上加霜，成了人們唾棄的狗崽子。這一社會階層在劣等種族式的恐懼不安中屈辱地度過他們的童年和青年時代，這段時間長達二十年至三十年，也許是人生的黃金時代，甚至全部。至少有三千萬人長期作為社會渣滓「受到嚴格的限制，加上文革形成的更多的受壓抑的幹部及百姓和他們的子女，這一階層的人數總量達五千萬人。

然而這個特殊的族群又以它特有的生命力，無時無刻不在試圖溶進大變革時代乘風破浪的主流當中去。他們的所有掙扎和無奈無不折射出歲月的艱辛和社會的跌宕。

姥爺和姥爺一家人就是這個族群的個例。

土改那年的年關，上邊要求村裏家家戶戶都要掛燈籠。貧農、雇農和中農掛紅燈籠，地主、富農家裏必須掛黑燈籠。經過風暴洗禮的村莊突然靜下來，零星的爆竹聲張揚著一種翻身的喜慶，大年三十接神吃餃子的年俗處處充滿了改天換地的意義。望著這村裏此處彼處的紅燈籠，再看看自家屋簷下那被黑布罩裏的燈籠，姥爺覺得喘不過氣來。西院原來太姥爺最早蓋的三間石頭房被分給村裏一位貧農。現在它掛的也是紅燈籠，透過紙窗戶，能影影綽綽看見炕頭牆上紅彤彤的影像，那裏正恭恭敬敬地貼著的毛主席的頭像。這是所有貧農、雇農的殊榮。而自家屋裏，幾個孩子哭哭啼啼，沒奶水的姥娘一遍遍哄著剛出生的鬧哭的小女兒（我的母親）。灶臺沒有生火，八歲的大兒子摸黑出去討要一圈，端回半碗冰冷的餃子。姥爺一口都不想吃，只是久久地盯著簷下那盞形同鬼魅的黑燈籠，蠟燭在裏面晃動著，正艱難地透出一點微薄光亮。

1950年《關於劃分農村階級成分的決定》中還另有規定：十八歲以下的少年和在校青年學生，一般不劃成分，只劃分家庭出身；地主、富農在土改後服從法令，努力生產，沒有反動行為連續五年或三年以上者，可以按有關程序改劃成分，改成新貧農、新富中農。

這是姥爺心頭值得為之翻山越嶺的希望之火。對姥爺而言，他的人生從此開始漫長的跋涉，為改變自己的「成分」而誠惶誠恐地做各種各樣的「改造」。而新中國成立後持續了二十年之久的階級鬥爭的高壓，始終是架在他這樣的人身上沉重的枷鎖。建國之初，一本名字叫《高玉寶》的書更是給姥爺這樣的人刻上了標記。姥爺做夢也沒想到，他家突然成了萬惡的「周扒皮」。先是聽人講，後來有人看到白紙黑字的書，再後來是小人書、連環畫，還有木偶電影。孫子輩上小學的語文課本裏，就專門有講述老地主周扒皮半夜學公雞打鳴逼迫長工下地幹活的《半夜雞叫》。

姥爺懵了，這意味著他和一家人階級改造的步履陷入無邊的泥沼和黑暗。

互助組耕地（資料圖片）

合作化入社（資料圖片）

人民公社食堂（資料圖片）

在那以後無數次的政治運動中，「周扒皮」成為一個萬惡的舊社會代表也被政治風暴無數次洗涮，成為1949年以後中共階級教育運動裏有名的反派男主角。在建國後的若干次運動中，特別是文革時期，在反覆進行的全民性憶苦思甜、階級教育中，周扒皮與劉文采（四川大惡霸）、南霸天（《紅色娘子軍》）、黃世仁（《白毛女》）齊名而四，成為惡霸地主、萬惡舊社會的代名詞，共產黨領導的人民解放和無產階級專政合法性的鐵證。由於原始素材來自自傳，被認定有更高可信性。動畫片裏周扒皮惡狠狠地呵斥：「雞都叫了，還不起來？！快起來！快起來！」成了兒童模仿、嬉戲的臺詞。學校姓周的同學卻不幸淪為受擠兌、挨打罵、出氣的對象。

寫那本書的人叫高玉寶，姥爺不認識，他爹也就是我太姥爺當年雇長工幹活並沒有這個人，聽人說是鄰村青年，在部隊參軍，後回到家鄉在憶苦思甜大會上說，「毛主席是他後臺」。

天下誰不知道毛主席？姥爺一班「地富反壞右」份子噤若寒蟬。

經過土改，全國大約有3億多無地和少地的農民分得了大約7億畝土地和其他一些生產資料，實現了「耕者有其田」。但是農民的個體經濟顯然是與以集體主義為導向的社會主義背道而馳的。因此，被天底下的窮人視為大救星的毛澤東，在中共建立政權之後不久很快就確定了以「一化三改」（即社會主義工業化和農業、手工業、資本主義工商業的社會主義改造）為核心的過渡時期總路線，當時預計用十五年的時間來完成由新民主主義向社會主義的過渡。由此，農民在分到土地之後不久就被迅速地捲入到農業社會主義改造的激流之中。1956年底，隨

憶苦思甜（資料圖片）

著社會主義三大改造的完成，毛澤東進而樂觀地認為，中國的工農業生產要趕超資本主義大國可能不需要以前所預想的那樣長的時間了。冒進，反冒進，反反冒進，最終揭開了大躍進的序幕。為了在中國早日實現共產主義，偉大領袖親自出馬，號召「跑步」進入共產主義社會。1958年6月1日，毛澤東在《紅旗》雜誌創刊號的首篇位置發表〈介紹一個合作社〉，認為：「六億人口是一個決定的因素。人多議論多，熱氣高，幹勁大。……中國六億人口的顯著特點是一窮二白。這些看起來是壞事，其實是好事。窮則思變，要幹，要革命。一張白紙，沒有負擔，好寫最新最美的文字，好畫最新最美的畫圖」。人民公社化，大辦公共食堂，中國農民似乎一夜之間就從人間升入天堂。懲罰緊接而至。據最保守地估計，1959-1961這三年困難時期，中國人口損失達三千萬。「在和平建設時期發生這種事情，我們作為共產黨人實在是愧對百姓，應該永志不忘這沉痛的教訓！」（薄一波：《若干重大決策與歷史事件的回顧》下卷，第902-903頁）面對經濟建設中出現的災難性惡果，毛澤東能主動承擔責任嗎？偉大英明領袖可能犯錯嗎？不可能。這一切困難顯然都是階級敵人的破壞造成的。因此，「以階級鬥爭為綱」也就順理成章了，並最終發展成為體系化的「無產階級專政下繼續革命」理論。中國很快迎來了一場遍及黨、政、軍、經、文、衛各個領域，聲勢浩大的全面政治運動。十年浩劫已成天數。

　　在共和國前三十年的極左狂瀾中，像姥爺家這樣的「黑五類」的命運亦可想而知了。

三

　　在上世紀50、60年代，陸續湧現出的一批為政治服務反映農業集體化的小說作品，李準的《不能走那條路》、柳青的《創業》、

趙樹理的《三里灣》、周立波的《山鄉巨變》、浩然的《豔陽天》等作品是這一時期的代表作，深刻地反映農業合作化的偉大進程，表現農村社會主義和資本主義兩條階級路線的激烈鬥爭，成為反映農村階級鬥爭的文學圖譜。

正如在當時根據周立波的《山鄉巨變》改編的小人書的內容介紹所說——「XX省一個僻靜的山鄉，1955年掀起了農業合作化的高潮，壯闊的波瀾觸動了每一個角落，引起了巨大的矛盾，在父子、夫妻之間，在每個人的心靈之內，都展開了深刻的衝突。反革命份子的乘機活動，又增加了鬥爭的尖銳性和複雜性。農民在黨的領導下，經過激烈的鬥爭，使經濟基礎、社會習俗、家庭生活和愛情觀點和人與人的關係都起了變化，勝利地實現了農業合作化，整個山鄉出現了新的面貌。」

全國皆然。

在我姥爺所在的東北復縣並沒產生周立波那樣的大作家和那樣的經典作品，但我在當地檔案館找到的1960年一份「落改」情況報告，卻同樣是那些主動或被動順應意識形態的文學作品的底料。

旅大（大連）地區根據中央和省委指示開展的「落改」運動，不是改造某些地區經濟和文化的「落後」，而是改造上一階段的歷史遺留問題——土地改革運動中反

今瓦房店檔案館保存的複縣地區「落改」材料（作者攝於2005年）

封建鬥爭發展不平衡和不徹底遺留下來的「落後」，這場運動，旨在「打擊五類份子，搞臭資本主義思想，從敵人手中奪回領導權，樹立貧下中農在政治上的絕對優勢」。從1959年底到1961年末，結合社教、新三反、整風整社運動，全市五百餘個生產隊因民主革命「落後」而被改造。「落改」工作隊採取土改的方法，在群眾中摸底串連，發現骨幹，培養苦主，發動群眾大檢舉，發現線索，記帳立戶，順藤摸瓜，一挖到底，把所有的成年人包括黨員、幹部、普通社員都進行了反覆審查和排隊，然後轉入鬥爭和大批判。與「訴苦會」同樣盛行的是「落改成果展覽」，展覽共分五個部分，主要有圖片、圖表、照片、實物、幻燈等。在展出的實物中，為了證實和說明「落改」運動的必要性，從銀行提出部分現金作為從漏劃的地富反壞份子和其他有問題的人家中挖出來的贓物和罪證。為期兩年的「落改」運動雖然解決了部分地區少數漏劃地富和五類份子的問題，以及少數人「五風」不正和個別幹部的貪污浪費等問題，但也造成了大量的冤假錯案。莊河一名社員就因愛打牲口就被定為壞份子被鬥爭。兩年間自殺者近兩百人。

我在瓦房店（原復縣）檔案館尋訪時，遍尋1949前後的土改原始資料不見，卻沙裏淘金一樣找到一份建國後我姥爺家所在的和平大隊的「落改報告」。這份距今快有五十年了的報告材料近二十頁，手寫體的稿紙字跡發黃了，個別段落已經模糊。但這並不能阻擋住一些人物從故紙堆裏，向我清晰地走過來。

這份落改報告裏有一段關於和平大隊的背景文字：

解放前，和平區深受日寇和國民黨殘酷統治，廣大勞動人民在以臭名遠揚的「周扒皮」為代表的封建勢力壓榨下，得不到飽暖，民不聊生，乞討逃荒者甚多。解放後，日子好過了，在總路線的光輝照耀下，合作化以來糧穀歉產、社員

分配都提高了，但由於資本主義自發勢力兩極分化的窮根未徹底清除，一部分農民不熱衷農業生產，熱衷經營小商小販投機倒把。原因在於土改大權被兩面派和腐化份子控制，貧下中農沒有徹底翻身。加之原來和平區為日偽統治中心，國民黨「匪佔期」地富反壞份子活動猖獗，解放後劃為我行政邊區，區鄉幹部領導薄弱，因此地富反壞份子得以囂張，興風作浪渾水摸魚。

在這份總結「落改」工作組如何鬥倒敵人、批臭資產階級言行、反透貪污浪費、搞掉官僚主義、清除蛻變份子、團結貧下中農取得落改運動徹底勝利，促進大躍進和人民公社建設的報告材料裏，列舉了二百二十餘戶的和平大隊原有七名地富反壞份子以及三名新挖地富反壞份子作為「敵人」的活動情況，以及三十一戶富裕中農（也叫上中農）當中部分人的資產階級言行表現──

反動地主姜殿全管制生產期間還到處批八字，散佈變天言行，並拉攏軍屬不入社。

反動地主牟成有破壞生產，垵豆子不踩窩，割豆子不哈腰，用鐮刀削。

反革命子弟周長順混進民兵連，馬蓮管理區打靶為爭優秀就派他去。

漏劃富農黃洪喜土改時換給貧農王文章一頭牛七畝地，1949年又給換回。

富裕中農牟成盛果樹入社後留戀地說：我現在真不敢出門，看到我那果樹結那麼多果，我心裏就難受。

富裕中農孫盛業私自殺豬，給隊裏養六十隻兔子長期不下崽（經查不給交配）。統購統銷後到隊裏要糧，由於沒要到把自己家四個人的糧從山上拉回家，並嚷嚷拉馬退社。

富裕中農曲殿選對供給制不滿，說我們的工分都叫別人拿去了。還不相信公社食堂能天天吃下去。

偽牌長出身的孔兆寶反對合作化，說我入社政府就得給我還饑荒，要不我就賣牛。

地富反壞們在「落改」報告裏被稱為「敵人」被鬥倒，富裕中農（上中農）們的資本主義言行屬於兩條道路的主要矛盾表現，被辯倒搞臭。事隔多年回看，那些農民的資產階級言行，其實正是建國後分得土地的農民不情願加入農業合作社，仍然眷戀自有土地，嚮往回到發家致富的傳統社會模式的濃厚心結。

在這份文物一樣的材料裏，我當然也見到了我所期待見到的兩個人物：我姥爺周長義和他的堂弟周長安。

被鬥富農周長義的罪行是「向小隊長請客送禮，少幹活多記工分，騙取五好社員稱號。」

看到這樣的文字內容我一點都不意外。膽小怕事低眉順眼的姥爺他的全部努力，其實就是想拼命表現，來企圖改劃成分。他在集體生產隊出的力遭的罪，老輩人叨叨起來直嘆氣。當年他所在的黃店小隊隊長黃永清也承認，周長義體格不濟，活幹得頂一頂二，他當年也確實在周長義家吃過一次頭刀韭菜炒雞蛋。「落改」時這成為黃永清走地富路線的把柄。

材料中對做過屯長、保長的周長安的記述，更能突出「落改運動」的必要性和雷霆威力。日偽和國民黨佔領復縣期間的活躍人物周長安，1952年被定性為罪大惡極的反動鄉長和反革命份子判處十五年徒刑。「落改」材料裏提供了一個事實，復縣土改後周長安在當地隱匿了兩年，1950年鎮反開始外逃黑龍江白城縣，1952年被捕辦判刑。此次落改運動在和平大隊清查出土改時期農會幹部和土改上臺幹部、現大隊當權派和蛻變份子數人當年結伙窩藏周長安的反革命事實。

當年的當事人已經鮮在人世。周長安的二兒子周有合當年也只有四五歲。他也說不清他父親為什麼能夠在1949年土改後竟然能在當地村屯藏匿兩年。如果那份「落改」材料完全屬實的話，這個故事可以像模像樣寫個東西了。這是個謎。

「保長」周長安之子周有合（作者攝於2007年）

我第二次見到周有合是在2007年秋天。他憑藉一種特有的小農式的精明在城市裏做小買賣討生活。他依然健談。這使我聯想到了他當年的人稱「嘴好」的保長父親。這次見面可能是時間充裕，彼此也熟絡起來。我的收穫很大。他雖然幼時對父親很陌生後來也沒見過幾次面，但仍堅信村裏老輩人說父親是好人保護過不少人的說法。他說出了父親外逃兩年後被捕辦的一個細節。

1952年，復縣和平區一個女公安遠調到黑龍江白城縣一個鄉村。隔牆辦公的集體農莊牆上有張農莊領導人照片，引起她的注意。這個面孔怎麼是她家鄉搞鎮反通緝令上的反革命分子周長安的？於是找來談話。女公安的警惕使得遠在千里之外混上集體農莊主席的周長安落網。復縣當地曾為此差人五次往返兩地調查，周長安每次對被審訊的十個問題的解釋一字都不差，顯示出特殊的記憶力。他因偽滿時做過日本人的屯長（保長）、國民黨佔據遼南時做過鄉長並且有命案被判刑十五年。對他量刑的主要依據是在「匪佔期」曾有共產黨的游擊隊員因他被國民黨清剿隊殺害。而周長安的兒子周有合講，當時一個身份並不明朗的游擊隊員夜裏被清剿隊捕獲，第二天早晨前去做擔保的周長安路上有事耽擱了，等緊趕慢趕來到十幾里外的永寧大廟時，那

名游擊隊員已經被清剿隊用鐝頭撬了腦袋。因此周長安有對敵提供游擊隊員真實身份的無法洗清的嫌疑。

周長安後來在服刑末期死於肝病。

四

2007年那個秋天的上午，我在周長安的兒子周有合的陪同下，驅車從大連到瓦房店農村「尋根」，尋找上世紀70年代初因高玉寶寫的另一篇文章〈家鄉處處換新顏〉，在復縣和平大隊製造出的「局部躍進」留下的印痕。

公路兩旁是平緩起伏的秋收後的莊稼地。灰濛濛的天底下，齊刷刷地豎立著的苞米秸堆像無數個土褐色的小帳篷，一排排在車窗閃過。儘管搬到城裏十多個年頭了，這樣舊電影似的的畫面，一直是年過六十歲的周有合的記憶底調，稠得令時間也無法稀釋。上世紀60、70年代，他和我姥爺那樣的一群地富反右壞份子，就是那片土地卑微的可以隨意碾壓的螻蟻、一年四季任人驅使不敢抱怨的騾馬。前文說到，周有合是個健談的人。見過兩次的他，提起過去的話把兒，開頭第一句，竟然都是含義複雜的「呸──」的一聲長唾。

偉人有言：除了沙漠，在有人群的地方，就有左中右。

那時候，村裏的人分三六九等：左的有貧農、雇農，中的有下中農、富裕中農，右的有地主、富農。後來右的擴大了，除了地主、富農外，還有反革命（歷史、現行）、壞份子，稱「四類份子」。後來增加了右派，稱「五類份子」，再後來又增加了「叛徒、走資派」，稱「七類份子」。貧下中農是革命左派，地富反壞右是反動派，中農是團結對象。

當年的「份子」們是革命的對象。反右傾、拔白旗、四清、揭階級鬥爭蓋子、批四舊、颳十二級風暴，哪一次運動也逃不了。

一個個被觸及靈魂皮肉地批判，雖然他們一次次懺悔、低頭認罪，卻逃不脫被批鬥的命運。因為不批鬥他們，村裏的鬥爭就無法搞起來。村裏人見了他們也像見了瘟神一樣，遠遠地躲開。時任和平村革委會主任的孔慶祥為此說過一句話：「那個時候戴帽的人不如幹部家的一條狗。」

對戴著「四類」帽的這部分百分之五以內的人而言，壓在他們頭頂的是一種恐懼、一種恥辱、一種罪過。「四類份子」的孩子雖然稱之為「可以教育好的子女」，雖然在當時他們與父母的境遇還是有所區別，但在政治上是受歧視的，入黨、參軍、提幹、招工、上大學等，對他們都是可望而不可即的事。特別在農村，「四類份子」的子女連找個對象都是困難的。貧下中農的子女，有的被保送上了大學，有的進城當了工人，有的參軍當了兵，留在村裏的有當隊長、會計、出納、記工員的，有當民辦教師、赤腳醫生的，就是幹活的也是看場院、看瓜地、趕馬車等輕鬆活。而最苦最累最髒最險的活是留給地主富農和他們的子女的。地富們都是莊稼活好把式，可就是同樣下地上山幹活，他們和他們的子女掙工分也掙不過貧下中農隊伍中的二流子和懶漢。秋後，生產隊裏的打穀場分口糧，這是村裏人最高興的時刻。可地主富農們臉上堆的是苦笑。剛才還在場院上揚鍬揮汗，分糧時卻躲在人後眼巴巴瞅著。揚場上頭風揚的糧是最實成的好糧，下頭風是乾癟的半成糧。貧下中農分得是上成好糧，富農分得是半成糧。青黃不接時，上邊撥下救濟糧，貧下中農分得米麵，富農分得是糠皮。縱然如此，能填飽肚子就燒高香了。這還是「給出路」政策。

周有合的大爺爺是「周扒皮」，三堂叔是富農，父親是反動保長，自己是反革命份子的子女。家族的上上下下都是階級敵人。初中畢業的成績夠上師範學校，被成分掃地出門，想報名參軍，大隊政工幹部把他趕回生產隊去戰天鬥地。人小無畏，看見自己的三

1964年上海電影製片廠的木偶電影《半夜雞叫》中的周扒皮，後推出多國文字版本的同名電影連環畫

堂叔周長義和幾個地富份子大年三十還在生產隊大院倒糞，就偷偷嚷嚷說神鬼還放三天假呢。結果給安排到牲畜圈除牛糞墊圈。淨土揚薄了被監督者說成是虐待牛馬牲口躺著不舒服，淨土揚厚了是糞薄不想給莊稼攢好肥，墊多墊少都是在破壞集體生產。結果村裏開批斗大會就少不了他了。多少回，公社幹部來檢查，幾個生產隊的「壞份子」就要集中在一起，站成一排低頭哈腰認罪檢討，專政隊長隨便找出個理由就能把人打一頓。他親眼看過他的三堂叔被勒令跪在桌子上，膝蓋下墊著豆子向毛主席請罪，向貧下中農請罪。

每次運動都有批鬥會，凡有批鬥會就要批「周扒皮」。而很多時候似乎也不需理由，想開就開。周有合說的這一點，我在大連的陶藝家張戰友那裏得到了充分印證。張戰友是1975年的下鄉知青。知青點正好在復縣和平大隊。他那批知青來大隊報到的第一天竟是被安排認識階級敵人的醜惡面貌。專政隊長先是念一段「敵人不會自行退出歷史舞臺，凡是反動的東西你不打它就不倒……」的語錄，然後喝令壞份子走上臺接受革命的知識青年的再教育。在二十幾個頭戴高帽身掛紙牌的四類份子中，他按照著漫畫展覽和電影教育中的模樣，不是肥頭大耳就是尖嘴猴腮，個個兇殘狡詐，好奇地在他們中間尋找著「劉文彩」、「黃世仁」、「周扒皮」。很遺憾，他看到的只是一群灰布土衣、身體羸弱、表情麻木的老鄉們。有男有女，歲數大都很大。他在「周扒皮」的家鄉，只是看到了一個寫著「半夜雞叫罪惡剝削」的紙牌字，畫著一個重重的叉，掛在一個瘦瘦的中年人脖子上。那個人駝背，腰又使勁九十度角彎向地面，不一會汗珠就滴落下來。這就是罪惡地主周扒皮周春富的兒子——我的富農姥爺周長義。

張戰友當年有兩本日記，公開的日記是給大隊書記看的，裏面盡是些偉大領袖的語錄和豪氣衝天的決心書。私下還有一本寫心裏話的日記。他在私藏的個人日記裏記述了他在那次批鬥會結束後，

一個人找到幾里外「周扒皮」的老家，那低矮破落的石頭牆和小心翼翼出入門戶的周家後代，給他內心以很大的顛覆。

開批鬥會就不能有一點人情味嗎？我曾經讀過有人寫的他們那個地區村裏開批鬥會：「天上佈滿星，月亮亮晶晶，生產隊裏開大會，訴苦把冤伸……」吃著紅薯葉子和玉米煮成的憶苦稀飯，在偉人「忙時吃乾、閒時喝稀，不忙不閒半稀半乾」的訓導下，不但沒憶成苦，反而使半癟的肚子吃出一點微微的香甜。這時，一個中年婦女上臺了，只見她嗚嗚咽咽開始了血淚控訴，隨著她的語氣和表情達到悲憤高峰，臺下不時地配合地喊著「不忘階級苦，牢記血淚仇」的口號。婦女講完了竟然悄帶喜色地跑下臺去，她能夠有資格多盛一碗憶苦飯填到肚子裏了。接著臺下的又一個人悲憤萬狀地上場了。而土臺下更多的老老少少社員們大都互相閒聊著農事、家事，還要偷偷評價一下臺上人訴苦訴得像不像。其實這是老鄉們見慣不驚的半天幹活晚上訴苦的政治功課。

這樣的描述，這樣的場景，多少會使那個年代多一點喜劇色彩。然而周有合堅決地否定了我，那一點喜劇和溫情即使有，也是屬於少數時期少數地方的少數貧下中農。四（五）類份子和富農子弟從沒有這樣的溫情感。他們耳鼓裏灌滿語錄與口號造成的千夫所指的聲浪。他們那個村子搞憶苦思甜教育時，給「周扒皮」幹過活的長工上臺控訴地主階級是如何剝削勞動人民。在太姥爺周春富家前後幹過幾個年頭的伙計孔祥明是個老實人，他老老實實地講，我在老周家幹活是挺累的，但他家的餅子乾飯，我頓頓都沒少吃，豆腐、粉條、苞米粥樣樣不少，入社後很少能吃到那樣的飽飯……話音未落，耳邊一聲斷喝，你這是給階級敵人評功擺好，立刻衝上來兩個民兵連推帶搡給攆下臺去了。接下來上臺的人就開始不說真話了。

據周有合講，土改時批鬥太姥爺周春富時的內容現在又有了新料，我的富農姥爺周長義被參加訴苦會的人大聲質問，你們家半夜

學雞叫讓伙計下地幹活的事兒都被寫書裏了，白紙黑字板上釘釘，你還不承認？！或者痛說悲慘家史或者表達革命義憤，在狂呼打倒周扒皮的口號裏，一個在太姥爺家幫過短工的人，竟然主動「揭發」了自己像高玉寶一樣智鬥地主周扒皮的事蹟。他在袖子口露棉花的地方糊上沙子，吃最後一碗飯時到大鍋盛飯，隨著手腕使勁鏟飯，袖口碎棉花上的沙子也會抖撒到飯鍋裏，最後舔鍋底的東家一張嘴就把牙硌了，一連幾天都如此，氣得東家大罵

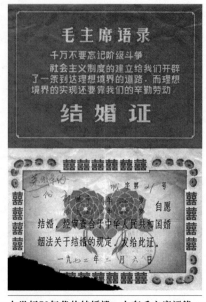

上世紀70年代的結婚證，上有毛主席語錄：「千萬不要忘記階級鬥爭。」

做飯的這個兒媳婦沒用，連飯都做不好……這個成功挑起了地主家公公、兒媳婦之間矛盾的人，背地裏也挨了知情人的鄙視。原來，這個人在幫短工一起幹活時對那個兒媳婦手腳欠乾淨挨了白眼和唾罵，因此產生了報復之心。

還有一個姓葛的人在外地做過雇工，說自己也在周家幹過活，當他被指派上臺揭發控訴他的被剝削經歷時，頭幾次，前言不搭後語，講了幾次竟然活學活用起來，再有上臺機會，他每次都能興奮得聲淚俱下。

多年後和九十歲的姥爺周長義交流這些事情時，他的記憶裏就剩下了一個長工說在他家沒少吃餅子的細節了。在當年無數次運動中，不知姥爺是靠什麼支撐住才活下來。他的堂侄周有合對我講，像你姥爺那樣的死心眼以為改造就有出路的富農是少見的。富農子弟大都有一股機靈勁，隊裏組織扒廟，他就詿說肚子疼，疼得滿地打滾不能去

扒。大隊有個大手掌隊長，每次搞全大隊範圍的批鬥會，他的大手掌都要派上用場。那次他看著三堂叔滿臉的血絡子就對打人者說，你就打吧，三十年河東三十年河西，老天爺有眼，咱走著瞧。

河東河西，在周有合眼裏似乎很快應驗了。1983年，是農村家庭聯產承包責任制實行的第二年。他家大閨女考上大連師範學院。班級二十三個學生，有八個是地富子女。而他本人在1978年全國解除階級鬥爭為綱的禁錮後開始身心舒泰，地富反壞右這樣的四類份子、五類份子那一年被摘了帽。那一年，他和我姥爺家的大舅、老舅迅速走上他們人生的頂點，在閆店鄉的三個生產隊紛紛當上了隊長。

五

姥爺和姥娘家原來有六個孩子，兩個最小的在「吃代食」那年夭折，剩下的是大舅、大姨、母親和小舅。記得母親在世時提起幼年這樁事時忍不住要紅眼圈，不知是為她們那命運多舛的爹媽還是為那兩個可憐的早亡弟妹。而他們兄弟姊妹四個的人生黃金時光，一直是生活在「地主崽子」的叫罵和白眼的囚禁中。

小舅憨。小時候我對他的印象最深的一件事就是讓我和弟弟坐在籮筐裏，他用扁擔挑著我們走二十里路去姥爺家。母親常說的他的一件事，他十幾歲時去親戚家串門，姑媽家給他一筐地

上灯火輝煌，談敘家常。
晚上十家團聚，三合年長一輩，忆苦思甜，青年一代，階級斗爭，加強鍛煉，代代革命。

灯火輝煌，談敘家常，飽經風霜，語重心長；未經風浪，記在心上，健康成長，永不變樣。

1965年遼寧出版社出版的農村讀物《莊農雜字》，憶苦思甜、階級鬥爭等字眼赫然其中。

瓜攂回家。在村口別人給了他一條小狗，他覺得過意不去就隨手把地瓜送人了，卻忘了自家人還常常吃不飽肚皮呢。可我覺得這個老舅挺好，我小時候竟然在他睡的西炕上翻出一本安徒生的故事書，我第一次知道了世上有個高貴的豌豆公主，睡在十二層的褥子上，最底層掖藏個豌豆也能讓她感覺出腰硌得疼。地富子女找對象難，老舅就是例證。他快到三十歲才找上媳婦。媳婦一隻眼睛藏著玻璃花。娶親那天，村裏的許多孩子圍著新娘子好奇地看。老舅那天中午幸福地喝醉了。

母親萎囊，膽子小又自尊心強，性格和做事瞻前顧後的姥爺有些相似。她的處世之道就一句話：咱不短人情。小時候看見過很多次媽媽在抹眼淚，卻不知道她為什麼哭，但她是個要強的人。家裏家外的活沒有落下前院後院的鄰家的。我三歲時家裏蓋房子，新屋墊地的黃泥是她在孩子剛滿月時一筐筐挑回家夯實的。山上地裏農活累的時候，她回家會撕下日曆牌上的半頁紙，在家待客用的旱煙笸籮裏捲上一隻煙抽幾口，這樣的時候並不多見。我長大成人以後，她有一次跟我說起她學會抽煙的事情。她在家做閨女時，從生產隊回來，姥爺就讓她叨咕叨咕白天上山幹活或者晚上下田搶工的事情，無非是隊長又訓了哪些人，工分能評幾個一類的事情，或者政治學習點沒點咱家的名。姥爺打聽這些無非是擔心自己的孩子在隊裏表現不好。母親那時候十六七歲的小丫頭，白天幹了一天活累得要命，坐在炕沿上講著講著就打起了瞌睡。姥爺這時候就把煙袋遞過來讓她吸幾口提神。她就這樣「學會」了抽煙。後來我家裏生活好些，當村小學教師的父親能揣上一盒半盒香煙時，抽時也會給母親一支。母親一般不抽，只有等哪天幹活累屌了的時候，才把攢的幾根煙捲拿出來抽上一支解解乏。我和弟弟參加工作後，回農村會給她買幾條煙。可母親卻說她已經戒掉了堅決不讓花這個錢。後來只有當時還在上學的三弟工作後依然給母親買煙。他知道自己的母親其實還抽煙。

大姨潑，年輕時辣椒一樣厲害。村裏一位當權派人物看好了她，在某次上山勞動給她破天荒派了輕快活，收工時看四處無人突然淫褻地抱住了她，年輕的大姨身子一挣，嗷地一嗓子，掄起鐮刀就向那人砍殺過去，那人嚇得玩命在前面跑，大姨玩命地在後面追，一顆顆集體的莊稼唰唰地倒在憤怒的鐮刀下。這個動人心魄的駭人場景竟然為秋後的姥爺家多贏來了半袋子好糧，儘管暗地裏膽小的姥爺被嚇得半死。大姨嫁人後在夫家掌權說算。回娘家時過一道大河，往往會有群野孩子遠遠地起哄，周扒皮周扒皮的嚷，她也能放下手裏的籃子追過河打一架，他男人在後面拽也拽不住。大姨的潑後來是被「狐仙」鎮住了。十幾歲時，聽說大姨突然「得神」了，一柱香點上不到三分鐘，突然通身骨節嘎嘎作響，音調陌生，大聲斥責來者，指點和其有關的陰陽兩界的是是非非。來者惶惶稱是。燒到半柱香時，突然一個愣怔，剛才還神神道道的大姨突然恢復了常態。幾年後，附在她身上作崇的某個東西突然遁去。而奇怪的是，她的性格也從此變得溫順多了。我長大後一直想找合適的機會就這件事和大姨作些交流。但至今未果。那是我心中一個無法解釋的謎。

最後要說大舅。之所以把大舅放在後面說，是因為大舅這個人是姥爺家幾個子女中的異數。他農活十八般武藝樣樣精通，又不死守一畝三分地。相對於大多數農民既憨厚又吝嗇、既善良又狹隘的傳統性格，他還多了幾分狡黠、變通和敞亮，是家族裏愛說大話、愛張羅事的人。

周春富長孫周明緒（攝於1980年代）

1990年，我在《大連日報》上看到一版右下角一篇署名大舅名字的文章。標題是〈還是當今的時代好〉，全文如下：

　　我今年五十四歲，我爺爺周春富是小說《高玉寶》中的地主「周扒皮」的藝術原型，土改時被鎮壓，我父親周長義是周春富的三子，1952年我小學畢業後考入初中，1957年到瓦房店水泥廠當工人，1961年響應黨的號召還鄉務農，一直務農到現在。

　　我父親兄弟五個，大伯父和父親一直在家務農，二伯父和四叔、五叔是國家幹部。五叔是中共黨員。在我十個叔伯兄弟中，有三人務農，二人是工人，五人是國家幹部、中共黨員，二伯父次子周有禮曾出國搞工程建設。

　　1970年，我擔任大隊建築工程隊隊長，以後又當生產隊隊長，一直幹到1982年。我的工作得到各級領導的支持，特別是當時的公社管委會主任、舊社會在我家當過長工的王庚太曾多次鼓勵我要好好工作。記得我帶領工程隊在內蒙古烏蘇裏河紅旗煤礦白灰廠施工時，遇到一位曾參加過長征的老幹部，當他得知我爺爺就是「周扒皮」時，要我不要背上家庭出身的包袱，並說：「家庭出身不可選擇，但人生的道路卻是自己走的。」他鼓勵我要為黨和人民多做貢獻。這些一言千金的話，成為我努力工作的動力。在帶領工程隊施工的三年間，因施工質量好，按期交工，工程隊年年受到施工單位的表獎，我本人也受到兩次嘉獎。

　　現在，我家裏三口人，有五間正房、八間廂房。聯產承包後，我把發展家庭生產的重點放在畜牧養殖上，同時還種二十四畝地，侍弄六十一棵果樹，並種植一些經濟作物，每年收入最低沒少於五千元，人均收入一千七百元，這在我們鄉里已經是小康水平了。

我富了，但我沒忘記村裏的鄉親們，現在我每年都借出一千餘元，為困難戶購買種子、化肥、農膜、農藥等，同時我還幫助一些困難戶安排生產計畫，進行生產技術指導，無償為他們代耕。1988年，我花一百多元外出學習種西瓜技術，學成後，不僅自己種植，還引導街坊鄰居種植。俺屯的韓有金家生活比較困難，我鼓動他種西瓜增加收入，他一無本錢，二怕賠本，不敢幹，我借給他四百元，幫他種了三畝多地西瓜，收入四千多元，一年就實現脫貧。這一年，我幫助村裏五戶農民種西瓜，最少的一家也收入二千七百多元。在我們的影響下，第二年全村有三分之二以上的農戶種植西瓜，使這項經濟作物成為全村的主要財路。

我這樣做，並不是為了什麼「積德」，償還祖輩對勞動人民欠下的「債」，而是盡一個社會主義新農民的責任。我常想，即使不土改，我們這些「周扒皮」的後代們的生活水平、政治地位也不能比現在強。因此，我熱愛黨、熱愛社會主義，這不是牙外話，真的！

這篇文章發表時間是在1990年9月8日，是《大連日報》搞的「我愛社會主義徵文」中的一篇，署名周明緒。是當地（閻店）鄉里一個叫王貴新的宣傳幹事採訪整理的。

多年以後，我輾轉找到王貴新，他對十多年前那次採訪記憶猶新。他在電話裏告訴我，他這個地方筆桿子先想到的第一個「新聞點」是，閻店鄉是自傳體小說《高玉寶》作者高玉寶的家鄉，他先找到高玉寶的弟弟XXX，可是那戶人家人懶地荒，家裏又窮又髒簡直無法下腳，自然也無法下筆。他在失望之際突然靈機一動，想，為何不寫寫「周扒皮」的後人？經人介紹和打聽才找到周扒皮的在家務農的一位孫子。是我大舅周明緒。大舅給他留下了很深印象，

人熱情，能幹也善講，王貴新那篇稿子很快寫出來了。經過《大連日報》編輯恰到好處的「斧正」，大舅這樣的地富子女成為一個社會主義新農民的形象躍然紙上。

那年我把這篇文章帶回家，讀給母親聽，母親的聽後感是你大舅淨能白話，但能看得出她語氣裏還是流露出了自豪。

那篇文章我反覆讀了幾遍，文中的大舅並不能全部代表是我所知道的大舅，其實大舅是姥爺家族裏最懂政治的人。

六

小時候七八歲，家庭突遇滅頂之災。大舅本來是《高玉寶》裏所描述的地主孫子「淘氣」一般人物，卻在給家裏斷炊的除夕之夜挨家挨戶討要餃子，突如其來的悲戚和苦痛在那個寒冷的冬夜不知被他掩藏何處，幾個哭哭啼啼的弟妹看到的是一個抹抹鼻涕就出門的哥哥。那年月，地主富農過年不讓放鞭，因為「貧下中農高興之時，必定是階級敵人痛苦之日」。每每除夕子時前後，幾個小不點弟妹把小臉貼在窗戶上，貪婪地聽著劈啪劈啪的鞭炮聲，委屈得掉眼淚。而他們的爹此時正被安排到生產隊裏為集體牲口圈添草守夜。第二天早晨，幾個孩子被大舅偷偷喊到東河套。只見大舅變戲法似的從棉衣袋裏掏出一小把散鞭，數了又數，然後分給幾個弟妹放。原來是他一大早跑到別人家院內撿了不少瞎鞭、斷撚鞭。啪、啪，空曠河套上那些特殊的小鞭短促的聲響，成為那個年代地富子女過年時少有的一點快樂。

後來的大舅竟然成了老老實實進行階級改造的姥爺的心事。

十四五歲那年大舅跑到瀋陽呆了半年，回來後讓姥爺起戶口。原來在瀋陽經商的二姥爺那裏搞公私合營，在那裏幹了半年活的大舅有機會遷到省城。姥爺膽子小，他的二哥、四弟、五弟在瀋陽和

家鄉一直沒有音信。他怕大舅遷戶口會給省城的二哥和弟弟帶來麻煩，就生生壓下了大舅挪地方進城的機會和念頭。姥爺這個做法也許是對的。上世紀60年代末期，已經成為省城商業系統幹部的二姥爺退休回鄉探親。剛回到老家就被公社的紅衛兵當作逃跑的階級敵人和走資派給揪鬥了六天六夜。老人回省城不久就告別了人世。他當年帶去瀋陽的四弟、五弟還好，一位還當上了鐵路瀋陽站的站長。多年後我見到鬢角斑白的他，說起他的工作往事，老人只用了四個字：如履薄冰。

　　作為命運像烏鴉和豬一樣黑的「可教子女」，大舅做出很多反常的掙扎。搞地富反壞右集體批鬥，他舉著拳頭率先大聲喊打倒階級敵人，背後卻去找給爺爺家扛過活的一位公社幹部，問我爺爺真的是（半夜學雞叫）那樣嗎？生產隊社員扒廟他捅咕堂弟裝肚子疼不去扒，可為公社修水庫他挑著大號筐，一遍遍從公社指揮點幹部的眼皮子底下熱情萬丈走過。大隊通知地富份子自帶乾糧參加公社不記工分的修橋勞動，他從生產隊收工回來每天都跑要去送餅子鹹菜，趁機換換累得搖搖晃晃的爹。可姥爺想起大舅在替地富份子義務勞動表決心所作的發言，諸如什麼

集體大會幹。1958年，在大躍進和人民公社化運動的高潮中，毛澤東提出中國農業的高速發展，必須抓好「土、肥、水、中、密、寶、管、工」八個方面的工作。之後在長達20年的時間裏，全面貫徹農業「八字憲法」是一項響亮且十分流行的口號，在那段特殊的歲月裏，「八字憲法」對中國農業發展產生了巨大影響。圖為上世紀70年代初期複縣地區大興水利的集體勞動場景。

地主富農在解放前剝削貧下中農，現在要他們為社會主義新農村出點汗天經地義等等的話，就氣不打一處來。對大舅這些言行姥爺無法理解當然也看不慣，這樣爺倆生活在一個屋簷下就火氣不斷。

富農子弟嫁娶難，可大舅二十歲就結婚了，媳婦很漂亮很能幹。這是讓姥爺意想不到的。就是這個不安分的大舅去縣裏水泥廠幹了兩年後，因在外私自將自己的名字周有學改成緊跟形勢明事達理的周明緒，跟姥爺結結實實吵了一架，將自己的小家搬到媳婦所在的大隊，這個同地富家庭決裂的遷戶理由行動得到了公社幹部的肯定。然而人生地疏，這個能說善幹的外來戶依然受排擠和孤立。社會主義集體一大二公，他家的自留地裏的「資本主義尾巴」率先被生產隊長帶人割掉。冬閒時他領著幾個心眼活泛的破落戶跑到省外去幹建築工。一個勞動力一天可為隊裏交二元錢。隊裏看他還是有油水可剩，就寫信一遍遍往回催。這時候上面來了毛澤東思想文藝宣傳隊，在大隊粉皮牆畫上大舅等人夾著麻袋捲東躲西藏的漫畫，並寫成稿子批判他在家栽樹是「挖牆角」、出外幹活是做「黑包工」。他的小女兒至今還能記起小學校大喇叭筒裏廣播的這些內容。她的小女兒也因此在學校裏最後一個被批准加入少先隊。

周明緒妻女舊照

那次從「邊外」被生產隊催回來，宣傳隊幾個小伙子就氣勢洶洶地把他堵在大隊隊部，不知是大舅左手緊握的「紅寶書」救了他，還是大舅右手拎在背後的凳子救了他，最後他被勒令寫思想認識寫檢討。大舅這樣又回到了生產隊。他的小女兒有一個印象很深的場景，那時候只要陰雨天不能給生產隊幹活，大舅就在自家炕上讀毛選。家裏炕頭還有兩本翻得不成樣子的書，一本是《暴風驟雨》，一本是

《金光大道》。浩然的小說《金光大道》裏面，富裕中農叫張金發有句話：「誰發家，誰光榮，誰受窮，誰狗熊」，這句當時的「落後語」被大舅經常引用，這後來竟然是上世紀80年代的主旋律。但這句話最早對大舅的影響卻帶來一段悲情故事。

他的大女兒十七八歲時出落得如花似玉，初中畢業沒幾年就有媒婆登門。提親的人當中有個是一位公社幹部的跛腿兒子，讓大舅心裏落下主意。可女兒正和村裏一個小伙子偷偷好上了。那小伙子也是地富子女後代。這在大舅心中無疑是忤逆之舉，女兒態度的決絕反對，使他在家庭裏的家長地位受到顛覆，同樣也使潛意識通過嫁女改變政治命運的交易破產。說勸不從，摔杯打碗也不從，大舅暴怒之下伸手打了大女兒。結果在那年夏天的傍晚看到了女兒自殺的遺書。這件事情對大舅打擊特別大，陰雨天或者晚上更願意蹲在炕上寡坐。夜很深了也不睡覺，吸煙，或者喝幾口悶酒，或者沒完沒了翻看那幾本舊書。日久，他背後倚靠的土牆被腦袋磕出一個瓢形的淺坑。

後來，那個炕牆的淺坑被一張報紙裱糊上了，那張報紙有張鄧小平的照片。

大舅感謝鄧小平。

1979年全國停止階級鬥爭和四類份子摘帽後，大舅這個外來戶在那個屯子很快當上生產隊長，秋天時也得罪了不少人，但社員對他的評價是辦事公道。兩年後，農村實行家庭聯產承包責任制，大舅更是如魚得水，他是先知先覺的農民。他先是圈地耕荒，和兒子起早貪黑幹了很大一片。同時開家庭會商量湊錢買三輪車搞運輸。他當年哈腰流漢種的經濟果樹如今兒子已經受益。他的小女兒回憶那時候大舅幹什麼都不知道累。某個星期天早晨正在念高中的她起來晚些，突然聽街上大院裏哞哞的叫聲，原來兩天沒回家的爹從外地趕回一群牛犢子回家養。

在我看到《大連日報》上那篇〈還是當今的時代好〉文章的第二年，剛剛五十有五的大舅被胃上的癌魔給擄獲走了。

他一定沒活夠。

七

大舅的幾個子女大部分在農村務農。後來我接觸得多一點的是他的小女兒，在家排行老三，是我的三表姐。後來聽母親說她在大連打工並嫁人。

2003年，在報社工作的我竟意外地接到了她的電話。她和人在大連城郊的一個山旮旯包了荒山溝，現在有山有水有果園，雇了幾個人在那裏養雞栽果樹。她在電話的那頭說，她想開個雞湯館，問叫「半夜雞叫」行不行，「周扒皮」的曾孫女開的店一定能有點賣點吧。我告訴她這個工商局不能批。記得她在電話那頭笑得很厲害，並約我有空去她那裏轉轉。

為了瞭解大舅的故事，我後來幾次去找她。是她幫我找到了過去太姥爺家的幾張老照片。

從市中心出發開車一個小時左右就到了那裏。一百來畝的溝地藏在山坳裏，一派田園野秀的風光，各種各樣的果樹在四周高高低低圍

《先鋒國家歷史雜誌》2008.8刊有記者杜興採寫的《周扒皮的1947》，他在發稿前特別採訪過本書作者

合，迎面一個足球場大小的坡上依著地勢張起三四米高的漁繩網，裏面圈養著家雞。突然一聲哨子鳴響，只見坡上坡下金鱗飛舞，數不清的雞飛跑過來，歡叫著集中啄米叼菜。場景煞是壯觀。幾個雇工模樣的人在這裏忙活，工頭是個老實厚道的人。三表姐給他們開工資。他們知道三表姐以前的家事，也願意跟她開玩笑，先是叫她東家，後來叫她老闆，現在叫她領導。這裏有棟二層小樓，但三表姐大部分時間是住在市中心，那裏還有個小營生。

我和三表姐嘮叨家常，多年來她一直養成讀書看報聽廣播的習慣，對建設和諧社會、新農村和綠色生態都有著新鮮的敏感度和實用性的理解。

三表姐為這個山莊的出路一直在著急，因為在大連這個地方，近幾年有在城郊有很多個有山有水的地方都搞起了特色山莊，生意一個比一個火。看了電視劇《劉老根》三表姐就一直在動腦筋。搞旅遊這裏還不成熟，開飯店一定要有特色。她跟我探討能否搞點綠色生態農業。這裏養了很多雞，全是散養、吃野蟲吃螞蚱。那些雞在市場上都能賣出好價錢。母雞下的蛋個個是環保營養型的，能不能也讓城裏人像熱衷到櫻桃園「採櫻桃」一樣來上山「撿雞蛋」？還有，可不可以給所養的不餵食激素的豬打耳環做標記，讓人來認養？城裏的一家人到山溝裏認養頭豬，定期來看看，年底來殺頭綠色年豬豈不快哉？或者在電腦網路上發照片拍購怎樣？

三表姐就這樣「城鄉結合」地生活著。我在她那裏還獲知了周家後代很多人的資訊。有一年我到瀋陽。下了火車，我突然想起了三表姐說過五姥爺周長武的兒子周俠在南站做生意，並告訴我隨意打聽一個商販就能找到他。我就近向一個攤亭詢問。也許是偶然，那人連聲說知道知道，在一個本子裏翻了翻，很快把周俠的電話找給我。周俠幹的大概是雜貨批發一類的行當吧，生意有多大無從知曉，但人緣極好是肯定的。他儀表堂堂，為人精明爽快，說起他爺

爺家的往事，他說：我們不記恨，也不提這個，過去我們家可以說是為特殊教育做貢獻了，現在就讓我們做自己吧。

六十多年過去了，「階級鬥爭」已經隨著歷史的塵埃漸漸模糊，在太姥爺家鄉的人們依然按照傳統的軌跡生活著。周家的後人，他們有的已經遠走他鄉，有的還是那裏的鄰里鄉親。他們用自己的勤勉和智慧再次富了起來，仍然是那裏遠近聞名的富裕人家。在傳統的鄉村道德語境內，「好」和「惡」是最基本的兩個標準。太姥爺周春富的苛刻似乎漸漸被人淡忘，相反他為人「厚道」的一面卻慢慢被人追憶起來。

2008年7月份，《先鋒國家歷史雜誌》的一位記者來到黃店村尋訪「周扒皮」。

曾在周家打過短工的孔憲德說，「農忙的時候，就去幫忙，好吃好喝不說，你還得給我工錢，不給工錢誰給他幹？一天的工錢還能買十斤米呢。你不好好待我，我就不給你幹。」而孔憲德的哥哥孔憲丞在周家做過幾年的長工，「一年掙八石糧食，養活全家。」

周家的老街坊八十三歲的閻振明說：「周春富腰間常年捆著破布條，就知道勤儉、勤儉，然後買地。都說老頭狠，那是對兒女狠，對伙計還行。會使鋤，能扛糧就行。」

黃店屯九十三歲的老人高殿榮，至今還住在土改時分給她的周家三間老屋裏，她回憶起周春富時，只說了一句，「不是惡人，不霸道。」

第六章
文盲作家

第六章　文盲作家

一

掃盲，民國就開始掃。掃來掃去，風葉難掃。國民黨在統治區掃，共產黨在解放區掃。到了新中國成立時，中國竟然滿天下還都是睜眼瞎。

有一個故事說的很形象。1949年初秋，一封緊急密信送到黑龍江省寧安縣某村長手上。這位解放區的村長不識字，連夜挨家敲門找人來讀，可村裏識字的人太少了，更別說是讀信了。終於，村長找到了一個號稱「秀才」的村民，「秀才」看完信，很快就逃跑了。

原來，這是一封「追凶密信」，信中讓村長監控的疑犯正是「秀才」本人。

這個真實故事的背後，是一個嚴峻的現實：第一，新中國成立時，文盲佔百分之八十，學齡兒童入學率僅佔百分之二十；第二，中國人民在政治上翻了身，但如果不識字，做睜眼瞎，不能在文化上翻身，就不能徹底翻身。

在向現代化社會加速轉型的時期，全國四億文盲，不僅阻礙了國防建設和工農業新技術的推廣，最重要的是，它阻礙了意識形態

自上而下、一竿子捅到底的灌輸。就中國的傳統社會結構來說，強調的是上層統治階層與下層民眾完全分離，上層的皇帝輪番換，下層民眾根本不關心。社會主義來到中國，企圖將下層民眾翻上來，扶上馬，戴紅花。為了完成這個任務，一則需要到底層去發動民眾，二則需要底層能夠透徹瞭解上層的政治意圖，能夠看懂《人民日報》，這就迫切需要掃盲。

新中國的掃盲運動，開始於上世紀50年代。1950年9月，教育部和全國總工會召開第一次工農教育會議，會上提出將來的工作重心：「推行識字教育，逐步減少文盲。」

第二年，西南軍區的文化教員祁建華，發明了一種「速成識字法」——利用漢字「形聲」特色的教學方法。4月26日，《人民日報》發表社論，號召各地普遍推行「速成識字法」，全國轟轟烈烈開展了掃盲運動，各地興起了各種「田間學習小組」、「炕頭學習小組」，有順口溜描述了當時的盛況，「讀書聲聲響，處處是課堂，互教又互學，師生大家當。」

這場聲勢浩大的掃盲運動有一個振聾發聵的名字，叫「文化大進軍」。接下來，在1955年借助社會主義改造掃文盲，1958年出現大躍進掃盲，1960年為鞏固掃盲成果再次掀起熱潮。

在這四次掃盲運動中，毛澤東是最熱心的操持者。1955年土地集體所有辦掃盲社，毛甚至談到識字課本該怎樣分兩步編寫，他也很知道識字

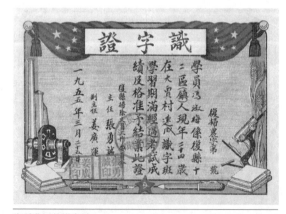

復縣農民的識字證

的艱辛，1958年11月，他就掃盲「大躍進」公開表態：「世界上的人有的就不那麼老實……比如掃盲，說什麼半年、一年掃光，我就不太相信。」

　　在這綿延十年的掃盲運動中，各地區各行業典型不斷湧現，高玉寶是最早樹立起來的典型人物，是明星中的明星。

　　毛澤東早就說過：沒有文化的軍隊是愚蠢的軍隊，而愚蠢的軍隊是戰勝不了敵人的。百行樹榜樣，軍隊盡優先。部隊的掃盲是重中之重，標兵也應該從這裏誕生。部隊的文化教員祁建華髮明瞭速成識字法，常青發明了「我寫我」為核心的速成寫作法。那麼，幾百萬解放軍向文化進軍的掃盲典型在哪裏？

二

　　1951年橫空出了一個高玉寶。

　　這一年年底，《人民日報》一個筆名叫「荒草」的人，在《人民日報》和《解放軍文藝》分別撰文宣傳文盲戰士高玉寶刻苦學文化和寫書的事蹟。《解放軍文藝》陸續刊出了高玉寶寫的小說部分章節，其中兩篇，一個是〈我要讀書〉，一個是〈半夜雞叫〉幾乎人人皆知。高玉寶一下子轟動了軍內外。

　　高玉寶的名字在全國各地的報紙傳開去；高玉寶的作品在全國各大報紙上刊登著；高玉寶的作品在全國各大雜誌社上轉載著；高玉寶的相片出現在各處；高玉寶的談話出現在各處；介紹高玉寶的文章出現在各處；中華全國文藝

1949年的高玉寶（此圖翻拍自《遼寧作家》2008年3期）

工作者協會特別舉行了座談
會，討論文藝戰士高玉寶的創
作；到處在談論著這位英雄的
文藝戰士；到處在仰慕著、在
讚揚著、在學習著這位英雄的
文藝戰士；書信從四面八方像
雪片一樣寄給了這位英雄的文
藝戰士……

1952年，中國人民解放軍
八一建軍節二十五週年體育大
會部隊文化學習展覽會上，
陳列了高玉寶自傳體小說的
原稿。

1952年8月26日，中國人
民政治協商會議全國委員會，
在北京特別舉行了一次報告大
會，邀請各位戰鬥英雄和學習
模範出席報告。二十六歲的高
玉寶也在這會上，在四千多位
黨、政、軍首長面前報告了他
的奮鬥經過和光輝業績。

高玉寶是怎樣學習文化和
學習寫作的？

1952年的《人民日報》及
時地刊登了署名高玉寶的長篇
來信──〈我是怎樣學習文化
和寫作的〉。

《我是怎樣學習文化和寫作的》一文被收錄進
各種掃盲讀物

影印自1952年工農兵掃盲讀物。

影印自1952年工農兵掃盲讀物（漫畫中主人即是高玉寶）。

　　編輯在按語中寫道：高玉寶在這篇文章裏，真切生動地描述了自己在黨的領導下用不屈不撓的戰鬥精神學習文化、學習寫作的成功經驗，具體證明了在有階級覺悟的工農子弟面前是沒有不能克服的困難的。高玉寶的學習經驗，給廣大工農學習文化樹立了一個榜樣，極大地鼓舞了他們學習文化的熱情和信心。

　　為了還原當時的情境，在這裏將高玉寶那篇來信原汁原味附錄如下——

親愛的同志們：

　　謝謝大家對我寫書的鼓勵。我的書正在第二次修改中，計畫明年把上半部改出來。大家說要早點看見我這本書，好吧，我要用更大的努力，在黨和總政治部文化部同志們的幫助下，早點把書改好來回答同志們對我的盼望和關心。

　　親愛的同志和戰友們：你們來信說「高玉寶怎樣怎樣光榮」。是的，是光榮，可是這個光榮是屬於黨和毛主席的，因為他培養了我和教育了我。想想，要是沒有黨和毛主席培養和教育我，像我這樣給人家放過豬、要過飯的窮孩子，還能有今天嗎？

　　大家來信又說「向我學習」。我想，我並沒有什麼了不起的。我是一個普通的戰士，過去是一個大字不識的文盲，我能學習文化寫出這本書，這全是黨和毛主席的力量。我常常這樣想：要是沒有黨和毛主席的英明領導，要是沒有人民解放軍到東北，怕我早就死在礦山了。我今天能和大家見面，我首先感謝黨和毛主席救命的恩情。

　　大家來信問我，文化是怎樣學的，書是怎樣寫的？親愛的同志們，提起學文化，就會引起我痛恨舊社會來。我先講講我以前的經過吧：

　　我是東北遼東省復縣平山區太平村孫家屯人，我家很窮。從我能記事起，就過著傷心的牛馬生活，受著敵偽漢奸、地主、惡霸的殘酷壓迫。那時家中沒有什麼吃的，日本鬼子和漢奸惡霸們還天天來要款、要稅，我父親因為拿不出那樣重的稅，挨過打，受過罰，家中更沒有錢給我念書了。我小時見人家的孩子們在念書，非常眼紅，常常跑回家去求母親說：「我要念書！」因為家中沒有錢，她沒有答復我的要求。一個小孩子，不知父母的心情，母親不叫我去，有一

回，我氣得向學校跑，母親就在後面追，一直追出半裏多路，在一個河沿上才追上我，她抱著我坐在河沿上整整哭了半天。她為什麼這樣哭呢，就因為在舊社會，家裏窮，孩子不能去讀書。她為我不能讀書，不只難過這一回。我想不叫母親替我難過，就再也沒向母親要求去念書，看見學生們，自己著急難過，也不叫父母知道。

有一天我和十幾個小朋友上山去拾草，看見學校的周先生帶著一幫學生去旅行。那些小學生排著隊伍，喊著「一二一」，走得非常整齊，我心中又著急又難過。為了學人家的步法，我把十幾個拾草的小朋友集合起來，跑在小學生們的後面，我也喊「一二一」。那位周先生很奇怪的看著我，他見我聰明，就到我家問我父母，叫我去讀書。父母因為家中沒有錢，不敢叫我去，周先生說不要我的學費，書他也有，只叫人去就行了，父母才答應了我去讀書。誰想我在學校才讀了一個多月書，漢奸保長周長安到學校看見我了，他就到我家去要稅錢，我父親沒有錢給他，他說：「有錢供大學堂，沒有錢納稅？這是公事，今天不給錢可不行，要是真沒有錢，就叫玉寶給我放豬去，那稅錢我替你繳上。」父母沒有辦法，就叫我給閻王保長去放豬，我就這樣失學了。有一天我給閻王保長放豬，放到我原來讀書的那個學校門口，聽見同學們讀書的聲音，又想起了好心的周老師來，就決定到學校裏去看看他。不想我才進了學校，閻王保長來了，他用文明棍狠狠地打著我，又罵著我說：「你端我的碗，就得受我管，豬崽子要是叫狼吃了幾個，你能賠得起嗎？我再看你到這裏來玩，把你腿給打斷！這地方是你們窮小子來的嗎？」從那時起，我沒敢到學校去。我九歲那年，家中再也不能維持生活了，我跟父親到大連，在那裏又讀過

七天書，以後就做零工、當工人、出勞工、學木匠……再也沒念過書。

我這人從小喜歡聽故事，那裏要有講故事和說古書的，要是講的騎馬打仗、行俠仗義的故事，聽得連飯都不想吃了；晚上我們那裏有唱驢皮影戲的，我常常背著父母和小朋友們偷偷地跑去聽。在大連那五六年，晚上我叔叔家門前有一個說書的，說的是隋唐五代和大宋的故事，晚上我就去聽，站著聽他半夜也不覺得累。

我十七歲那年（1943年），敵偽在東北統治得更加殘酷。我祖父、母親、叔父和一個弟弟都死在大連。我們父子再沒法住在大連了，又兩手空空回到鄉下。生活更苦了，家中一點吃的也沒有，沒辦法只得再當勞工，換了幾斗糧養家。我在靈山打石頭的時候，腿被石頭砸壞了，動彈不得，想起家中父親弟弟不知死活，很是苦悶。這時我見工友們在那裏看小說，我就向他們借來看，那書中的故事我全聽過，書中的字我只能看懂十分之三、四，看不懂的字我就問問工友，從那時起才開始引起我讀小說的興趣。後來我不管在那裏工作，能借到書，我總是借來看。回家以後，父親病在炕上，我除了白天作工，晚上照顧父親的病外，空下的時間就在油燈下看書。我父親常罵我晚上看書費油，我就用一張破票遮住燈光，偷偷地看。這時候，一句話要有二十九個字，只要能看懂十來個字，我就半想半猜的知道那句話的意思了。可是，我還是不會寫字。

1947年11月19號，我們復縣解放了。（筆者：此處筆誤，準確時間是1947年6月6日，解放軍趕走國民黨軍隊進駐瓦房店，復縣二次解放）

　　解放後，我們家中分了土地，為了保家保田，替屈死的爺爺、母親、叔叔和弟弟報仇，我參加了中國人民解放軍；1948年1月，到了前方，我參加了共產黨。我在部隊內當過通訊員、警衛員、軍郵員和收發員。剛參軍那兩年多的時間，還是經常看舊小說，一發了津貼費，我就要買幾本看，看了以後，還能把它講出來。行軍時，為了減少疲勞，大家叫我講書給他們聽。團宣教股長遲志遠同志，為了教育我們，他就和我訂出了交換條件：他叫我講一段舊書，他就給我們講一段新書，他講的全是社會發展史。他講那些東西，對我們教育可真大，以後，我決心要努力學習。因為行軍打仗，工作又很忙，我只學會寫一百多個字，大部分還不會寫。

　　1949年8月，長沙解放不久，部隊住在長沙北面，那時我又當了軍郵員。天天抓緊時間學習文化，一天寫的那幾個字，七彎八弓的真難看，斗大的字，幾個就寫了一本子，心中很苦悶。見外面小孩子們看連環圖畫，我借了米谷同志畫的《少年毛澤東》的連環圖畫來看，毛主席幼年學習的故事，使我很受感動，特別是讀到這幾句話：「毛主席少年的時候很好看舊小說。有一天他忽然發生了一個疑問：他所讀的小說中，主人翁為什麼總是文臣武將，才子佳人，永遠看不見一個耕田漢？」是呀，我也看了好多舊書，聽了好多故事，為什麼窮人沒出一本書呢？我為這事整整想了好幾天。我心想：看那些文臣武將，飛簷走壁的故事有什麼用呢？越想越不是味。我又想起領導過去經常教育我看新書是有道理的，就下決心從此以後再不看舊書了。我身邊還有小八義等舊書，叫我全把它燒掉了。從此以後決心多看文件。正好，第二天，第四野戰軍政治部出版的「戰士生活」叢書發下來了，我一看見它，心中高興的想：啊？這不是窮人出書了

嗎？我看見了書中的主人公，受的那些壓迫，聯想起自己和他是一樣，心想：「我受了那麼多的苦，不好好寫一本書叫窮哥們看看嗎？」想起日本鬼子和那些漢奸地主的兇惡面孔，我非常痛恨；想起了屈死的爺爺、母親、叔叔、弟弟和那些受難的人，心中非常難過。於是我就下決心寫一本書。8月27日那天，我訂了一個本子，就開始寫書了。

可是，文化水平低把我難住了。寫了兩天，實在太困難，十分之七、八的字都不會寫。「斗大」的字在紙上只寫了幾行，字不像字，歪歪扭扭的真難看。最「窩火」的是心裏的話寫不出來，心裏想的多，筆尖下寫出來的少，有時寫出的句子也不是個味道。我把筆向桌子上一放，心想：高玉寶，你連自己的名字都寫不好，還想寫書，這不是作夢嗎？正在這時，我們團二營的通訊員送來一封稿子，他一定要收條。我寫了「今收到」三個字，再寫不出稿子那個「稿」字。最後我沒有辦法了，就給他蓋了個宣教股的圖章，當個收到條。那個通訊員同志很不高興，我心裏好像刀子刺的一樣。我吃那沒文化的苦不是一回了，想起過去為什麼不能讀書，真好像火上加油，就痛恨起舊社會來。我又想起列寧同志的話：「學習學習再學習。」於是我心裏想：光學文化也是寫字，寫書也寫字，何不兩全其美呢？我把它寫出來，叫全國的窮哥們看一看，叫他們記住萬惡的敵人，槍桿子握得更緊，解放了全中國，將來好建設一個美滿的新中國。要是寫不好，就作為自己的回憶日記，拿它作為我前進的目標，記我們工農在舊社會受的苦，看了它，就會有了為全人類求解放的決心，時時刻刻地警惕著，再不會像李闖王那樣，被勝利衝昏了頭腦，決心握緊槍桿子，將革命進行到底。把它抄一份，郵寄去給父親和弟弟看看，叫他們好好記著，誰是

我們的敵人，誰是我們的恩人，免得他們忘本。宣教股遲股長，看我用心學習，他更鼓勵我和幫助我，他親自給我訂學習本，給我鉛筆，他還叫宣教幹事單奇同志，教我學文化。從這時起，遲股長和單奇幹事就成了我的老師了。我想：首長們那樣關心教我，我要不好好學習，就對不起黨、首長們了。我為了回答黨和首長對我的教育，為了寫好書，我就下了決心：這書一年寫不成，我寫它兩年，兩年我寫不成，我寫它五年，在五年內書要是寫出來，那文化也學得差不多了。我就這樣開始寫書了。

寫五年的決心是下了，可是困難還很多，寫書不像學文化。學文化一天學上幾個字就行了，寫書什麼字都要問。股長幹事不在家，真就沒有法子向下寫。我有時發急，想：算了，咱老粗那能寫書呢？這不是笑話嗎？想起沒有文化的困難，自己傷心。這時我想起了「戰士生活」上的民間故事：「鐵杵磨繡針，功到自然成。」又想起了首長和戰友們講給我聽的兩萬五千里長征的困難，和東北三下江南、四保臨江的艱苦，再想想自己參軍以來還沒受過那些艱苦呢。我又想：在千軍萬馬的敵人面前都沒低過頭，能在文化困難的面前低頭嗎？不，自己是個共產黨員，要是在文化面前低了頭，以後怎樣再去完成黨給我的艱巨任務呢？自己檢討了一下，再來了個自我批評，然後再查查決心實現了沒有，一看五年計劃還早呢，就忙坐在凳子上又寫下去。

股長、幹事常常不在家。我為了早點把書寫出來，就想了一個辦法，訂它一個大本子，一個小本子。首長們在家的時候，就在大本子上寫，首長們不在家的時候，就在小本子上寫，不會寫的字，就畫一些符號來代替。比方說：日本鬼子的「鬼」字不會寫，我就畫一個鬼臉；蔣介石那個

「蔣」字不會寫，我就畫一個漫畫上的蔣光頭；一群東西那個「群」字不會寫，我就畫一些小圓圈；殺人的「殺」字不會寫，我就畫一個小人脖子上按一把刀……。除這些以外，我還有很多困難，有時，有些事情想不起來，把腦袋都想疼了，這樣寫也不行，那樣寫也不好，急得滿頭大汗，在房子裏走來走去，晚上連覺都睡不著。一下子想起來了，也不管是白天是晚上，是半夜，起來就寫。

部隊出發解放廣西，那時我正當軍郵員，為了部隊當天能看報紙和文件，為了戰友們早點收到家信，我每天都是騎著馬提前走一個鐘頭，到師部拿了報紙文件和家信，就在路上等部隊，部隊過一個連，我就發一個連，一直得發到部隊後尾，剩下的時間我就寫書。因為我提前出發，回來得又晚，那馬就得自己餵，早晚餵馬的時間也同樣寫書。在廣西追擊白崇禧的時候，過大山馬卡死了，我背著背包也是同樣完成了任務，也同樣的寫書。

1949年12月，廣西解放後，部隊進行剿匪，那時我的書已經寫了好幾回了。寫的是大鼓書，有唱有白。遲股長和單奇同志只知道我學文化，不知我寫書。有一天他二人很奇怪地問我：你天天寫什麼？我才告訴了他們是寫書，他拿去看了半天，高興地對我鼓勵著說：「很好，寫吧，學習學習蘇聯小說中的保爾·柯察金。」我不知道那本小說的作者是誰，我就問他，遲股長就給我講起《鋼鐵是怎樣煉成的》的故事來了。他又說那個作家是個瞎子，他怎樣努力寫書。我聽了真感動得不得了，我想：人家是個瞎子都能寫出書，我們一個睜眼的，雖然沒有文化，慢慢學著寫，總是比瞎子好的多吧。我更下定決心，非把書寫出來不可。遲股長看完我的稿子以後，又指示我，叫我怎麼寫，有什麼就寫什麼，單

奇同志也同意他的意見。他二人勸我，最好用章回小說的形式寫，事情可以說得更清楚。遲股長為了鼓勵我寫下去，就在我的本子上題了字：「玉寶同志：希望你能繼續寫下去，把它寫成像『鋼鐵是怎樣煉成的』小說一樣。」我聽了首長的話，開始改寫成章回小說了。遲股長和單奇同志天天教給我文化，指示我寫稿，不幾天，全司政機關的首長和同志都知道了，連我們團長都知道了，大家全鼓勵我好好寫，又給我稿紙，又給我筆。遲股長還把我的書馱在他的馬上。

1950年2月，部隊到廣東生產，我除了參加生產外，有了時間我就寫書。6月，我調到司令部當收發員。正是6月天氣，暑氣熏人，我住在一家老鄉的小房裏，房外就是老鄉的廚房。小房裏熱得像蒸籠一樣，文件又多，又怕丟失了，也不敢出去乘涼，又聽說部隊要開始學文化，我高興的想：「快寫，把它寫出來好去學三年文化」，心中著急，就日夜趕寫。本來天熱頭就痛，再加上白天黑夜趕寫，就連著昏迷過好幾次。團長、股長和司政機關的首長們常常來看我，鼓勵我，安慰我，叫我好好寫，我更有勇氣了。這時朝鮮戰爭爆發了。我們是在守衛祖國的南大門，我為了加強警惕，怕自己私人寫書的事影響了工作，心想：快點寫出來，好再迎接新的任務。我就白天晚上趕寫，每天晚上都寫到兩三點鐘。又請文書尚振范同志代我抄，我想抄好一份郵回家去，底稿我還帶著，沒有情況我就改寫，有了情況我就把它燒掉。我就這樣天天寫天天學，文化也天天提高了，以前我全是畫畫頂字，現在再也不用畫了。我開始學文化和寫書時非常苦悶，但寫了兩個月以後，就感覺著非常有興趣，越寫越愛寫了。我連做夢都是寫書和學文化，我在黨和首長同志們的培養教育下，經過一年多的時間，總算把二三十萬字的小說初稿寫成了。

大家還來信問我寫書和學習文化有什麼經驗，我是一個才學習文化、才學習寫作的人，真想不出有什麼經驗來。我想了想，大概有這幾方面：

一、用心鑽進去。我記得老百姓有句俗語「天下無難事，就怕有心人。」一個人沒有生下來什麼都會的，一切本領都靠著學習。「勞動創造世界」這句話，一點也不假呀。要是不能用心鑽進去，不能克服困難，那是什麼也作不出來的。

二、要能鑽進去，就得有決心，有恒心，要用堅強的毅力來學習。我寫書就是憑著決心寫的，我想在黨和毛主席英明領導下，有天大的困難也難以擋住有決心的人。一個共產黨員沒有克服不了的困難。我是這樣：遇到了困難，不想寫了，不想學了，我就查查決心，看看計畫實現了沒有，來個自我批評。

親愛的同志們，批評和自我批評真是個好寶貝呀。可是，用它也得要有決心，一個人要當兩個人用呀。我用自我批評的時候是這樣，比方說高玉寶學文化又嫌麻煩了，不想學了，另一個高玉寶就站出來了，他是個黨員，就站在黨員的立場上把無決心的高玉寶放在旁邊，當著受批評的人，批評檢討一頓：「不學文化對不對？」然後，無決心的高玉寶再站在黨員的立場上來自我批評。高玉寶接受批評以後，他寫書和學文化的決心又來了。如果不接受批評，再自我檢討一下：「自己是個黨員，不應當不學習，從前在舊社會受苦不能讀書，今天有這樣機會，不好好學習，能對得起黨嗎？能對得起人民？」這樣一檢討，勁頭又來了。我寫書和學文化就是用的這個辦法。

親愛的同志們，每個同志不是黨員、團員，就是決心爭取做個黨員、團員的好同志，我們的目標是要建設一個高度

工業化的社會主義和共產主義社會，現在要建設一個強大的現代化的國防軍，那麼我們就要會用新機器和現代化的武器，沒有文化是不行的。現在全國和全軍正在轟轟烈烈的開展文化學習，又有祁建華同志創造的「速成識字法」，那東西可真好用，一天能學好幾百字。我們在舊社會是不能讀書的人，今天有這個好機會，希望大家好好學習吧，如果學習鬆了勁，我想都應該用黨員和團員的標準來檢查督促自己，這樣就能學習好文化的。

我寫出這本書，我提高了文化，首先感謝黨和毛主席，感謝上級首長對我的培養，感謝我們團孫鳳章團長和全體機關首長們對我寫稿的鼓勵，感謝遲股長和單奇幹事對我寫書的指導，教我學文化，感謝尚振範文書給我抄稿；感謝荒草同志日夜忙著給我改稿和指導，感謝親愛的同志們對我鼓勵……

我寫書和學習文化的經驗就是這些。不過，要做一個光榮的國防軍戰士，我的文化還是很不夠的，我的各方面知識還很差，我寫的書也還有很多缺點，我在寫書和學習文化上還是一個小學生，我還需要很好的學習，提高文化，提高各種知識，我希望同志們給我更多的幫助和教育。

親愛的同志們，正像你們來信所說的：我們要努力學好文化，練好本領，掌握新機器和現代化的武器，建設好新中國和強大的國防軍！隨時準備打擊侵略者！要完成這個光榮的任務，我願意和同志們一起，更好地、更努力地來學習。

親愛的同志們，我們要熱烈響應上級的號召，為了建設強大的國防軍，和偉大的祖國，在文化學習上，讓我們共同努力，勇敢前進吧！

最後，祝同志們學習進步，身體健康！

這封語言流暢、主題明確、結構清晰的文盲戰士來信，在當年出版的速成識字補充讀物——被收錄。後來在不同年代各種版本的《高玉寶》中增增減減，以自序的形式出現。

「自序」裏的高玉寶是原復縣（現瓦房店市）閻店鄉人，八歲時上了不到一個月的學，就被頂債去給地主家放豬。九歲到大連給日本侵略者做童工，十五歲頂替父親做了勞工，十七歲時改行做了木匠，二十歲時參加了解放軍。

高玉寶1990年代還補充回憶了一個動人的情節：他1948年2月入黨時，他「畫」出一份入黨申請書，申請書只有八個字：「我從心眼裏要入黨。」他只能寫出一個「我」字，其他字是畫出來的「實物」。如「從」字，不會寫，他畫個毛毛蟲代替；「心」字不會寫，就畫個心；「眼」字不會寫，就畫個眼睛；「裏」字不會寫，就乾脆畫了個梨；「要」字不會寫，用咬字代替；「入」字不會寫，就畫條魚代替；「黨」字不會寫，他就畫了棵樹，上面畫個鍾，用敲鐘噹噹響的聲音，代替「黨」字……

沒有絲毫的懷疑，1948年的高玉寶是個典型的文盲。但革命戰士是不怕任何艱難困苦的，一年之後的1949年8月20日，高玉寶開始動筆撰寫自傳，此時的高玉寶仍舊是字畫結合、以畫代字，如日本鬼子的「鬼」字不會寫，就畫個可怕的鬼臉來代替；「殺」字不會寫，先畫一個人頭，然後再在這頭上畫

1949年7月2日於北平召開第一次中華全國文學藝術工作者代表（共824人）大會。這次大會被稱為解放區、國統區兩隻文藝大軍的勝利會師。會議揭幕時朱德代表黨中央致賀詞，周恩來做政治報告。會議期間毛澤東親臨會場，一再表示「我們歡迎你們」。這次大會是歷史的界碑，具體化劃分開了「現代」和「當代」文學運動歷史的界限，對文藝的「工農兵」方向做了完整的理解和闡釋，既為新中國文學思潮發展確定了方向，也留下了局限的種子。

把刀；「哭」字不會寫，先畫一個人臉，然後在這臉上點幾個小點兒。還有很多字無法用圖形畫和符號來表示字義，高玉寶只好畫一些小圈圈空起來，等學會了字，再添到圈圈裏。如此說來，此時的高玉寶恐怕還在文盲之列。

但奇蹟在兩年後發生了，1951年1月，高玉寶完成了長達二十萬字的自傳體長篇小說《高玉寶》草稿。在作家荒草的指導下，小說《高玉寶》的部分章節經修改後在《解放軍文藝》上陸續連載。1955年4月20日，中國青年出版社首次出版單行本，更是推出了集作者名、書名、主人公名於一身的自傳體小說《高玉寶》。

從只認識幾個字到成為作家，只用了三年時間，這就是當時被宣稱為偉大的文藝戰士高玉寶。

三

高玉寶的出現，幾乎空前絕後地創造了文盲成為作家的先例。

高玉寶當兵前是遼寧瓦房店（復縣）人，「文革」期間在大連旅順中學和大連玻璃廠做過革委會幹部和軍代表，後來在大連做了師職專業作家，當然對遼寧的影響更大一些。作家董學仁在一篇文章裏回憶，2005年金秋時節，全國遼寧省作家協會的代表大會選舉理事時，主持者需要事先公佈一些注意事項，其中有一條「不識字的作家可以找別人代筆」，引起了會場一片笑聲，不識字怎麼能當作家啊？發出笑聲的人恐怕都忘了，在高玉寶之後，遼寧省和整個中國有一批不識字的作家，地位卻相當地重要。

高玉寶等人的出現，不僅對當時全國全軍的掃盲教育起到了巨大的推動作用，而且成為工農兵進入文學領域的一個最鮮明的標誌。那時的中國，需要用高玉寶一類的作家，取代那些寫不出革命作品的作家。

與掃盲運動亦步亦趨的，是一場浩大的以舊知識份子為對象的思想改造運動在全國展開。毛澤東的文藝的「工農兵」方向在1949年開始已經被異化為「寫工農兵」和「工農兵寫」。

　　「虎踞龍蟠今勝昔，天翻地覆慨而慷」。共產黨的勝利，人民的勝利，如此輝煌又如此具有傳奇色彩，不僅令國民黨反動營壘聞風喪膽，也讓共產黨的盟友、朋友及大多站在「第三條道路」上的知識份子（也包括絕大多數的文學家、藝術家）目瞪口呆。驚愕、狂喜、愧疚、遺憾……繼而自覺或半自覺地「洗腦」——進行個人歷史上巨大的觸及靈魂的「思想革命」。在這極為痛苦的過程中，作家藝術家紛紛選擇宣言口號式的「急就章」匆匆表態，以獲得新社會及執政黨的政治認同，尋求自己的「政治歸宿」。在短短的幾年時間裏，就發生過土地改革、鎮壓反革命、抗美援朝、三反五反、批判電影《武訓傳》、批判《紅樓夢研究》、批判胡風反革命集團等八次運動。認識、檢討、表態、批判、劃清界線成了他們必不可少的生活內容。事實上，中國的政治運動如同一隻巨大的網篩，每一個中國人，特別是文化人，只能被動地接受顛簸而別無選擇。而執政黨的「蘇聯模式」文藝政策和此前來自解放區文藝工作的做法或經驗，使得文藝為無產階級政治服務、為工農兵服務成為別無選擇。

　　文學正史無前例地成為意識形態的代言人。1949年也因此成為中國20世紀重要的標誌性年份。

　　這一階段的作品題材大約有三個：歌頌、鬥爭、回憶。

　　歌頌黨、領袖、社會主義、人民；回憶戰爭歲月，回憶苦難年代，回憶過去生活；和帝國主義、資本主義、舊思想、舊觀念作鬥爭。

　　被改造的舊知識份子作家們痛苦萬狀。茅盾、葉聖陶、沈從文、丁玲、冰心、馮至、張恨水、巴金、艾青、錢鍾書、田漢、卞

之琳、吳祖緗、許欽文等30、40年代的文壇之星1949年平均年齡只有四十七歲，卻集體隕落在建國之初。郭沫若、老舍、曹禺等幾位雖然沒有停止創作，卻在數量、才氣、靈氣和藝術水準上已經大不如前。

在時空交錯中，依然能看到那些迷茫和掙扎的面孔。

沈從文以學員的身分坐在華北革命大學的教室裏，認真地學習著淺顯的革命理論，改造著自己頑固的舊思想。李健吾剛在報上發表了《學習自我批評》，正在打點行裝去安徽蒙城參加土改工作隊，以便通過下鄉鍛煉改造自己的世界觀。他們失去了小說寫作的優勢，即使他們留在小說作家的行列裏努力追趕革命步伐，也不會比那批革命出身的工農兵作家更善於進入革命和表現革命。那些寫不出革命作品的作家裏，最有名的要算巴金。1949年以前他的《家》、《春》、《秋》只是進步作品而不是革命作品。後來他積極搜集寫作素材想寫革命的長篇小說，但沒等寫出來形勢就變了。半個世紀裏，這位不能與時俱進的作家僅僅寫出了一部短篇小說《團圓》與電影《英雄兒女》就根據這篇小說改編而已。著名詩人艾青二十三歲時，已經寫過《大堰河，我的保姆》那樣的傳世之作，可50年代四十多歲的他卻寫下這樣的詩句：楊莊有個楊大媽／她的年齡五十八／大手大腳大嘴巴／大大的眼睛黑頭髮……一代大文豪郭沫若，甚至發明了一種政治概念化的表忠心的「口號詩」，並一直運用到他壽終正寢。

「殘冬盡時春華髮，烏雲散處朝日紅」。無產階級的革命文藝正英姿颯爽地從舊營壘中衝殺出來了。那些來自舊的社會制度的作家，他們的小說修養再高，能寫出製造農民與地主深刻矛盾的《高玉寶》嗎？能寫出那些表現革命人物高大全形象的《金光大道》嗎？能寫出革命現實主義和革命浪漫主義相結合的紅色經典嗎？

四

上世紀50年代，工農兵不僅走進文學領域，而且成為各行各業的時代主宰，成為背景是紅花、紅旗及擁擠的人群烘托出的熱烈、歡慶氣氛中的閃光體。一本流行於網路並未見公開出版的《文革詞典》收入了這個詞目，並作了很精闢的闡述。

工農兵：工人、農民、軍人的簡化合稱。起源於1920年代，而光大於1950、1960年代，鼎盛於文革十年，衰落於1980年代。

它是人民、革命、民粹主義政治正確（合法性）概念的在世肉身，代表著正義、社會前進方向、歷史必然性。被憲法和官方政治哲學定義為國家統治階級。在1949年以來到「文革」達於極致的階級壓迫中賦有與生俱來的原罪。是「我們／他們」、「多數／少數」中代表「我們」「多數」暴政的一極。成為政治、文化、社會的服務對象，他們確實體驗到翻身解放，但又愚昧地甘作驅馳，沒有自由意志、個體自覺。作為整體抽象地佔有社會及其資源，作為個人只是專制機器的組成部分。保證官員隊伍的工農兵成分，配置給他們重要代表席位，如陳永貴、吳桂賢、孫健、倪志福等，成為文革官僚機構的重要特徵之一。但由於缺乏必要的知識背景和官場歷練、修養而無從擔當職責。只是運動之來時被安排作民意代表發言（廣播、報刊）證明其正當性。

被當成無須證明的自明公理、價值標準來引證。沒有他們不懂的事情，克服不了的困難（偉大領袖說，卑賤者最聰明，高貴者最愚蠢）；把他們當成大老粗是一種愚蠢的偏見。他們即使不經訓練，僅憑直接經驗，也可以搞科學研究、技術改革，參加《現代漢語詞典》編撰等工作。民諺被當成最高精神成就得到膜拜。一度時興工農兵評報，執著而吃力地許諾、證明它是「新聞革命的主力

軍」。1976年，復旦大學成立了一個工農兵法家著作注釋組，專門注釋以學問淵博、文辭古奧著稱的「最後一位法家」章太炎。他們的認識和支配能力被極大地神化了。工農兵最聰明，要拜他們為師。要依靠他們掌握政權，佔領上層建築，去管理教育（大中小學）、文化、衛生機構。知識份子和官員都要接受他們的再教育和監督，有工宣隊、軍宣隊、農宣隊的介入性權力設置。

　　戲劇、電影、小說、詩歌、繪畫、音樂等文藝作品，被要求描寫、塑造工農兵英雄人物。民歌、民間形式受到極度推崇，婉約、精緻、純情、自省、痛苦、複雜被逐出美學殿堂，而任豪邁、粗放、雄壯、犧牲、歡樂、單純獨領風騷。發現、培養工農兵作家、畫家、音樂家，為他們鋪路搭橋，成為藝術工作、文藝革命的課題。歷史研究、寫作被要求以他們為主角，農民起義成為中國古代史的敘述主題……

　　在實行階級路線的社會結構中，作為紅五類主體，享有尊貴的血統，不但他們本人而且他們的子女都佔有升學、入伍、入黨、提幹、晉級

第二次全國文代會，高玉寶和崔八娃兩個文盲戰士作家出席會議，合影高玉寶四排左五，崔八娃四排左六。高玉寶還作為工農兵代表發言。（此圖翻拍自大連《高玉寶工作室》）

等廣泛社會資源，被當成婚姻市場上的搶手貨。他們尚簡、粗俗鄙陋的生活趣味，也成為健康、道德的同義詞；人們趨奉的時尚，家常大眾菜取代精工細做的宮廷菜，佔據了餐廳銷售主流；連軍裝、勞保服都成了時裝，既充斥了舞美設計、油畫等美術作品和新聞攝影，也裝點健旺生命的青春軀體。艱苦樸素為短缺經濟造成的普遍匱乏起到很好的文飾作用。

由於工農兵作為美詞的至尊地位，城市道路、電影院、商場、學校（小學為多）、醫院、商品（煙標、針織內衣）、雜誌（畫報）都有以它命名的。他們的形象成為宣傳畫、人民幣圖飾的主體形象。

後「文革」時代，罷黜工農兵高官成為政治上否定「文革」的內容。1990年代以後，隨著工農兵的不斷邊緣化，政治、經濟、社會地位下降，科研、經濟、學術、管理從業者聲譽日隆，他們在世俗生活裏節節敗退，成為最大利益受損者群體，該詞漸含貶義。但還是有酒樓、旅店、婚紗攝影、網站、樓盤以此命名，提示著這一龐大人群的存在、他們的昔日輝煌和巨大衝突隱患的潛滋暗長。讓為政者產生平抑基尼係數持續攀升的警覺。

五

對工農兵作家的培養，是從上世紀50年代開始的一道風景。

當時有個令人笑破肚腸的笑話。1950年代，社會主義陣營的中國培養了一批工農兵作家，曾經讓資本主義陣營的美國政府陷入一時的擔心。美國一位情報官員向政府報告，說中國政府支持的工農兵作家聲勢浩大，作品同樣聲勢浩大，發展下去將要超越美國的文學創作。於是美國政府急忙採取有效得力的措施。比如，免除美國作家出版純文學作品的稅負，並在各個城市建立純正文學作品的獎

金，讓美國作家的作品在一個城市裏得一次獎，足夠半生的生活費用等等。那時候美國政府想方設法繁榮資本主義國家文學創作，不想讓社會主義的文學創作超過他們。後來讓中文專家把中國工農兵作家的作品翻譯研究了一遍，不禁樂了，原來是那樣一回事兒啊。

魯迅文學院是中國作家心目中高山仰止的地方，是中國作家協會專門培養作家及作協會員的高等學府。當代文壇怪人韓石山，毫不客氣地批判它是要把高玉寶們培養成大作家的掃盲班。

它的前身最早是中央文學講習所。1950年夏天籌建，1951年元月正式成立。它最初招收的學員一是看是否有生活積累，一位叫吳長英的學員連名字都不會寫，但因有過童養媳等曲折經歷，出身好，對黨忠誠，也被招收進來。二是看是否有一些創作成果。像高玉寶這樣寫出一點東西的人。當時的文習所就是要把吳長英、高玉寶一樣的人培養成大作家。在知識份子思想改造運動席捲而來時，有多少作家放下手中的筆，有多少學者放下手中的課題，已經無法統計。而文習所所在的北京鐘鼓樓東大街的一個院落裏，正在緊鑼密鼓、興致勃勃地鑄造著新中國的作家，讓高玉寶們取代沈從文們。這是因為，到了新社會，舊社會過來的作家不能用了，無產階級要佔領文學創作這個陣地，就得培養和造就自己的作家。

事實證明這是一廂情願。

作家李國文〈新中國作品五十年歷程〉一文，提到50年代工農兵寫作的文壇現象，並說了一段警醒箴言：「工農兵走進文學領域，其中以剛剛讀完識字班，就寫出《半夜雞叫》（小說《高玉寶》的一個章節）的高玉寶，是最為膾炙人口的一個例子……。急於培養出自己文學隊伍的關注之情，可欽可佩；幾乎是手把手地描紅模子式的幫助，雖用心良苦，但收效甚微，也可嗟可嘆。事實證明，造鋼鐵廠要比造作家容易。即使硬扶上馬，再進一程，通常是成活率不高，生存率則更低，多半曇花一現，了了而已。由此也證

明，無論過去和現在，工廠化的流水線生產方式，未必適用於精神產品。要求出現傑作，作為期許，當然可以，但指望批量化地生產作家和作品，絕對是一種違背文學規律的行為。歷史是不講情面的，傳世之作從來不以人的意志而定，最權威的評斷，還是時間老人。任何揠苗助長的做法，都是無濟於事的徒勞而已。」

高玉寶在1950年代初掃盲初期，經過專人輔導陸續寫出《高玉寶》的部分章節直至出書，但後來進入了中國人大的中學速成班和新聞班學文化後，在以後的二三十年裏，反而寫不出東西來了。

他在人大速成中學學習時，因為起點太低被迫和其他二十幾個人從特設班小學一年級學起。四年後又被送入人大新聞班學習四年。

1960年12月23日的《人民日報》，還撰文《在知識化道路上邁進》介紹了他和另外兩個工農兵學員的事蹟。在寫高玉寶這一段的小標題是「工農兵學新聞歌頌祖國萬萬年」：四年念完速成中學的高玉寶又被保送到大學新聞系讀書，他激動地寫下快板詩：「如今工農學新聞，要當記者把報辦。破除迷信大膽幹，新聞戰線比好漢。苦心鑽研虛心學，不紅不專心不幹。報紙宣傳好武器，記者是黨宣傳員。我要決心學新聞，歌頌祖國萬萬年。」

當年已經結婚的高玉寶和妻子姜寶娥一起在人大學習了八年。他學習很吃力但很勤快。在學邏輯學時，為了要弄懂「外延」和「內涵」兩個詞的意義和關係，他虛心向老師請教，和同學討論研究，自己反覆思考，終於弄明白了。很多人都記得一個情節，和同學下鄉勞動時他總忘不了背著一個工具箱。瓦工、車工、木工的活都能幹。畢業後他回到了遼寧大連軍分區作報導。

直至四十年後的1991年，高玉寶才出版了一部數易其稿的《高玉寶續集》，那是一部四不像的東西，既像自傳，像小說、章回故事。遼寧軍區的胡世宗等人都幫他改過稿。和高玉寶同是優秀校外輔導員的瀋陽老人徐國家，在一篇文章裏回憶他幫助高玉寶看續集

稿時，每一頁稿紙至少有二十幾個錯別字，或者用符號代替。而據作者高玉寶稱，他還有兩部長篇一直在修改中。此外，他還寫過短篇報告文學和很多首詩歌。他寫的那篇六千餘字的報告文學《家鄉處處換新顏》寫於

高玉寶1953年7月參加世界第三次青年代表大會，這個神奇的文盲戰士被人們抬舉起來。（此圖翻拍自大連《高玉寶工作室》）

70年代初，也在國內外折騰出了很大動靜，只是，這個配合當時農業學大寨和文化大革命深入鬥批改的名篇，據說是集體創作一人署名的產物。

高玉寶寫過八十多首詩歌，基本屬於打油詩，頗有大躍進和文革期間盛行的全民賽詩會的遺風。其中一首叫〈望兒牢記〉的詩寫道：「大樹不正影兒歪，大人不好孩子壞，為了祖國下一代，不嬌不慣不溺愛。」這和50、60年代參加過全國兩屆文代會，被當選為中國作協理事，善於編「順嘴溜」的著名農民詩人王老九同出一轍。

六

和高玉寶一起被大力培養的工農兵戰士作家，還有一個叫崔八娃，他和高玉寶齊名，人稱「南高北崔」，高玉寶在中南軍區。崔八娃在西北軍區。都是掃盲運動掃出來的典型。

1952年5月份，剛剛摘掉文盲帽子的戰士高玉寶在解放軍報發表了〈半夜雞叫〉（後來長篇小說〈高玉寶〉的章節）後，轟動了

全軍。而這時二十三歲的崔八娃，正在不分黑白地苦背苦記速成識字法。兩千三百個注音漢字，他比規定半個月時間提前兩天背下，因此被評為掃盲標兵。為鞏固學習成果，部隊教員受〈半夜雞叫〉啟發，認為戰士們大部分來自農村，有著高玉寶相似的經歷，也能寫出作品來，就把〈半夜雞叫〉講解了幾遍，然後按照套路佈置作業，每天讓戰士根據自己親身經歷寫作文。

崔八娃選了自己家鄉惡狗咬傷窮人的題目事寫。

開始起名〈半夜狗叫〉，第一稿把家鄉與狗咬人相關的事情一件一件都寫出來了，不到三百字。教員認為沒寫好，打發他重寫。二稿他改寫到大半夜，又添了一百餘字，可教員說寫事要集中，讓他再刪掉幾件事。第三稿他只寫了四件事，可每件事只寫兩三句話就沒詞了，連標點帶錯別字不到二百字。教員給他下了道死命令：啥時把它寫好，啥時再寫新題目。

半個月過去了。別的戰士都交上十餘篇作文了了，崔八娃還在「原地踏步」。

又過了十餘天，崔八娃把自己的第四十餘稿地交上去。

文化教員這才露出了笑模樣，把這篇集中到三件事，篇幅過千字的文章看了又看，幫助改掉錯別字重新抄寫，送到師政治部文化科。師部很重視，派人再次指導崔八娃改稿。崔八娃又改了三四稿，將三件事改成兩件事，文字也越來越通順了。最後選取保長催米放狗咬人的事情具體寫深寫透。師部文化科科長親自動手幫助改寫了兩遍，又請科裏的幾個筆桿子集體會診修改。大家認為可以了，就決定上報。

然而，上報到何方？大家議了一陣，既然〈半夜雞叫〉是在〈解放軍報〉發表的，不妨也去試試。於是這篇最終名字為〈狗又叫起來了〉的文章，被以「上報」的形式寄到了〈解放軍報〉。

1953年1月，〈狗又叫起來了〉公開發表了。這與高玉寶發表〈半夜雞叫〉僅差半年時間。

令崔八娃始料不及的是，他因此一夜成名。各大報刊迅速掀起了「崔八娃熱」，〈昔日放牛娃如今寫小說〉、〈掃盲出奇效〉〈戰士崔八娃創作出碩果〉等通訊報導相繼出現。一些著名作家紛紛提筆發評論、唱讚歌。「屋簷外，天濛濛亮，村邊的狗又叫起來了」，被稱為是極富文學意境的句子。

西北軍區給記功，發喜報，戴勳章。接下來，更讓崔八娃震驚的是，軍報刊文發出決定，號召全軍戰士向他學習。不久，上級又調令他到蘭州軍區從事文學創作。

1953年開始，崔八娃真是風光無限。在蘭州軍區，他又很快「寫」出了〈一把酒壺〉、〈賣子還帳〉、〈郭大肚子〉等近二十篇自傳體短篇小說和散文隨筆。剛脫盲的戰士就發表小說，這是件了不起的事情，還有些惶恐的他，很快成了和偉大的文藝戰士高玉寶相提並論的「戰士作家」，是軍內軍外的楷模。

4月底，上級命令：速送崔八娃到北京參加「五一」觀禮。他寫了一篇〈我見到了毛主席〉。在北京他也第一次見到了比他大兩歲的高玉寶。兩人一件如故，敘談半夜，互問：今後咋辦？誰也回答不出，便茫然分手。

10月份的全國文藝工作者第二次代表大會，兩人又在北京見面了，竟和郭沫若、茅盾、巴金、丁玲等著名作家同室議事。他又問高玉寶：今後咋辦？高玉寶還是搖頭。

會議期間，崔八娃等人受到毛澤東、周恩來、朱德等黨和國家領導人接見。在照相，他和高玉寶有意站在後排，沒想到正好站在毛主席正後方，照片在報紙刊出來後，兩邊的剪裁了，留出中間部分。這下他倆的名聲更大了。新中國手把手培養的作家理應如此優待。

1954年開始，陸續有幾名「戰士作家」被送到大學深造。崔八娃也被蘭州軍區送到速成中學就讀，一邊學習一邊創作。雖然寫作能力有所提高，但寫得東西越來越少了。直到最後一篇小說〈岩生〉的發表，其創作生涯僅僅持續了四年。

1958年6月，崔八娃退役，他帶著一種複雜的心境主動要求復員回鄉。歷任民兵連長、村大隊長、社教幹部。次年秋季，地縣領導知道了他的「大作家」身分，安排到《安康日報》當編輯。人們期待著他有新作問世。然而他後來只寫了篇三百字的新聞稿，就再也寫不出東西來了。報社只好安排他當保管員繼而轉到農場開荒種地。1962年自然災害盛年，中央文件動員支援農村生產。他再次辭職回鄉務農。又先後當上生產隊長和人民公社信用社主任，直到1980年退休。退休後，他和老伴守著十幾畝薄田，日出而作日落而息。當年大名鼎鼎的戰士作家早已被世人遺忘。

沉默的崔八娃重新被人抬出來時，是在1990年代前後，《當代作家》編輯部為編寫「崔八娃」這個詞條，向他發信索稿。信寄到蘭州軍區，被轉到陝西軍區，又被批到安康……歷時數月，查無此人，因驚動面大，再次擴大了崔八娃的影響。一時間到處都在尋找崔八娃。最後由安康市委宣傳部出面才輾轉找到了崔八娃本人。

此後，關於崔八娃的評說由內及外，由近及遠逐漸成風，報上出現了不少評介文章，有介紹近況的，有報導身世的，有分析創作得失的，有探究休筆之謎的……其中一些文章或褒或貶地給他增添了神秘的色彩，也有以探秘為由進行醜化的，說他是文學騙子，早年寫過的東西是根據他的憶苦思甜材料被人加工出來的，後來回家寫不出東西屬

沉寂鄉村的崔八娃（《華商報》記者雪楓攝於2004年）

於良心發現，而且重新變成了文盲，對過去發表的文章已經無法辨讀。對此，崔八娃一概未作反駁。

陝西安康電視臺的李煥龍是國內關注崔八娃現象最多的人，他自1992年開始接觸崔八娃，採訪了大量知情人，並與崔八娃多次邊勞動邊聊天，獲取了大量鮮為人知的事實，也足以透視崔八娃真實心態和還原本來面目。

崔八娃當年為什麼要退伍，為什麼要在盛名之時棄文務農？崔八娃解釋有三個原因。一是報告、信件、約稿太多，我無法工作，被榮譽壓倒了。二是大批判接二連三，著名作家都被批倒了，我被政治空氣嚇倒了，三是素材和精力缺乏，幾乎到了江郎才盡的地步，硬寫又寫不出來，自己把自己逼倒了。要求退伍復員的目的，主要是看國家困難，需要加強農業生產。同時也是想換個生活方式，安心務農不再寫作。

崔八娃向李煥龍透露，當年他父母沒有給他起名字，按排行叫八娃，1959年開始他就給自己起了個正名叫崔雲風。可那時幾乎不存在個人意志，或許當時「攀高峰」和「登險峰」比較時髦，公社領導讓他改為：崔雲峰。他不改。但人家從此在幹部花名冊和出勤表上硬是給寫成「崔雲峰」。他只好在自己心目中默默念道自己的名字「崔雲風」。

「雲風」這個名字是他想了一夜才想出來的，有三個含義。一層意思是提醒自己，我曾被一陣風給吹起來了，駕到了雲空，再想真真實實做人，就得風吹雲散，看清自己；另一層意思是棄文務農，退到雲遮霧繞的山鄉，就不再出風頭，安安靜靜地工作和生活，做個隱居人；第三層又有政治含義，當時社會風起雲湧，自己水平和政治覺悟不高，要想站穩腳跟，就得加強，摧散風雲，認清形勢。

可是這個名字，直到2007年1月崔八娃去世，也不被人所知，人們還是習慣叫七十八歲的他：崔八娃。

他有兩女三子，女兒都是嫁在當地農家。三個兒子只有大兒子頂替他接班在鎮上信用社工作。二子和兒媳靠在外打工度日。最小的兒子在家務農。幾十年來，崔八娃這顆當年的文壇新星就這樣隕落在陝西安康沈壩沙溝村。寂寞清貧。閉塞的山區到外面的世界要坐四個小時的汽車。他去世時他的大兒子爬到山頂打手機告訴李煥龍。

關於創作的事情，崔八娃曾向李煥龍交代，當年他發表的那二十幾篇作品，只有最後的封筆之作〈岩生〉完全屬於他獨立寫作。在他的創作計畫裏還有一篇特殊的立意未能成文。自從當年的成名作發表後，崔八娃在各種始料不及的榮譽面前莫衷一是，有天晚上，他突然冒出個想法，當時我寫的是〈狗又咬起來了〉，現在簡直成了我「人又吹起來了」，老實巴交的崔八娃想把這種心境寫下來，想了幾天，也沒找到合適的表現手法，就不再管別人怎樣宣傳自己了。

流年如水。這種心路大概一直伴隨著崔八娃幾十年默默無聲的歲月。他去世前曾跟李煥龍交心：人活著有時很難，尤其別人把你當神來要求時。

七

相比之下，上世紀50年代初期，崔八娃在全國「青代會」和「文代會」見過兩次面，同樣懵懵懂懂不知道今後咋辦的高玉寶，似乎被命運過於垂青，將「典型」大旗穿越時空一直扛到了半個世紀後的今天。

　　相比其後崔八娃經歷的坎坷人生和沉默人生，高玉寶的生活要高調順利得多。但是，如此「高調和順利」的人生其實也像鏡子一樣，分毫不差地折射著時代的風雲變遷。

　　早在1949年前他就是典型。共產黨用武裝打天下，需要用新舊社會對比來弘揚政權的合法性，訴苦教育是家常便飯。少年在大連流浪愛聽評書的高玉寶口才不錯，是新兵戰士中的訴苦模範。

　　1951年12月，《人民日報》發表〈英雄的文藝戰士──高玉寶〉，號召全國人民學習高玉寶頑強的學習毅力和拼搏的寫作精神，那時候，他是如火如荼的掃盲運動中湧現的英模。接下來，「向科學文化進軍」、「憶苦思甜」、「向雷鋒同志學習」、「以階級鬥爭為綱」，他一直是老典型……

　　用他的名字命名的《高玉寶》一書創造了中國出版史上的奇蹟。在國內有七種民族文字出版，僅漢文出版的書就有四百五十萬冊之多。在國外有十多個國家和地區用十五種語言翻譯出版。這本書出版後，在國內被改編為二十四種連環畫；十二種文藝演唱形式及其戲曲書籍，如：京劇、木偶電影、木偶戲、紹興戲、山東快書、鼓詞、山東琴書、評書、故事、小話劇、琴書。其中尤以第九章〈半夜雞叫〉為代表，在以階級鬥爭為綱的年代裏，它以自傳體的真實性揭示了農民和地主階級的對立性，根據它改編的同名木偶電影影響甚廣，而且自1950年代末期開始入選中國的小學語文課本長達三十年之久。並在那特殊的歲月裏，使得中國所有周姓的同學無一例外地擁有了一個綽號：周扒皮。

共產黨的部隊上陣打仗要做訴苦教育。（資料圖片）

直到文革末期，因為江青反對寫「真人真事」，高玉寶被「四人幫」在內部會議上點名批評。高玉寶在1972年再版《高玉寶》時首次聲明，《高玉寶》不是自傳，是小說。但江青眼裏，只有八個樣板戲和一個浩然。大概只有這個時期，寫不出更多作品又緊跟形勢的高玉寶是尷尬的。

文革過後，在新版的《高玉寶》中，他在序言裏，收錄了1953年5月蘇聯副外長、作家、語言博士費德林在蘇聯《文學報》上對他和作品的評價：「高玉寶寫了一部真實的天才作品，他的作品，正是中國文學道路掌握社會主義、現實主義的成就之一。」

再接下來，從「自學成才」到「新讀書無用論」到「勵志類」書籍講座大行其道，從「文學熱」到「出版難」再到「個人出書熱」，從「關心下一代」到反對「名人走穴」到「革命傳統教育常抓不懈」……改革開放後，高玉寶依然熱著。

1991年，高玉寶相隔四十年後，推出《高玉寶續集》，雖然獲了獎（東北三省文學獎、《中國文藝報》組織座談稱具有不可替代的文學價值等），社會讀者鮮有知曉。但高玉寶並沒有悄然退出時代的風口浪尖，雖然推出個難產的《高玉寶續集》，他本人還稱自己還有兩部長篇需要精雕細琢。其實，人們似乎忽略了他的另一個長處。他不僅勤於「筆耕」，還善於「舌耕」，自1952年在北京絨線胡同做第一場報告以來，五十多年來，他已在全國各地做報告四千多場，聽眾達五千萬人次，全國中小學已有七十多個「高玉寶中隊」，有四百六十多個單位聘請他做校外輔導員，從高哥哥一直講到高叔叔、高伯伯、高爺爺。

特別是近幾年，高玉寶似乎更熱了。在互聯網搜索，經常可見高玉寶活躍在各地講座的新聞消息。雖然現在年歲已高，他的報告行程依然是排的滿滿的。

新時期的許許多多熱點問題，高玉寶都能找到自己的對應點。在時代的變遷中，他也形成了自己的特有標籤。

他的名片正面印著「戰士作家高玉寶」。背面是他還是文盲戰士時「畫」出的入黨申請書。

他稱自己一生只做了三件事。一是參加解放戰爭，二是寫書，三是教育下一代。

他做報告只要三件東西：鮮花、紅領巾、聘書。

他每次做報告都要胸戴象徵曾獲得各種榮譽的勳章。

他每次和人合影留念，腳下都會擺出標準的軍姿，而上身微側，一個很精神的舞臺亮相。

1955年9月高玉寶在北京「北海之家」給青少年講故事（轉自2008年11期《中華魂》雜誌）

上世紀70年代的高玉寶（此圖翻拍自大連《高玉寶工作室》）

他喜歡看象徵政權喉舌的日報，而不喜歡看晚報類的小報。

他用自己的方式學現代英模人物，出一個學一個，一個本子已經記下六十多位英模人物的事蹟。徐洪剛出來了學徐洪剛，楊利偉來了學楊利偉。他說，這樣自己就永遠和時代同行。社會上各種來路的英模你方唱罷我登場，其實大都壽命短暫。他就一直學雷鋒，一個被很多媒體熱衷宣傳的故事是，他在自家小區院內堅持數年為鄰里免費磨菜刀。

近幾年來，關於對《半夜雞叫》的真實性的質疑陸續出現，認為這是當時為階級鬥爭需要而編纂出來的。因為關於大地主劉文彩的水牢和收租院純屬子虛烏有的真相已經大白天下。

新時期新世紀。高玉寶是大陸多所學校的校外輔導員、名譽班主任，講革命傳統故事從高哥哥講到高叔叔再到高爺爺。圖為2005年5月15日，高玉寶在浙江省台州市與來自溫嶺市城東民工子弟學校的少先隊員交談。

《半夜雞叫》是《高玉寶》中最精彩的故事。周扒皮為了延長長工們的勞動時間，半夜三更起來學雞叫讓長工勞動，長工們痛恨周扒皮並在少年高玉寶的帶領下將周扒皮收拾了一頓。這是一個影響了幾代人至今仍被傳誦的故事，曾讓無數人感到大快人心、歡呼雀躍。可仔細斟酌，就感覺裏面似乎不是那麼簡單：

1. 頭遍雞叫大約三更剛過（二遍約四更；三遍後天就亮了），如果此時叫醒長工，實在沒有必要學雞叫。

2. 長工也要休息好才能幹好活。周天天晚上那麼折騰，白天還監工不？如果不監工就不擔心長工們到莊稼地裏怠工或睡大覺嗎？

3. 黑燈瞎火，把長工們轟到地裏什麼也幹不了。

4. 半夜把長工轟到地裏鋤草卻又無法鋤，只能白白浪費生產活動中最為重要的人力資源。把長工身體拖垮了，到搶種搶收時咋辦？違背利益最大化的經濟理性。

5. 地主與長工之間是勞動力與貨幣交換關係，而非人身依附關係，長工有人身自由，不是奴隸，對雇主有選擇權。雇主待人苛刻，長工們可走人（經濟學上叫「用腳投票」）。

　　但這只能限於懷疑。因為高玉寶是書中的主人公，而且書中的地主和保長全是真名真姓。怎麼能是假的？

　　對此，高玉寶講：「時代是在變，但我講的都是真實的。」

　　但近年來，人們也注意到高玉寶也在悄悄調試著口徑。他說當年他那個村的四個地主都學雞叫，在出書時給集中在「周扒皮」一個人身上而已。

四個不同年代版本的《高玉寶》

半夜雞不叫──揭開地主周扒皮的真實面目

第七章
三見高玉寶

第七章　三見高玉寶

一

　　我見過高玉寶三次。地點都在大連，時間都是在2005年。

　　2005年春節，因為新的一年是雞年，因為寫《半夜雞叫》而聞名的高玉寶再次被媒體關注。

　　大連的《新商報》在臘月底率先給做了專訪。報導文章的內容和大多以往媒體介紹高玉寶一樣，少不了要寫在地主周扒皮家的悲慘生活和當年在行軍路上邊識字邊寫作的陳年往事。但稱職的記者總是要給讀者傳遞一點新內容的。

　　在那篇不到二千字的報導稿裏提到一個資訊，當時雖然還是2月初，可全國各地請高玉寶作報告的日期已經排到6月份。此外還寫了一個讓我後來無法查訪的細節。大意是高玉寶從文盲戰士成為軍旅作家後，在上世紀60年代末，來到家鄉瓦房店的一個銅礦體驗生活。當礦山裏的大喇叭裏廣播「〈半夜雞叫〉的作者高玉寶回家鄉瓦房店體驗生活」時，引起了一個礦工的恐慌，這個人就是周扒皮的孫子，為了不讓高玉寶揭穿他的身份，那人半夜找到了高玉寶跪地請罪。而高玉寶拉起對方，說你爺爺（周扒皮）有罪，已經受到政府制裁，那不關你的事情。對方仍誠惶誠恐地說，可我小時候打

過你。高玉寶則笑道：小時候鬧著玩的事我早就忘了。你放心工作吧，我什麼都不會說。

　　這個細節我後來瞭解過，太老爺周春富的孫子周有德，是大姥爺周長明的大兒子，的確在瓦房店銅礦工作過，他表現上進，在那裏入黨時還因自己的爺爺是「周扒皮」而被人非議，礦裏的黨組織專門派來一輛汽車，拉了很多工人來黃店村，當人們看到那碎石頭壘成的「地主大院」又矮又破時才沒了聲音。高玉寶當年到銅礦體驗生活時，是否有過周有德跪地請罪的那一幕已經無法得知，因為當事人周有德幾年前因病已經不在人世。只是有一條可以確認，他年紀比高玉寶要小上七八歲，在他小時候，一個幾歲的孩子是不能和十幾歲的孩子動手打架的。

　　也正是因為這個細節，敦促我找辦法和高玉寶「見面」。

　　雖然我也在媒體工作，也做過記者，大大小小的人物也見過很多，但在此之前我對面質高玉寶是有心理障礙的。其實我很早就得到了高玉寶的聯繫方式，卻一直在躊躇。一來我是周扒皮的曾外孫，對高玉寶有一種本能的複雜情緒，二來也沒有特別好的由頭。

　　這次我終於鼓足勇氣。高玉寶經常在外做報告找他也不易。再說了，不和高玉寶見面，心中的很多「疑團」怎能輕易打開？我心裏想，不僅要見面，而且還要和他交朋友，聽他講那過去的事兒到底是怎麼回事。

　　以前做記者時報導過大連的民間老藝術家韓月琴，雞年快來了，熱心的老太太給我剪了很多隻威風凜凜的大公雞，生動吉祥，人見人愛。我到文化市場裝裱了一幅剪紙。然後有些忐忑地把電話打到高玉寶家。

　　鈴聲響過幾聲後，聲音沙緩，但能聽出是一個上了年紀的女性接起電話。這是高玉寶的老伴姜寶娥。後來我才知道，像這樣的「外界來電」，高玉寶是不親自接的。

高玉寶的三張名片

我自報家門。告訴高的老伴我在大連的一家報社工作，想去看看高老。

電話那頭說高玉寶很忙。

我很誠懇地說我一直想見高玉寶，我本人也是個文學青年，高老因寫雞叫而出名，這次快過年了，請給安排一點時間，就是想看看高老，順便想給高老送一件小禮物表達心意。我小心翼翼地說出那隻剪紙雞。

電話那頭似乎在猶豫著。

我連忙補充，我知道高老很忙，我就佔用一點時間。十分鐘就能到，十分鐘就可以走。

電話那頭沉了一下，說，那你來吧，高玉寶在家。

我很快開車到了高玉寶居住的大連某高校附近的幹休所院內。大院內二十幾棟老樓，樓院之間有松柏和冬青樹，很潔淨，偶爾有爆竹聲響，卻很少見到人。得知我是在這裏找高玉寶，一個中年人表情漠然地告訴我就在前排。

由於進得大門後再次通過電話，高玉寶已經在樓下道邊等我了。他個子不高，四方臉，黑嘴唇，微胖，和我之前在照片看到的長相一樣。他人很熱情，握手也很熱情。河北一家媒體有報導，說他「腳步仍相當矯健，一點也不耳背，甚至連記者那有舊傷的指節偶然發出的微微脆響都聽得一清二楚。」，我看得出，七十八歲的高玉寶身體真的很好。

他家在那座樓的二樓。家裏很普通，水泥地面，70、80年代的木傢俱。老式房屋的三居室，會客的屋子裏沙發背都罩著白色網眼布巾。四面牆上掛滿大大小小的照片、獎狀、題詞，還有不知什麼人物的書畫，像是一個小型展覽館。高玉寶和老伴姜寶娥說這些東西，包括大量書信、書稿等，在另一個房間有整整一屋子。

兩個人對我的雞年禮物表示出興趣並感謝。

姜寶娥說話很慢，她比高玉寶年齡要小一點，身體單薄瘦矮，眼神比高玉寶要亮，還多了一些莫名的謹慎。我進門遇到的第一件事，是她問我的具體工作單位、姓名還有電話，她在一個本子上一一記錄下來。她客氣地說，來的人太多，只好這樣。這幾天，大連的報社來人，電臺、電視臺也來人。外省市的電話也特別多。

高玉寶說話東一句西一句，離不開他現在在做的事情——「做報告」。而他的老伴倒是很能講說話思路清晰、有條理。後來我才

知道，當年跟高玉寶在中國人民大學新聞系學習八年的姜寶娥，上世紀60、70年代在大連廣播電臺做過記者，是我真正的老前輩。

她說高玉寶寫的《高玉寶》有兩次難產。第一次是畫書《高玉寶》，寫書時認字太少，是磕磕絆絆「畫」出來的。行軍路上還用鐵釘在瓦片上劃字學字，晚上偷偷寫書。她特意舉了一個例子，寫「跑」字不會寫，就先寫個會寫的左邊部首「足」字，右邊的「包」字不會寫，就劃個半邊圈，等以後學會了再給填上。

第二次難產是出版《高玉寶續集》。四人幫反對寫真人真事，不讓高玉寶續寫《高玉寶》，粉粹「四人幫」後改革開放了，趕上商品經濟大潮衝擊，搞導彈的不如賣茶葉蛋的。高玉寶寫出續集卻沒能力出版。當時家裏窮，客人也多，《人民日報》副刊編輯來了，家裏的一點錢都買雞蛋炒菜招待了，弄得孩子饞，說媽媽好長時間咱家不吃雞蛋了。後來1991年瀋陽軍區把書給出版了。解放軍文藝出版社1990年之後，先後兩次再版《高玉寶》，現在又要給出《高玉寶續集》全本。

姜寶娥感慨，如果靠自己出書高玉寶是沒有能力了。但她話鋒一轉，說出版《高玉寶》是有意義的。她給我介紹了社會各界對高玉寶的期待，尤其強調了新近某位中央領導人在連期間接待老同志時，對《高玉寶》有教育意義的肯定。

我跟高玉寶夫婦講述了我的七歲兒子特愛讀書，我希望他也能看看《高玉寶》，知道一下高爺爺小時候的故事。高玉寶聽了顯然很高興，他送我三張名片。

一張〈我從心眼裏要入黨〉，印有他1948年要求入黨時畫出的申請書。是1990年高玉寶根據自己當年的回憶重新畫出來的。

一張〈我要讀書〉，上世紀80年代末《遼寧日報》發表一幅漫畫，一個小女孩邊賣茶葉蛋邊讀書，反映商品經濟時代兒童同樣渴望讀書的願望。高玉寶1989年5月1日配詩：看了此畫淚滿腮，我那

童年別再來，無知無識怎建國，當以全心育英才。從此這也成了高玉寶特殊的名片。

一張是〈雄雞高唱〉。這是一幅國畫，一隻雄雞站在岩石上引亢高歌。高玉寶2002年4月6日在那幅畫下面配詩：半夜雞叫已過去，五星紅旗迎風擺，此雞子時不再叫，只唱人民幸福來。高玉寶當年講述的《半夜雞叫》已經成為歷史了，兩種社會、兩種制度對比教育躍然紙上。

高玉寶的幾張特殊名片我早就聽說過，我在報紙上看到過一位名片收藏家還為此寫文章津津樂道。今天一併得全讓我很意外。高玉寶說，他在外面做報告時，這些名片供不應求，特別受歡迎。我問他，做報告時有光碟資料嗎。高玉寶說大都沒有。他的老伴姜寶娥插言：高玉寶做報告就要三樣東西：鮮花、紅領巾、聘書。

在高玉寶家待的時間早已超過十分鐘了。我有一種直觀的印象，高玉寶夫婦雖然熱情、客氣，但他的老伴就像是他的經紀人、發言人，和我交流的內容就像一篇新聞通稿，想得到更多額外資訊有些難度。

因第一次見面，出於禮貌，我也得告辭了。

臨走時高玉寶還贈送了我一本新再版的《高玉寶》，是給我兒子的。他在那書的扉頁上面寫下兩行字：遨遊知識大海洋，練好本領去太空。

這兩句話讓我頓時對高玉寶刮目。中國航天探索外星空，自2003年楊利偉首次搭乘神舟五號飛天成功後，2005年神舟六號載人飛船將再度起航。中國人的探索和壯舉讓世界為之矚目。這期間所有媒體正鋪天蓋地做宣傳。高玉寶給青少年的兩句和時代接軌的勉勵語，讓我對他的大行其熱的報告會充滿了興趣，不知他在報告中還能否講到21世紀的「知本經濟」，能否講到「本領恐慌」……

我去拜訪間高玉寶的這天是農曆二十九。晚上8點鐘打開電視，正好是大連電視臺前幾日錄製的雞年春節晚會。

嘉賓席上，高玉寶在座。主持人對他有一段小小的現場訪談。只見身上掛滿勳章的高玉寶站起身來，行了個標準軍禮，然後又拿出他一張名片展示，是〈雄雞高唱〉那張，又講起雄雞高唱的時代對比，大概是講得不是很利索，從播放畫面的不連續性來看，編導在放這個晚會時錄製節目的給做了剪輯，倒是結尾的一個情節很完整：高玉寶說，雞年到了，我給大家學個雞叫，拜個早年吧，說罷，一手捏著嗓子，一手半捂著嘴巴，貓下腰，憋足氣，伸長脖子一聲長叫，喔──喔喔－喔－，聲音高亢悠長，像，太像了，大概是一下子想到當年高玉寶自傳體小說裏的周扒皮，這逼真的雞叫讓現場立刻響起了掌聲，大家都笑起來，有的很欽佩由衷，有的則看似意味深長。

後來我在互聯網和個人部落格上，看到還有人興奮地陳述在某種特殊場合，有幸聽到了高玉寶的堪稱一絕的特殊口技。

二

我第二次見到高玉寶是在2005年8月。這次，我聽到了高玉寶的報告。

8月1日建軍節這天，我的在大連某家銀行工作的一個朋友

歷史鏡頭裏的塔山阻擊戰

打電話來問我車險的事情，他無意中告訴我，今晚他們總行的黨委組織黨員職工聽高玉寶做報告。

太難得了。我為之一振。

當聽說我要去時，朋友顯然為難起來。他告訴他們單位不需要外單位黨員或其他人士參與。

晚6時，沙河口區的行政大廈8樓會議小禮堂，陸續走進那家銀行的六個支行百餘名黨員。他們都穿著白襯衫打著領帶，我的穿著與他們有些格格不入。但他們相互之間大都不很熟悉，因此也就沒人關注最後在角落裏正襟端坐的我了。這是我在那家媒體工作的幾年裏唯一的一次「暗訪」。當你不請自入或不受採訪對象歡迎時，一個記者很關鍵的一個能力就是──「人家不讓你從大門進去，那你就從窗戶跳進去」。

原來這家銀行的黨組織正在進行黨員保持先進性教育，請老一輩革命家進行革命傳統教育。這是2005年1月起開展的中共全黨範圍內的一個大規模黨性管理教育活動。分為學習動員、分析評議和整改提高三個階段。從中央到地方各級黨組織都動起來。

晚六時十分，高玉寶準時到場。那家銀行的書記作了簡短的報告會意義介紹後，就正式向大家介紹起高玉寶，並和百名黨員鼓掌對高老於百忙中抽暇給系統黨員帶來精神激勵，表示最熱烈歡迎。

我也鼓掌，感激這天賜良機。在大連就能聽到高玉寶的報告會真是幸運。今年春節前拜訪高玉寶時已經知道他的報告行程早預先排得滿滿的，又大都是外地之約。銀行的朋友說，他們系統六個支行，這次為了請高玉寶講座，每一個支行拿出一千元作為報告會費用。但我對本次報告會結束後高玉寶是否拒收勞務費的新聞並不感興趣。

我另有關注點。

　　高玉寶的開場白，說實話我聽得頭疼。因為我不知道他在講什麼，他說話是山東腔和東北話的雜合體，大意是將人生比喻成大地一朵花、天空一彩雲、山澗一小溪。青年是黃金時代。一個人，不管出生在何種社會，處在何種生活條件，由於對人生、事業的態度不同，所走的道路不同，其生命、前途的結局就不同。一生愛國愛民才有意義，活得才有價值。而有的人，一輩子不幹好事，損人利己甚至成為罪人，他雖然活著，但他已經死了。人生觀是做人的準則，每個人都有自己的人生歷程，都在以自己的言行書寫人生，做什麼樣子的人，完全由自己選擇……

　　這類枯燥的句子重疊在一起，大概有十分鐘。我的小記錄本上一個字都無法落下。道理可能是這個道理，可這樣講，臺下的人聽來卻不亞於孫悟空趕上唐僧念緊箍咒。天哪，這就是高玉寶要做的報告會？我注意到臺下的人交頭接耳了，搖頭晃腦了。這就是曾在五十年內各種場合做過上千場報告的高玉寶？

　　錯了！人們都錯了。

　　開場白過後，高玉寶好像進入到了主題。場上也漸漸漸漸靜下來。大家適應了高玉寶的口音，當然也被他講的故事給吸引住。

　　高玉寶講的是1947年參加解放軍後出生入死的事蹟，特別是1948年10月遼瀋戰役他親歷的聞名中外的塔山阻擊戰。

　　那時候他還是「小高」。

　　他用了一個半小時時間，敘述了他這個「小高」在那六天六夜的所見所聞。這時候他似乎完全進入了狀態中，沉浸到當年慘烈的回憶中，只見他這個當年的小通信兵，陣地往返傳信、看戰士吃最後一頓飯、自己轉圈躲飛機、親眼目睹戰士自斷傷腿砸敵人……一環套一環，懸念迭起。有幾個化險為夷的地方，讓聽眾先是摒住呼吸旋又哈哈大笑。

報告會是成功的，高玉寶講述過去的故事實在是很精彩。在散場時我聽到了那些黨員聽眾的另一種評價，完全大連式的讚美：哈哈，泡匠！太能泡了！

　　雖然是遼寧人，我對發生在半個世紀前的塔山阻擊戰知之甚少。那次報告會回去後，我帶著很多疑問開始大量搜集那場戰役的資料。

　　2004年11月6日，《錦州晚報》刊發了記者楊進軍寫的一篇報導〈回憶三位老英雄〉。用三位當年參加戰役的老戰士的回顧，重新再現那硝煙中的崢嶸歲月。其中採寫的第一個人物就是高玉寶。

　　我一讀再讀。這篇報導採寫高玉寶部分的內容幾乎就是2005年8月，高玉寶那場報告會所講述內容的簡本——

　　高玉寶（東北野戰軍第四縱隊12師35團通信員）

　　　　提起高玉寶，人們印象裏最深的莫過於《半夜雞叫》裏那個吃苦受難的小玉寶。本文中的高玉寶將為我們講述的是他在遼沈戰役中那段難忘的記憶。

　　　　1948年10月份參加塔山阻擊戰的時候，高玉寶只有十九歲。塔山是個丘陵地區，整個塔山阻擊戰一線十幾華里，高玉寶所在的35團進入白臺山西邊的陣地。白臺山下有個6號陣地，6號陣地是個要害，如果這個陣地失守，那就意味著塔山保不住了。當時35團在那裏部署了一個加強連的兵力。

　　　　1948年10月10日開始，35團在白臺山一線戰鬥了六天六夜。在槍林彈雨裏，在敵人密集的炮火轟擊下，拉線的電話員都犧牲了，電話根本無法接通，只能靠通信員傳達命令、傳遞消息，通信員也從最初的二十多人到四五個。通信員們在設在白臺山上的團指揮部旁挖了掩體，隨時待命。10月15日下午3點多鐘，團首長突然大喊：「小高、小高，快點到後

面把九連調上來，6號陣地沒有幾個人了。」高玉寶應聲而起，他清楚地知道部隊的傷亡非常大，九連是他們團最後一個戰鬥連隊了。敵機不停地在空中盤旋，趁著敵機由北向南飛，高玉寶飛身躍出戰壕，向北跑到森林裏隱蔽起來，一路急奔，在山後的小村莊裏找到了九連。

一看到高玉寶來了，九連的戰士都興奮地圍攏過來，問：「是不是有任務？」高玉寶連忙把團首長的指示傳達了。連長、指導員聽了之後，二話沒說，點了點頭，指導員躍上了一個土堆，把小餅子一擎，對戰友們說：「同志們，大家要吃飽！這是我們一生中最後一頓飯了！」他們已經抱定了視死如歸的決心。大家吃過飯，就向6號陣地開拔。高玉寶把戰友們送進6號陣地後，就返回了團部。

16日下午，團首長突然很急地喊：「高玉寶、高玉寶，快把警衛連調上來，6號陣地沒有人了。」高玉寶注意到，上次團首長說「6號陣地沒有幾個人了」，而這次是「沒有人了」，他來不及多想，再次躍出掩體。

團參謀長提出也要進入陣地，但是團參謀長的警衛員到後方執行任務還沒有回來，高玉寶主動請纓，要跟著參謀長去，團首長同意了。就在快要到達陣地的時候，他們受到了猛烈的炮火轟擊。一炮挨一炮地打過來，壓得他們根本無法往前移動半步。原來蔣介石親自飛到瀋陽和錦西（今葫蘆島市）督戰，十一個美式裝備加強師各抽出一個敢死隊，要拿下塔山，增援錦州，做垂死掙扎。當時國民黨軍隊把十一個師的炮火都組織起來，數不清的炮彈傾洩到塔山一線。團參謀長拿著望遠鏡向陣地上看了看，遞給他說：「小高，我去找連長、指導員商量一下。」高玉寶接過望遠鏡向陣地上望去，陣地上全是戰友們的屍體，當時他心裏除了要報仇、要

消滅敵人沒有別的想法。這時，他突然發現，敵人頂著炮火衝上來了。他急了，可是乾著急過不去。就在這時，鏡頭裏突然出現了一位戰友的身影。這個戰友在炮彈坑裏爬著，他的右腿被炮彈炸斷了，只有一點筋肉相連。他向戰壕裏的重機槍爬去，結果他的腿一下子刮在樹根上，再拽這條腿已來不及了，他從腰裏拿下刺刀，割斷了連著的筋肉，這時敵人已經上來了，他想進戰壕已經來不及了，他就把斷腿扔了出去。敵人以為是什麼新式武器，連忙轉身往回跑，再一看是人腿，就又折身往回衝，就在這時，這個戰友已經架起了機關槍，「嗒嗒嗒嗒」一陣掃射。一梭子子彈打光了，後面的敵人又開始蠢蠢欲動。眼見著斷腿戰友往左轉，原來在左邊的大炮彈坑裏還有一個戰士，他是被爆炸掀起的土塊埋了起來，正竭力掙脫。斷腿戰士把他拖出來，把彈匣放進他手裏，又把著他的手摸摸彈藥箱子，高玉寶明白了，這個戰士失明了。他知道，昨天他送上去的200多人，只剩下這兩個人了。他心急地看著失明的戰士拼命地壓子彈，頑強的他們打退了敵人的又一次進攻。就在這時，國民黨部隊按照部署停止了炮擊。高玉寶他們急忙進入陣地。參謀長握著他們的手說：「你們兩個真是英雄，回去給你們記功！快準備擔架，送他們下去！」他們卻說：「我們沒有多少人了，不能再減員了。我們自己下陣地吧。我們一個有眼睛，一個有腿，這樣我們不就是個完整的人嗎？」最終失明的戰士背著沒有腿的戰士下了陣地。直到2002年，高玉寶再到塔山，才知道當年失明的戰士叫寧吉高、斷腿的戰士叫馮日生。

新一輪的國民黨敢死隊又摸上來了，來不及多想，戰士們就投入到了戰鬥中。參謀長大喊一聲：「上刺刀！」除了少數留守，三分之二的戰士們衝下了山。高玉寶也緊隨參謀

長衝下了山。山下有條河，河那邊就是公路。敢死隊調頭往回跑，想過河上岸，誰知他們自己人切斷了他們的退路，公路上架起了機關槍，他們一回去就開槍。他們只好順著飲馬河（今勝利河）往西跑，戰士們攆得國民黨敢死隊一路狂奔。中途經過一座小山，比6號陣地地勢要高。

　　追到這兒，參謀長就上了山，高玉寶也隨著上了山。當時天有點黑了，下著毛毛雨還夾雜著雪花，刮著西北風。參謀長從山坡上勘查敵情，發現敵人正往中間迂迴，他急了，忙喊：「小高、小高，不好。趕緊通知警衛連，不要再追了。」高玉寶連問：「我回來到哪裏找你？」參謀長說：「我就在這等你。」高玉寶飛步跑下了山，他追上了警衛連，傳達了命令。警衛連迅速撤回。高玉寶按照指示，獨自一個人上山去找參謀長。到達原地一看，參謀長不在。高玉寶心想：「參謀長也許回去了，但他怎麼說好了等我又走了呢？」就在這時，他才發現山上全是敵人，原來國民黨部隊在下游也架了機關槍，這些人只好調頭回來，佔據了這個山頭。高玉寶一下子蒙了，他腦子裏閃過首長的囑咐：「你們是通信員，遇到敵人不要想著打，要趕緊想辦法跑。」想到這，高玉寶扭頭撒腿就跑。結果一下子驚動了敵人，他們喊起來，接著就是一陣劈裏啪啦擺弄槍的聲音，這時聽到一個人喊：「不許開槍！」「抓活的！」高玉寶心裏一急，腳底生風，甩開了大步。山下就是飲馬河，旁邊有個樹林子。高玉寶跑進樹林，順著小道跑。敵人分成兩路追趕，那時高玉寶又瘦又矮，怕回頭看影響速度，就一直向前跑，只覺得腳步聲越來越近了。他乾脆鑽進了樹林裏，繞著樹跑，這樣敵人也看不著他的影兒。

終於跑到了白臺山上，看到他大家都擁了上來，參謀長當時正在地堡裏開會，高玉寶忘記了喊報告就闖了進去。他一看高玉寶就攬著他的肩膀問：「小高，你還活著？」天亮了，部隊接到通知，錦州城打下來了。狙擊任務完成了。兄弟部隊來接防那天，他們坐在地上就起不來了。進到錦州城，到了老鄉家躺在炕上就睡著了，老鄉們拿出最好的被褥來招待他們，炊事員做好飯後怎麼叫都叫不醒，睡了兩天兩夜。老鄉們唯恐他們凍著，總是加柴火，結果炕燒糊了，褥燒著了，這樣才把他們弄醒了。很快他們就接到命令，跑步進關。踏上了打平津戰役的征途。

高玉寶的報告會上的「自述」比這個「旁陳」更要精彩。而他給我帶來的疑問很多，這些驚險的內容，怎麼有那麼多的巧合都會發生在一個人身上？尤其是恰恰被高玉寶用望遠鏡目睹的那個瞎子戰士背斷腿戰士的戰鬥故事，簡直就是傳奇。那個斷腿戰士叫寧吉高，那個失明戰士叫馮日升。他們是否實有其人？他們還在人世嗎？

我給《錦州晚報》打電話找記者楊進軍，楊記者這時已調轉到當地婦聯工作，輾轉打過去，電話裏，對方聲音甜潤，原來是位女性。楊進軍告訴我當初寫稿是電話採訪高玉寶寫的，在此之前她曾知道高玉寶講過那兩個戰士的事情。見報稿是她在電話裏和高玉寶斷斷續續地通話一個小時的內容記錄。

在此之後，我先後查過十幾本和塔山戰役有關的書籍，也沒找到那兩個戰士的影子。塔山戰役共犧牲七百四十一位烈士，這其中沒有他們的名字。我還在有5冊之多收入了各個時期英模人物的《中國人民解放軍英雄模範名錄》裏，仔仔細細尋找，也沒見到這倆位戰士的名單。

2007年，老戰士林建民出版了新書《親歷遼沈戰役——塔山阻擊戰》，在第六章的一個小節，驚喜地看到了這兩個人的名字，和他們在戰場上自救與互救的故事：

《塔山阻擊戰》林健民著（2008年，中央文獻出版社）

　　塔山阻敵第二天，堅守白臺山的九號陣地的35團的三營連續擊退敵157師的幾次進攻。九連奉命配合七連進行反擊。九連戰士寧吉高提槍在三號陣地前沿監視敵人，一隻步槍封鎖得敵人無法抬頭，在不到六七十米距離上整整爬行了一個小時。最後子彈打光了，瞅準敵人都擁向一條小溝之際，把最後兩個手榴彈甩出手。而敵人也連續扔來手榴彈，最後一顆在他身旁爆炸，彈片和砂石炸傷了寧吉高的眼窩。雙目失明的他忍住劇痛，摸索著找子彈堅守陣地，最後也不知昏死在什麼地方。在激烈戰鬥間隙，第一

《高玉寶續集》書影（1991年，解放軍文藝出版社）

個爬上三號陣地的傷員戰士就是馮日升。他的雙腿被炸斷。當他爬到一位棉衣還在冒煙的受傷戰士旁，認出那是九連的

寧吉高，連忙衝著他耳朵大喊。兩個人沒有用陸續衝上來的戰士擔抬，而是商量著要自救互救，自己撤下陣地。於是眼睛看不見的九連戰士寧吉高，背起兩腿被打斷的七連戰士馮日升。寧吉高在馮日升的指點下，一腳深一腳淺地撤下陣地……

　　寫這本書的林建民現居廣州軍區聯勤部德政北路的幹休所，離休後出版四部反映解放軍戰鬥史書籍。他親歷了整個遼沈戰役，目睹塔山阻敵六晝夜，繼1995年出版《鏖戰塔山》後，於八十一歲又出版了《塔山阻擊戰》，在寫書期間，為了還原一個軍醫在戰場上搶救一個休克傷員的真實過程，他不顧年事已高，自己專程坐火車赴外地尋訪當年的軍醫。

　　林建民在電話裏很肯定地告訴我，寧吉高和馮日升現已不在人世。當年他在師部宣傳科，專門負責搜集過陣地情況。塔山狙擊時的某號陣地與某號陣地之間間隔有的很近有的很遠，陣地上幾乎沒有能阻礙人行進的矮樹。馮日升把自己的腿砍斷砸向敵人的細節不存在，至於兩人「合作」退敵的事蹟也不存在。瞎子背瘸子是在一個戰鬥的間隙發生的，戰鬥很長，敵我互相喘息的一個間隙。

　　後來，一位朋友還將他手裏收留的一份高玉寶題為《我的人生之路》的報告會列印稿送給我，看時間段應該是二千年

《高玉寶續集》再版書影（2005年，解放軍文藝出版社）

前後。裏面分三部分內容。一是講親歷塔山狙擊戰來闡述生命的價值。二是講從文盲到戰士作家的個人歷程和成就，來闡釋事業的成功要付出代價。三是講育人先育己，如何學習英烈人物和新時期的模範人物，來闡述自己如何把愛心獻給下一代。這些內容應該是高玉寶作報告的總模版。一講講了五十年，一講講了上千場。在這個報告會記錄稿裏講述塔山狙擊戰那一部分時，我留意到，並沒有參謀長把望遠鏡遞給他，使他意外「看」到了前沿陣地上那個瘸腿戰士和瞎子戰士英勇慘烈的一幕。

一系列的求證讓我沉默了。

塔山狙擊戰不是傳說，高玉寶顯然進行合理化地再創作了。為了突出英勇，可以讓戰士自斷傷腿擲敵，為了表現慘烈，瘸子和瞎子取長補短聯手祛敵，為了突出「親歷」，意外地從望遠鏡看到現場……講史講革命講傳統，這種「嫁接」出來的真實和精彩是否有失公允和嚴肅？

三

不久，在8月末的大連第五屆圖書博覽會上，我在圖書大廈買到了《高玉寶續集》。續集於1991年首次出版，十幾年後，這次是首次再版，內容幾乎沒變，但在包裝上下了很大氣力。

媒體上介紹，這次圖書會賣得好的有以下幾類，一是閻崇年的《正說清朝十二帝》，二是名著古裝書，三是美籍華人劉墉的新書，四是庫恩的《江澤民傳》，五是少兒讀物，文學名著、社科類、勵志類也好賣。不過，依我在現場看，抗戰題材和紅色經典專櫃的也好賣。一些還原歷史的書也聚集了不少讀者。但書店現場的售書員告訴我，新上架的《高玉寶續集》不好賣，問津者寡。

《高玉寶續集》我看得很認真。一看就是一個月。我越看越皺眉。

五十年前出版的《高玉寶》一書，主人公高玉寶的主要對立面是眾所周知的周扒皮。而在《高玉寶續集》中，作者讓周扒皮的兒子繼承了這一主要角色。

《高玉寶續集》裏，作者選擇了一座日本侵略者苦心經營多年的軍火倉庫萬福莊，「主人公」高玉寶的主要經歷在這一背景前展現出來。當勞工、與日寇周旋、協助八路軍攻取萬福莊，槍斃周扒皮，並用其儲存的武器彈藥支援東北的解放戰爭。「高玉寶」又以萬福莊為依託，參加了埋地雷墳、擺火牛陣、水下血戰等戰鬥，最後負傷住院，受外國小說（《鋼鐵是怎樣煉成的》）吸引，邊識字邊寫書，出名走進懷仁堂，放豬娃足跡跨出國門，印在東歐土地……為了增加人氣，還寫了幾處那個時代的愛情。

給《高玉寶續集》作序的著名軍旅作家陸柱國，曾在1951年在《解放軍文藝》親眼看見荒草幫助高玉寶改書。他認為《高玉寶續集》與五十年前出版的《高玉寶》無疑均系自傳體小說。兩者比較，他認為五十年前的《高玉寶》自傳成分要多於小說，而現在的《高玉寶續集》小說成分要多於自傳。

的確，在《高玉寶續集》裏，作者大量運用了中國傳統文學「無巧不成書」的方法，並將他早年聽評書的一些典故移植到作品裏，如寫周扒皮修完地道將勞工都毒死在地道裏，這個虛構的情節應該來自古代帝王修建寢陵的常見手段。更有意思的是塔山狙擊戰那個瞎子背瘸子的事蹟，在《高玉寶續集》竟然被替換成英勇的小玉寶和他的一個戰友。

這一切都在我心中漾起一團巨大的迷惑。《高玉寶續集》就是個「雜取種種，合成一人」的產品，那麼五十年前他的自傳體小說《高玉寶》到底有多少真實的成分呢？

　　這也是我要再次見高玉寶的強烈動機。我決定以一個記者的身份去真正採訪高玉寶。

　　高玉寶喜歡接觸大報，不喜歡小報。因為小報經常「胡說八道」。這些年關於高玉寶的很多報導大都發在國家級報紙上，在地方也大都是當地的日報。我工作的那家小報社實在是馬尾豆腐提不起來，最後我拉上《俄羅斯華人龍報》東北記者站的朋友，一起去找高玉寶。

　　電話預約時，高玉寶的夫人姜寶娥照例做她的見面前的「審查」。結果順利通過。

四

　　2005年10月8日下午，我手捧《高玉寶續集》第三次見到了高玉寶。

　　地點當然還是在高玉寶家中。也許高家接待的人過多，高玉寶夫婦已經忘記半年前我曾在春節的前兩日到他們家來過。但這次我受到了招待，不僅喝上茶，還吃到了水果。

　　高玉寶得知《龍報》是俄羅斯地區發行量最大的中文報紙，在國內也有很多讀者，感到很高興。

　　高玉寶：「五十多年前《高玉寶》出版，國外一些華僑報紙，曾把我這個文盲戰士學文化、寫書的事蹟當作中國文化戰線上的奇聞，向僑胞和國外介紹。前蘇聯副外長還親自寫評論介紹過我，那時候我每天都收到一、二百封來信，有不少就是國外的讀者……這些年，國內外讀者一直在關心《高玉寶續集》的寫作，1991年瀋陽軍區出版一次，現在解放軍文藝出版社又給再版。」

　　高玉寶夫人姜寶娥在旁點題：續集的出版，高玉寶才算寫完整了《高玉寶》。

我問高玉寶續集的出版為什麼中間隔了那麼多年？

高玉寶：「我從1962年在中國人大上大學時就在構思續集。後來打算動筆時，「四人幫」反寫真人真事，不讓我寫，一停手就是十多年，但我一直在為續集搜集素材，到連隊代職、到農村、工廠、學校、礦山，到以前打過仗的地方……我於1984年開始寫，共寫四遍，最後一遍抄出來快有八十萬字了。」

我請高玉寶講講反寫「真人真事」是怎麼回事？

高玉寶：「最早是江青提出的，文藝作品不能夠寫真人真事。高玉寶寫《高玉寶》就是寫真人真事。」

姜寶娥補充：簡單講，在一次內部會議上，二號首長江青發話，臭老九有什麼好的，高玉寶寫《我要讀書》就送他讀書（上大學），脫下軍裝到農村最合適。其實這是反對周總理，高玉寶戰士作家的稱號，是周總理在國慶招待會上對毛主席介紹的，……那時候政治氣候說變就變，高玉寶都做好脫軍裝的準備了，後來是部隊領導的干預才作罷。

高玉寶：「先有江青指示臭老九下農村，後有反寫真人真事。」

我對新出版的《高玉寶續集》中的人物和故事的真實性向高玉寶求證。

高玉寶：「這是本小說，也有不少讀者問我書中的主人公玉寶是否就是你

採訪高玉寶（王銳鋼攝）

半夜雞不叫——揭開地主周扒皮的真實面目

本人，我就向朋友們獻上這樣幾句話：似我非我，他中有我，所見所聞，集中概括。」

我問：「那麼五十多年前你的自傳體小說《高玉寶》是自傳還是小說呢？」

高玉寶：「……我本來寫的是自傳，發表時給改成小說了。小說是需要一些加工的。主人公的真實性，也可以用上面那四句話十六個字來概括。」

我問：「那麼，半夜雞叫是真的嗎？」

高玉寶：「是真的，是真的，我在的村有四個地主都半夜學雞叫，後來發表和出書時給集中概括在周扒皮身上了。」

我問：「您還經常回老家嗎？」

高玉寶：「很少回去。」

我接著問：「50年代出版的《高玉寶》裏面的反面人物都是真名真姓，周扒皮的真實名字叫周春富，保長的名字叫周長安，都給寫進書裏了，他們的事兒都是真的嗎？既然是小說，那麼把他們的真名真姓寫進書裏，對他們的家庭和子女後代的影響考慮到了嗎？」

高玉寶：「這個我沒想過。我那時不懂什麼叫小說，〈我要讀書〉、〈半夜雞叫〉等發表了五六篇了，我才知道小說是不能寫真名真姓的……（因意外而沉默）那時候，他們是沒有說話權利的……

聽到這裏，我的心裏很難過。望著這位按年齡算我可以喊聲爺爺的老人，我的內心一直在掙扎。我幾欲脫口而出：我就是他們的後代啊。我按捺住自己。曾聽說高玉寶後來很少回家鄉，老家的一些後輩看見他還習慣問他，半夜雞叫那些事都是真的嗎？而高玉寶也從不正面回答，只是說，即使咱這裏沒有，不能說全國沒有。現在，如果他知道他正和周扒皮的曾外孫面對面，那將是怎樣的場景，我實在不忍心讓這位老人尷尬。這次帶有隱性採訪意味的見

面，多少也給我以倫理考量。我想，以後有機會，就讓我寫信告訴他我是誰吧。

高玉寶老伴姜寶娥一直坐在高玉寶旁邊。顯然，我採訪高玉寶的內容超出了她的預料。她提醒我，高玉寶身體不好，還有什麼要問的嗎？

這是客氣的逐客令吧！我提出和高玉寶最後合張影。

朋友給我和高玉寶拍照時，姜寶娥又提醒我手裏拿著《高玉寶續集》，拍照效果會更好。

我對姜寶娥是掌握高玉寶對外言行和宣傳口徑的「新聞發言人」的身份定位是準確的。後來我在互聯網上，看到香港鳳凰衛視的一個編導的部落格文字。他們欄目組曾作了一期有關劉文彩真相的專題《大地主劉文彩》，在社會上反響巨大。其實在此之前最早要做的內容是高玉寶的專題。因為高玉寶尚健在人世，關於他的爭議也有很多，因此做出專題可能更有收視率。可是最後知難而退了：「編導一打電話到高玉寶家就是高太太接電話，每次都要用一個小時時間普及對高玉寶的認識，然後設置重重難題，第四次聯繫後，我們決定放棄對她丈夫的採訪。」

10月17日這一天，中國發生了兩件大事。

一是中國的載人航太飛船神舟六號，經過半個月的太空旅行安然回返。一是一百零一歲的巴金仙逝。之所以把後者也當作重大新聞，是因為不僅中國文壇的魯、郭、茅、巴、老、曹六巨匠從此成絕響，而且因為民眾民間對其的評價如潮湧動。巴金畢生追求真與愛，樹立了一個人格標杆，其晚年作品《隨想錄》撼動人心，讓真誠、內省、檢討成為人類20世紀的良知。新浪網推出巴金一生中最大的貢獻調查，近五成的人認為，巴金一生中最大的貢獻在於說了真話。

不知怎麼，那天晚上，我一下子想到的人卻是高玉寶。只要拿出勇氣，每個人都會有一部懺悔錄。不論盧梭、佛蘭克林還是巴金。高玉寶呢？你呢？我呢？

那次採訪高玉寶，我寫了篇高玉寶出版續集的一千字通訊稿，很快發在《龍報》上。但我卻通身乏力，我面對的還是一個寫不透的高玉寶。

同時我又有一種感覺，我對高玉寶的採訪已經全部結束。

但老而彌堅的高玉寶和高玉寶新聞還在繼續。每年都有新內容。

他在他的家鄉大連有專門教育孩子的「高玉寶工作室」。

他在自己居住的小區義務學雷鋒多年，是有名的義務磨刀匠。

他在深圳科技館講座，小學生因「我們不認識高爺爺」全部走光，而「老粉絲」卻把他的新再版的自傳全部買光。

他不懂電腦不懂網路卻在瀋陽參加網路視頻報告會，向新時期的線民展示當年他畫出來的入黨申請書，講述當年長工給周扒皮編的順口溜：進了周家門，稀飯兩大盆，盆裏盛著飯，飯裏照著人……

各地的邀請函每年都像雪片飛舞，他愈老愈抖擻，公開表態還能幹十年，面對來採訪的新聞記者，高玉寶嘻嘻笑著，用手比劃著：我行，還能跳繩呢，就是沒時間跳。

半夜雞不叫——揭開地主周扒皮的真實面目

第八章
「荒草」改書內幕

第八章　「荒草」改書內幕

一

　　寫高玉寶，荒草是我必須要提到的人物。

　　從上世紀50年代到現在，《高玉寶》共有若干版本，發行總量計四五百萬冊。高玉寶本人，在若干版本的序或跋中都提及組織上安排人幫助其修改書稿，這個被組織安排的人就是荒草。而在高玉寶若干個版本的序言中只有一句話：「感謝老作家荒草幫助我修改書稿」。而建國後各種各樣採訪高玉寶的文章裏，在眾多的感謝名單裏，也不厭其煩的提到這一句話。至於荒草如何幫助高玉寶修改書稿，高玉寶也三言兩語，僅限於說荒草幫他把原稿提煉、集中、概括而已，具體則隻字不提。媒體也很少見到，似乎價值不大。

　　但對我而言，卻是意義非凡。

　　荒草是誰？時也？命也？運也？

　　高玉寶曾經是文盲，若能知道荒草如何幫助高玉寶改書，不僅可以知道高玉寶的原稿是個什麼樣子，還可以知道哪些是真實的，哪些是虛構的，甚至可以知道為什麼要那樣改的時代大背景。

　　在尋找這一切的時候，我感受到了難度，可謂囊中空空四顧茫茫。

2003的時候，我手裏只有1990年代和1970年代的兩個版本的《高玉寶》。

偶爾遇到一個知情人，能得到的也只限於某個片段零碎的回憶，或者自我主觀判斷的隻言片語。我腦子裏某個瞬間想到，要是能得到資料裏所說的中國青年出版社1955年出版的第一版《高玉寶》，或許能找到些線索。

當時我獲得資料的主要來源是圖書館、檔案館、個別知情人、媒體報導、網路。

網路是個好東西。但當時我能搜到荒草的資料卻是少之又少，宛若大海撈針，幾近絕跡。

這樣，我渴望得到第一版《高玉寶》的想法更強烈了。

我是通過古舊文化市場找到五十多年前的首版《高玉寶》的。

我在2004年4月10日的日記裏，記錄了曾經的真實場景和意外之喜：

1955年首版的《高玉寶》，中國青年出版社出版，印數25萬冊

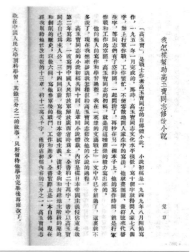

首版《高玉寶》附錄荒草的《我怎樣幫助高玉寶同志修改小說》一文

上午，桃花灼灼春光正好。陪兒子孟響去中山公園華宮寫生。

小朋友們端坐二層的寬敞平臺，聽繪畫班的老師講用線條表現宮殿的簷角瓦楞。

在公園附近的廣電中心工作有三四年，還未曾深入華宮這個仿古建築內裏造訪。還第一次知曉，這裏有一條古文化街次第掩藏在殿房側角和後廂。看時間尚早，就拾階而上逛逛。所見一片衰落，幾家偏屋大鎖上門，就挑最近一家開張的進去轉轉。裏面正冷清，壇罐瓷器、舊式鐘錶、陳年紙片相冊等等滿目雜陳。

屋主姓遲，半百年紀，自稱收藏雜家。在架上見一張文革的忠字舞圖片，就問有無遼南地區土改圖片。屋主拉過一個破箱子，抓出一迤舊片扒拉。翻檢間，市場一閒人引另一陌生人，挾一黑色劍袋入屋請其鑒定。屋主將劍把持手上，只抽了半寸劍柄，一言不發，古劍歸鞘，隨即退於劍主。用時不到十秒。灰黑皮膚賣劍者顏面倏地暗淡，低頭出屋。看來屋主果然有功力。

一問，收藏二十年餘，閱物閱人無數。

問及舊書，他拿出孫中山、譚嗣同題名舊著。又拿出1937年暨版毛公小傳，看來所言不謬。果有幾分積貨。突然閃念，遂問及有無高玉寶舊作或小人書。答之有。1955年出版。第一版。聞之狂喜。

總第十六期的《解放軍畫報》刊登的荒草幫助高玉寶修改文章的照片

屋主人老道藏家，言有一老者前來買，還價太低，未出手。又言妻子閒時看店，不知是否將書售於屢來磨書老者。繼續找。許是藏家出貨手段，佯做不知。不久，找出那書。屋主連稱有福氣。翻之，豎版，品相奇佳，書尾跋處，果然見到荒草名字，並有助高玉寶改書文字若干。也不還價，急以先前藏主示價百元購之。又

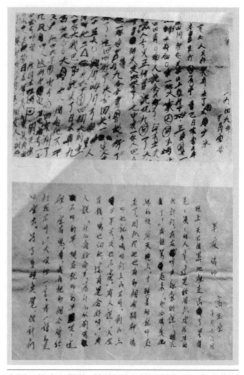

上圖：第十六期的《解放軍畫報》刊登高玉寶自傳原稿第一頁照片；下圖：第十六期的《解放軍畫報》刊登文盲戰士高玉寶經專業文藝工作者輔導寫出《半夜雞叫》的章節

閒屋主曾有文革期間半夜雞叫幻燈片一套，心下再喜。然屋主左右翻找遍尋不見，口中復言因本人亦喜歡也有可能藏之宅中……世上之物，前世今生，每一件都有其宿主。藏家深諳此理。這邊也不露聲色，留下電話，囑屋主尋來告知。已有意外之喜，豈能再輕有奢望。

出得門來，手捧那書，如獲至寶，幾欲狂奔。

這本《高玉寶》是最早的版本，由解放軍文藝叢書編輯部編，中國青年出版社出版，出版時間1955年4月，首版印數二十五萬，

定價五角三分。扉頁是高玉寶的戎裝素描，內頁豎版，有孫翰春的多幅插圖，書尾後記是荒草的〈我怎樣幫助高玉寶同志修改小說〉。

我趴在床上，這是我最愜意的讀書方式，將荒草寫的後記，反反覆覆讀，給先前縈繞於腦的幾個問號找答案。

在這三千字的後記文章中，荒草已經條理清晰地傳遞出這樣的信息：小說《高玉寶》是改出來的，是根據需要改出的，有的地方甚至用了魯迅先生的雜取法的。而且文中也提到改動時，高玉寶最初也是困惑的。

荒草大連親屬閻富學提供的荒草照片，攝於1957年。

荒草介紹，高玉寶的初稿基本是個自傳，共四十回，是章回小說題材，有二十多萬字，受某些「訴苦故事」影響，寫的大部分是他和家庭在農村和大連期間哭哭啼啼、挨打受氣的可憐生活，看不見黨的影響，也沒有足夠表現勞動人民的鬥爭精神和聰明智慧，對帝國主義者、漢奸走狗和封建地主的描寫也激不起讀者對敵人的深刻仇恨。因此必須改。

荒草寫道：

> 「首先，是幫助高玉寶同志根據一些寫成的初稿和他的生活經歷重新選擇材料和組織材料，去掉多餘的人物和故事，讓高玉寶同志充分發揮自己的想像力和創造力，把人物故事加以集中，使小說中的人物性格更鮮明，情節更生動、更完整、更具有典型意義。但高玉寶同志的初稿既是一部自傳，要這樣重新加以結構，勢必會影響到高玉寶同志個人歷史的真實性。最

初，高玉寶同志對這點是有很多顧慮的，他怕那些瞭解他的歷史的同志和鄉親們說他編造自己的歷史，改變了某些現在還活著的人的個性。可是如果不這樣來加工修改，作品就會大大減低它對讀者的教育意義。因為，初稿中許多人物，此有彼無，給人印象不深；許多情節意義不大；即使能貫穿全書的人物，他們的故事情節也不是處處都生動活潑、富於教育意義。對於這個問題，我向高玉寶作了一些分析和說明，當高玉寶理解了生活的真實和藝術的真實的道理以後，初稿就開始修改了。」

荒草在後記中介紹，他1951年夏天開始奉命幫助高玉寶修改書稿，對高玉寶而言，一是要幫助高玉寶把書改好，二是要幫助高玉寶在改書的過程中提高寫作水平。對他本人而言，是要向高玉寶學習。因此在修改書稿時，荒草先是和高玉寶研究書稿內容，指出主要缺點，然後讓高玉寶自由改寫，去掉不必要的人物和事件，把許多雖然不是高玉寶同志自己的但又是生動有教育意義的故事加在主人公高玉寶身上，將一些人物合併，將一些情節誇張，荒草再幫助其修改發表。沒有發表的一些章節是逐章逐段進行修改的，每一章高玉寶都改寫過十來遍，每改寫一章，高玉寶想出內容和結構的修改辦法後，就和荒草仔細研究，研究好後再進行改寫，直到基本達到發表水平後，荒草再進行修飾，有的也做了很大努力，但這「不過是在高玉寶同志已經創造出來的基礎上做做理髮員的工作而已」。

荒草在這篇後記裏，真誠而謙虛地對高玉寶在改書的過程中表現出來的頑強毅力表示敬意，這是因為「由於舊社會剝奪了高玉寶學習文化的權利，書讀得少，文藝書籍讀得更少，外國和中國古典文學作品還讀不懂，加上他又是第一次學習寫作，缺乏創作經驗，因此，在刻畫人物、結構作品、安排情節上也遇到了很大困難。至於在文字運用上的困難，那就不用說了……。」

因此，他委婉又矛盾地勸誡習作者：文化水平低的時候多寫些短小文章是比較好的。「任何工作都是這樣，沒有一定的文化水平，總是要遇到很多困難的。但是，這絕不是說沒有文化水平就不絕對不能進行創作，歷史上有許多民間詩人，雖然不識字，也創作了許多優美的詩歌在民間流傳！高玉寶同志的情形也是如此。」

……

這是1955年的荒草。只見其文不見其人。讀荒草的這篇文字，我有一種感覺，他就像是在上世紀50年代的某個會場作報告。

二

自從那次在古舊文化市場閒逛意外得到首版《高玉寶》後，我漸漸喜歡上了這個圈子。一有閒空就去淘我的寶。有心索求，偶然相碰，幾年下來，真有不少收穫。上世紀50代初期出版的介紹高玉寶的職工速成中學讀物、連環畫〈我要讀書〉、〈半夜雞叫〉在60、70年代的多個版本，以及高玉寶的報告文學《家鄉處處換新顏》的外文版印刷物，我都是在大連的幾家古玩、舊書市場淘換來的。

我在1953年6月號的《解放軍文藝》上，看到當時的總政文化部部長陳沂的文章〈如何領導當前的戰士創作〉。陳沂高屋建瓴地指出培養戰士作家的重要性：工農出身的戰士同志，他們本身來自民間，又是革命鬥爭的直接參加者，一經掌握文化之後，他們就將用自己的筆來暴露舊社會的黑暗，歌頌新世界的光明……高玉寶同志在這方面走在最前頭……天才的產生，一方面需要其自覺的艱苦勞動和具備一定的基礎，另一方面需要黨和上級的耐心培養。陳沂在這篇文章裏，對部隊各級組織培養和領導戰士創作提出很多要求。

可想而知，當年當高玉寶成為戰士創作的典型後，荒草也成為了培養戰士作家的典型。只是，那個代表中共與魯迅接觸的第一

人，建國後被譽為文化將軍的陳沂，在1957年來勢洶洶的反右運動中被劃為右派，下放黑龍江二十一年。碩果累累的總政文化部在部隊受到最大衝擊，成了右派窩子，鳴放後空氣緊張，人人愁眉苦臉，低頭走路。

荒草呢，是否在其中？不得而知。

這時候，我在互聯網上已經搜索拼接出荒草的如下資訊：荒草，原名郭永江，曾任《解放軍文藝》副總編輯、八一電影製片廠副廠長。其他個人資訊如籍貫、年紀等不詳。

2005年夏天，我在大連勝利路的鳥魚花市再次有一個奇遇。當然也和荒草有關。

那是家小市場，以前還不曾知道，那裏一樓二樓花鳥蟲魚，三樓古玩書畫。這一兩年培養出的淘寶趣味日漸濃厚，相逢不如偶遇，就去轉轉。

在市場門口的陰涼地上，只見一老者在那裏賣字，坐在馬紮上，胸前掛著個舊書包，眼神淡漠，手指蒼老，時而平整一下地上的一溜宣紙條幅。市場裏的人都知道他，天天像上班一樣，來這裏待上一段時間。

看著有趣，我就上前攀談。

這就是九十歲高齡的閻富學老人。他寫的都是小楷或小篆。字寫得雖不算大家，卻是難得的規矩端整，小條幅上寫的大都是弟子規、增廣賢文一類的傳統蒙學家訓，也有的是老人自己的心得感悟。看我喜歡，老人非要送我一張，我就選了一張老人寫的七言詩，那小幅宣紙上落下的是一個世紀老人的心路凝結：

朗朗乾坤不可欺

山川草木為證旗

終生忠厚人可貴

心懷叵測天地知
子孫命運天有冊
巧用機關宇宙記
遭逢坎坷天理數
誠實仁慈為上計
不應僥倖無災難
時間年齡跟隨你
刀割針刺應忍受
滄海人生當自惜

老者說，他賣字不是為了求財。他就住在小市場後面的樓裏，歲數大了，在家寫字，是活動筋骨。出外賣字，是接觸社會。天冷天熱，都隨大自然變化出來。說是賣字，其實大部分都送人了。進出市場的人，衣著光鮮的年輕人沒文化，錢花在小貓小狗身上，老太太倒是喜歡，說買字回家教育孫子，卻又不捨得掏出一元錢來。

老人半感慨半無奈，中國人要研究自己的字，尤其是孩子。學字不能有雜念，心要清靜。日本人、韓國人是繼承不了中國人的文化的。咱們也要像身體髮膚受之於父母一樣珍惜，不能給老祖宗丟臉。

和老人嘮嗑，我大吃一驚。這老人雖然腿腳有些遲鈍，卻頭腦清醒，記憶力驚人，簡直就是大連歷史的見證人。他1916年出生，會日俄英三國語言。自幼上過私塾。1931年「九一八事變」後，在日本人夜校學過日語、英語。後來在長春學過俄語。在日本人的關東州新聞社印刷廠揀過字，在大連、長春的日本洋行當過徒工。在新文化運動中寫過五年新詩，還在當時

為資料圖片。1952年解放軍文藝編輯部組織編輯赴朝鮮戰地採訪，不知道這張照片裏，是否有兩赴朝鮮受傷的郭永江（荒草）在其中。

的進步報刊發表過二十多篇詩文。後來跟人業餘學小提琴，學成後進大連歌舞團拉琴。解放後在歷次運動中下鄉進廠改造多年，所幸家裏五子一女都吃「拉琴飯」。大女兒考中央音樂學院，是那時唯一的工農兵子女，其餘都是華僑子女和資本家後代。李劫夫的女兒李青是她同學，她倆來大連時，很多人都很羨慕，因為當時大連還沒有幾人能穿那麼好看的毛衣。

在說到自己家世時，老人似乎有那麼一點傷情，幾個胞弟都在外地。他的胞妹閻芙蓉早年離家出走參軍，在四野南南北北地打仗，她身體屢弱多病，是他這個兄長最為掛牽之人，可她1981年就病死在北京了。妹夫荒草，是好人，是《解放軍文藝》的編輯，給高玉寶改過書……

我怔住了。我沒想到我通過這種方式再次走近荒草。

可老人告訴我，荒草身體也不好，雖然和自己同齡，但1993年就離開人世了，七十七歲，死在四川重慶。

我的心情沉沉的。如果荒草在世，就是千里萬里我也會去找他，我想和荒草對話。

這次相遇之後，我去那老人閻富學家看過他幾次。每次電話打過去，老人一聽聲音就知道我是誰。也許找他的人太少了的緣故吧，他現在和十九歲的孫子住一起。

老人給了我兩件禮物。一是他自己用A4紙裝訂的寫滿人生片段記憶的厚本子。他花錢讓孫子複印了五大冊留給自己的親人。我雖然是個外人，但他覺得我是對歷史有興趣的人，看看或可有用。因為他的兒孫們對他的這個整理了有二十年的東西好像並不當回事。

我翻閱了一下，有詩詞、有回憶錄，解放前解放後都有涉及。其中有篇講到他在日本人統治東北期間在大連跟夜校老師偷著學中文的回憶，是當年日本人對中國人進行語言侵略和精神壓迫的真實

寫照，那些壓抑、殘酷的往事細節，讀來歷歷在目，堪稱是那個時期罕見的民間個體記錄。

老人還找到了一張荒草的照片，是荒草1957年在大連和他們全家的合影。照片中的荒草，身著中山裝，高大清瘦，懷裏攬著一個小孩。荒草在新中國解放初期負過傷，經常在椅子上睡覺，後來提前退休，1970年回四川老家生活。

閻富學老人還把荒草子女在重慶的聯繫方式詳詳細細的寫給了我。

隔了一周，我給荒草在重慶從事檔案資訊工作的小兒子，大概就是當年照片中荒草懷裏抱著的那個小孩，寫了封信，表明了自己身份，措辭謹慎而真誠地希望他能給我提供一些荒草的資料。信是掛號信，但那邊卻久久不見回音。

半個月後，我給閻富學老人打電話，老人沒問姓名也不問來意，就在電話裏像是自言自語，沒什麼可提供的了，都那麼多年了……

我沉默了，這一定是荒草子女對我那封信的回覆。

但我還是特別感激和閻富學老人的相遇。他是在時間的渡口，讓我看見了荒草隔岸的身影。

閻富學老人贈予我的那本手抄本回憶錄扉頁上，有一句話：夢一樣的生活你會忘記嗎？我想，也許還是機緣不到，順其自然吧，必要時我也是可以到重慶去尋訪「荒草」的。

三

前文說道，互聯網是個好東西。的確如此。知道荒草真名叫郭永江後，我經常在百度或谷歌的搜索欄上，輸入這兩個名字或者給他們加上一些前尾碼，看能不能垂釣出點新鮮東西。

2007年10月，我在網上搜到一篇叫〈我在解放軍文藝社的日子〉的部落格文章。

部落格主人「一博為快」是個七十八歲的可愛的廣東老太太，於2006年開始像年輕人一樣寫起部落格來。每篇博文都寫得平實有味。

1952年2月，她隨畫家丈夫劉侖由南京軍事學院調到北京總政文化部，她做《解放軍文藝》創刊初期的助編。文藝社編輯部在北京絨線胡同45號文化部大院的一個小院。她很有感情地記錄了在那裏四年生活的很多溫馨回憶。平易近人的部長陳沂願意和大家開玩笑，魏巍和陸柱國分別拿到〈誰是最可愛的人〉和〈上甘嶺〉稿費後請大家吃烤鴨，有機會到中南海觀看烏蘭諾娃的藝術表演，以及參加全軍文藝座談會不停記錄代表們的發言，如：怎樣看待英雄人物的成長，英雄人物的缺點要不要寫等討論激烈的話題。她還提到，文藝社為下面培養寫作人才，高玉寶就是其中一個，他是郭永江（荒草）同志親自培養出來的戰士作家。

我給她留言並最終找到她通了電話。老太太樂觀熱情、是非分明，她說，在文藝社，她很少見到荒草，高玉寶倒是有聯繫，「因為他願意抱我的兒子，去飯堂吃飯時，就讓我兒子坐在他的肩上邊走邊舞獅進飯堂……他結婚也是住在我們雙柵欄五號宿舍，大家應該是比較瞭解的。」但荒草是如何幫助高玉寶改書的具體細節她則一概不知。多年後，她在回憶這個問題時，也很奇怪自己為什麼對這段記憶是個空白。

2008年春節前，我又有了最新發現。

我無意中看到四川資陽文藝網頁，有篇題為〈雁江區歷史文化重要專著〉的文章，有一段文字：《高玉寶》長篇小說，十三章十二萬字為郭永江著，1955年出版，後譯成二十多種語言，節選為教材。郭永江筆名荒草，1916年1月21日生於資陽大東街。1940年10

月到延安從事部隊文藝工作。1970年回川，先住資中，1984年定居重慶。

這讓我異常震驚，暗生欣喜，似乎隱約覓到了某種端倪。同時也半信半疑，因為在網路盛行的年代，做網頁，也是許多小地方趕時髦之舉。家鄉有個名人軼事或奇珍異產什麼的，忙不迭給搬到網上裝點門面。荒草著書《高玉寶》的說法，或可就是那種行徑。

請教了一下教地理的妻子，知資陽不是小地方，居四川盆地中偏西部，轄雁江、簡陽、安岳、樂至四地。其歷史悠久，是蜀人祖居之地，新中國開國元勳陳毅元帥出生地，也是川府重要的農業大市。上網詳細搜索，果然人傑地靈。

我抱著試試看的心情，給四川資陽文聯打電話，希望找一找瞭解荒草的人，我看到的那條資訊起碼說明荒草出生地就在資陽。最後找到的人是該市作協主席唐俊高。他在電話裏衝我嚷，文壇奇冤啊，文壇奇冤！完後，又說，我給你介紹個人，他瞭解得最清楚。

他介紹的這個人叫王洪林，1964年生人，在資陽從事史志研修。我得到他的簡介只有寥寥數字：中國作家、史家、文獻學者。著書九十二種，已出版三十本。在後來的交往中，我視他為巴蜀奇才。這不僅因他是文史雙料作家、學識淵博，而且更因他的獨立思想、真性情和秉筆直書。

他白天沒時間，我和他手機短信約定在網上用QQ詳談郭永江（荒草）。

他的網名很有趣，王豆瓜。種豆得豆，種瓜得瓜。他的確是個極度認真的人。2008年3月28日晚，我早早打開電腦，他的頭像已經在那裏閃爍多時了。

謝天謝地謝人。那天晚上，我們聊到深夜。幾個小時的時間，他給我解讀了他先前關於「郭永江著《高玉寶》」的說法的始末。

四

經王洪林先生同意，我現將我們QQ聊天的部分內容公佈如下。有刪節和概括。

我在抵抗你，筆者網名，以下簡稱「我」。

王豆瓜，王洪林先生網名，以下簡稱「豆瓜」。

我：「王老師，您很熟悉荒草？」

豆瓜：「直接見面沒有，書信往來多年，直到他去世。」

我：「是啊，他若活到今天也有九十歲了吧？」

豆瓜：「他1993年1月4日去世，七十七歲，若到今天是九十二歲。」

我：「郭永江創作《高玉寶》，這種說法我在國內第一次聽到。」

豆瓜：「跟荒草交流雖然是書信，但是資料長，詳細，他1990年春開列個人著作，直接寫：長篇小說《高玉寶》1～13章，郭永江著」

我：「《高玉寶》首版後記裏，有一篇〈我怎樣幫助高玉寶同志修改小說〉。講到只是幫助高玉寶修改，而且那些生動感人的地方，是由於高玉寶同志的刻苦努力所創造出來的。」

豆瓜：「那是當時服從組織需要，只能說是修改。創作一說，是荒草臨終前給我的信件中正式提出來的。」

豆瓜：「1916年1月21日，郭永江生於資陽縣大東街，字良成，筆名懷霜、荒草，1938年加入中國共產黨，1940年到延安，創作歌劇《張治國》反映八路軍大生產運動，受到毛主席稱讚。1951年郭永江赴朝鮮前線採訪，兩次負傷回國，次年任《解放軍文藝》社副總編輯。全軍為配合掃盲，樹立戰士學文化典型，讓他幫助高玉寶

修改自傳。他覺得沒法改，創作小說《高玉寶》前十三章十二萬字，總政文化部文藝處與出版社約定，每版書必附荒草〈我怎樣幫助高玉寶同志修改小說〉。」

我：「可是後來的所有版本的《高玉寶》，都見不到荒草的那篇後記了。」

豆瓜：「一切都是為了需要。1951年荒草奉命修改高玉寶自傳，在《人民日報》、《解放軍文藝》宣傳偉大的文藝戰士，甚至幫助高玉寶整理在外面的講演稿。1955年，幕後英雄荒草助推出版《高玉寶》，同時服從組織需要，吞下揠苗助長的苦果，把再創作宣稱為輔導。1956年，荒草提前病退。而後來的政治形勢變化，《高玉寶》更是成了重溫解放史知底導航的驅邪良方。」

我：「《高玉寶》以自傳的形式出版，裏面反面人物都是真名真姓，對地主富農家庭和後代子女的黑色影響難以想像。」

豆瓜：「肯定是自傳最合適，否則怎麼能說明戰士學文化立竿見影。」

我：「那麼荒草後來這麼多年就一直默默無聞了嗎？」

豆瓜：「當時《解放軍文藝》，魏巍和荒草是副主編，可荒草剛到四十歲就因病退休，更慘的是具有世界聲響的《高玉寶》署名旁落他人。他1970年來資陽小住，不久遷居資中，1984年定居重慶。病中三十餘年專攻舊體詩詞。1988年我開始和他書信往來。1990年，我多次致函荒草，向他催討等了兩年的全部創作名錄。他以殘年衰力，在兒子郭一忠協助下，整理了自己六十年全部書目，宣稱長篇小說《高玉寶》前十三章是郭永江著。」

我：《高玉寶》總共有十三章。荒草宣稱長篇小說《高玉寶》的前十三章是郭永江著，大概也知道了高玉寶本人將近四十年之後，於1991年又出版了《高玉寶續集》吧。」

豆瓜：「他和高玉寶的關係後來一直很疏漠。《半夜雞叫》、《我要讀書》等章節入選中小學課本，教育了幾代人。我1977年上初中，《我要讀書》讀得哭，很快能背誦。《半夜雞叫》我讀得樂，周扒皮活該挨打。可直到1992年，我才知道那作者其實是資陽人。」

我：「荒草也算是20世紀中國文學的奇人了。」

豆瓜：「嗯，還是革命者。民初雁城，動盪不定，英傑輩出。大東街荒草郭永江及三弟郭治澄和密友姜度，同窗求學，一道革命，成為莫逆之交，成為資陽一帶抗日救亡的學生先鋒和革命文學青年。姜度早亡於1944年。荒草三弟治澄解放後曾任長江日報社社長，1985年猝死於心臟病。他們三個人，我在2002年出版的《中川資陽》都有過詳細介紹。」

我：「荒草更詳細的內容是哪些？」

豆瓜：「荒草臨終前整理出近萬餘字的個人全部作品名錄，其主要經歷和創作內容我給概括如下——」

　　郭永江幼讀古詩文，十六歲作〈雨中花·詠螢〉詞，下闋：「雲天悵望，燈火如豆，悠悠灑遍綠洲。願燃到此生油盡，月上簾鉤。山雨頻翻塞外，夜風又過南樓，連宵侵襲，夢魂飛向，嶺北神遊。」

　　1935年初中輟學，回壽民中學附小教書。二十歲發表抒情詩〈衝鋒號〉。後考入四川省立成都師範學校。1938年春加入中國共產黨，並主編資陽縣旅省同學會刊和校刊《抗戰與教育》。

　　1939年春，參加中華全國文藝界抗敵協會成都分會，秋，考入四川大學教育系，繼續從事黨的地下工作。

1940年4月離開川大，輾轉成渝，10月到達延安，以創作戲劇、歌詞為主，話劇《輸血》、《流動醫療隊》在邊區演出，寫出第一部反映軍隊大生產運動的歌劇《張治國》，混聲合唱《掃除法西斯》專場戲為中共七大演出。

1946年，郭永江任東北民主聯軍總政治部編輯科長，出版小說報告集《土地和槍》、歌曲集《為民主自由而戰》，解放戰爭時期，他參加三下江南，解放四平及遼瀋戰役、平津戰役和渡江戰役，寫了〈焦家嶺圍殲戰〉〈靠山屯圍殲戰〉等戰地通訊，1948年作〈全國大反攻〉隨解放大軍從東北唱到海南，為渡江戰役作〈江南好風光〉。腰鼓舞調《戰鼓歌》和霸王鞭調《打蔣鞭》，成為四野文工團保留節目。

武漢解放，任中南軍區文化部文藝科長，主編部隊文藝叢書及《戰士文藝》，著歌劇集《人民英雄》。1951年1月赴朝鮮前線採訪，兩次負傷後回國。發表戰地通訊〈朝鮮行〉〈在後方勤務部〉〈被樂觀主義鼓舞的人〉〈美國英雄〉及中篇小說《站起來的中國人》，開始創作長篇小說《高玉寶》。1952年調軍委總政治部《解放軍文藝》社任組長，繼任副總編輯。在繁忙的編務中抽出精力創作《高玉寶》，完成前13章共12萬字。為證明他的艱巨勞動，總政文化部文藝處與出版社約定，每版書必附荒草〈我怎樣幫助高玉寶同志修改小說〉。該書由中國青年出版社、中國少年兒童出版社和人民文學出版社出版，譯成二十多種文字，包括少數民族和英日俄捷等文本，成為世界名著。部分章節收入課本或改編成戲劇、電影、連環畫，它的出版推動了工農兵學文化運動和群眾創作熱潮。他指導高玉寶修改小說的照片登上《人民畫報》、《解放軍畫報》、《人民中國》、《人民日報》

及歐美報刊，他還在北京人民廣播電臺和全國文聯作協如何修改《高玉寶》的報告，捷克斯洛伐克記者前來專訪。

1956年病休，主攻舊體詩詞。1970年入川，小住上西街休養，腎衰病逝重慶。臨終前，寫信給資陽文獻學會，強調《高玉寶》是他的著作。

我：「為之嘆惋。所有的作品綁在一起，也沒有一部《高玉寶》出名。」

豆瓜：「荒草臨終前在給我的信中說，詳細證明《高玉寶》是他創作的材料待他兒子整理好後給我。我忙於寫縣誌，沒有去看他，誰知不長時間，訃告來了，我後悔莫及。」

豆瓜：「我給荒草寫過一篇文章，叫〈荒草托出高玉寶〉，現在在網上也是可以搜索到的。我是個熱血史家，換言之不合格歷史學家，容易激動，寫著寫著，我哭起來。」

我：「那你後來見到荒草家人了嗎？」

豆瓜：「我一直後悔沒能面見荒草。我要是1992年去重慶見他多麼好，我敢肯定做他資料助手，比他兒子更專業，更稱他老人家的心，不然，他以革命大局為重，可謂忍辱負重了，我這個搞歷史的外人要是去，也許還能多吐露點，那時他的病都很沉重了，而且90年代社會環境不一樣了。」

我：「有道理，我不相信天下所有的事情都成了鐵幕。」

豆瓜：「荒草的兒子給我回過信，在最合適的時候把保存最詳細的資料給我，結果一等也是十多年了，也許郭永江的家人還是有顧慮。我決定不等了，今年再忙也要去重慶找「鋼鞭」。」

我：「什麼是鋼鞭？」

豆瓜：「鐵定的證明材料。」

豆瓜：「事情過去五十三年了，應該說明真相。讓工農兵學習脫盲包括歌頌新世界，做出揠苗助長的事情，動機是好的，但不能偽造歷史。更有甚者，還有那麼多人，多少年來藉此吃飯、升官、發財，可憐、可恥亦可恨。我是作家、學者，再不說話無異於隱匿歷史真相，欺史之罪是最大的罪。」

和豆瓜（四川史家王洪林）對話很痛快。

我同他還探討了荒草對《高玉寶》一書的修改或者寫作，是否屬於「集體創作」的範疇。

集體創作是1940～1970年代流行於大陸中國的創作模式，「領導出思想，群眾出生活，作家出技巧」三結合是其主要模式，「黨委領導」、「工農兵業餘作者」、「專業編輯人員」是其主要成員，聲勢浩大的「集體打造」以階級共性遮蔽個體的人性，以物質生產的普遍性取消文學生產的特殊性。這一創作模式，在後文革引起一些版權糾紛：一類是真實的創作者權益被覆蓋、忽略，一類是意欲洗刷、撇清者借此逃遁、賴帳。

高玉寶的《高玉寶》顯然是個例外，這是荒草手把手「輔導」出來的產品。

而荒草臨終前向外界的最後告白，是他親手拉開了一間「歷史保密室」的門栓。

至於人們能在裏面看到什麼，四川文史專家王洪林（我的網友豆瓜先生）已經著手調研，相信他會是一個合格的解說員。

半夜雞不叫──揭開地主周扒皮的真實面目

第九章
我坦白我交代

第九章　我坦白我交代

一、偉大的七十年代

我出生在上世紀「偉大而光榮的70年代」。

1970年的1月1日，中國最權威的「兩報一刊」（《人民日報》、《解放軍報》、《紅旗》）的元旦社論就題名為：「迎接偉大的70年代」。這篇洋洋灑灑四千字社論大稿十分雄壯地寫道：無產階級和廣大人民群眾的革命運動，以排山倒海之勢，雷霆萬鈞之力，磅礴於全世界。敵人一天天爛下去，我們一天天好起來。同帝國主義、社會帝國主義一片衰微破敗的景象相反，在偉大領袖毛主席領導下，社會主義中國更加鞏固，更加繁榮，更加壯大，更加朝氣蓬勃，正以豪邁的戰鬥步伐，跨進了偉大的70年代……。

今天重讀這篇個人崇拜充斥全文和革命指示彌漫其間的文章，仍可以感受到當年全國人民那種「毛主席指示我照辦，毛主席揮手我前

1970年的《工農兵畫報》封面

進」的昂揚鬥志，以及「放眼全球展望未來」的偉大胸懷。當年社論發表後，神州大地立刻有無數個毛澤東思想宣傳隊活躍在廠礦車間和田間地頭。

1970年代初期，斯諾夫人海倫在中國

我就出生在這一年的5月份。一個嗷嗷待哺的嬰兒只曉得哭奶，對周遭世界的光芒四射似乎茫然無知。

這一年的10月份，縣裏來了幾個筆桿子陪同一個穿軍裝的中年人在我姥爺家的地方蹲點。幾個月後，一篇署名高玉寶的反映深入鬥批改和農業學大寨的報告文學《換了人間》（又名《家鄉處處換新顏》）橫空出世，文章寫到當年給周扒皮放豬的高玉

1970年代初期，安東尼奧尼（義大利）所拍紀錄片《中國》裏面的鏡頭。

寶，在偉大的70年代的第一個深秋回到家鄉的所見所聞，通過「回家迷了路」、「學校的主人」、「雄雞叫遲了」、「孫家屯的笑聲」四個題目，熱情敘述了家鄉在毛澤東思想陽光照耀下，廣大貧下中農、革命幹部和社員群眾改天換地學大寨、立志建設新農村的動人事蹟……」（多年後，我輾轉找到當年的執筆者之一、時任復縣革委會報導組成員的許某，他告訴我，這篇作者署名為高玉寶的報告文學，高玉寶實際上未寫一字。）

在以後的兩到三年時間裏，這篇文章幾乎出現在中國所有有影響的報刊和電臺上，並出現在文革期間的語文課本上。寫文章的人是著名戰士作家高玉寶，文章中的地點是黑暗舊社會地主周扒皮半夜雞叫的地方，典型環境下的典型人物，成為偉人一再提出的「一定要抓好典型」的應聲而出的過硬產品。

斯時，一些國際人士正在給社會主義中國照鏡子。

斯諾夫人海倫1972年在中國，每天讀到的國內新聞版標題是：巴基斯坦籃球隊離開武漢……文化部長於會泳會見朝鮮人民軍文化團……羅馬尼亞巴那特民間歌舞團在京首場演出，周恩來會見黎德壽等等。國際新聞版是：抗議美國轟炸越南……資本主義經濟危機嚴重，大量奶粉被倒進密西西比河……布拉格群眾集會要求蘇軍撤出捷克斯洛伐克，捷修出動軍警進行鎮壓……法共（馬列）中央發表聲明……等等。斯諾夫人在《重返中國》一書裏，記敘了她在很多專供外國人參觀的公社田莊、國營工廠、子弟學校和幼稚園的生活和工作場景，把最能體現中國人幸福感的一面照給世界看。洋溢於全書的是忠實的友愛和有分寸的調侃。比如在火車上。在斯諾夫人眼裏，70年代的中國正處在「把乘火車看成是一種奢侈的休假的時代」。車廂裏的擴音器播放著《我們熱愛毛主席》，無休無止的現代革命京劇節目也令外國旅客大倒胃口，於是他們提出了要求，因為沒有其他節目可替代，解放軍戰士不情願地關上了擴音器。「中國人的耳朵忍受噪音的能力大概同美國少年一樣。」儘管斯諾夫人筆法不無調侃卻讓中國人讀來新鮮有趣。

而同一年後，義大利著名導演安東里奧尼同樣另一個寫實視角的記錄影片《中國》卻在中國遭受到史無前例的口誅筆伐。1974年1月30日的《人民日報》，發表評論員文章，批判安東里奧尼惡毒用心卑劣手法拍攝中國，文章說安東里奧尼公然站在帝國主義立場上，說上海的工業「並非產生於今天」，「上海作為一個城市，則完全是由外國資本在上世紀建立起來的」，而解放後「倉促建立起來的工業往往比大的手工業工廠好些」。文章還說，安東里奧尼把林縣作為「中國第一個社會主義山區」介紹給群眾，但在影片中，聞名中外的紅旗渠一掠而過，銀幕上不厭其煩地呈現出來的是零落的土地，孤獨的老人，疲乏的牲口，破陋的房舍……。

根據署名作者高玉寶的報告文學《換了人間》（又稱《家鄉處處換新顏》）改編的小人書《家鄉新貌》

　　我之所以介紹這段背景，是想說正是基於這樣的國際國內環境，高玉寶那篇反映本鄉本土的報告文學發表後，中國有五種外文刊物轉載，用六種外文發行世界五大洲，中國國際廣播電臺用多種外語向世界廣播，港澳和國外有十九種報紙轉載此文。而這也給高玉寶的家鄉也就是我姥爺的那個地方，帶來了一個極戲劇

《家鄉新貌》小人書內頁

性的變化。為了應對國際國內要來高玉寶家鄉參觀的迫切要求，上邊要求復縣閻店鄉和平村孫家屯一帶，要在最短的時間內造出報告文學裏所說的「沙面公路」、「水庫」、「聯合廠」、「海青色小學校舍」等等。於是姥爺家那個地方算是熱鬧了，開山放炮、攔水築壩、移栽果樹、修路蓋房……縣裏來人、部隊來人、集體出錢、社員出力，半軍事化行動，為製造家鄉新貌緊急總動員。我姥爺那時已經五十多歲了，作為四類份子之一的富農，大隊給他找到了最

好的勞動改造場所。他曾經一連幾個月不挪窩地吃住在工地上，腰就是在那時累彎的。

　　各種各樣人物來抓辦、督辦和現場解決問題。高玉寶也來。聽說他口袋裏還揣著一個日本人熱情洋溢要到他家鄉來看看的第X封信了。早年讀過他自傳體小說的外國人對他的家鄉興趣特別大。當時的旅大革委會主任劉德才將軍人稱愛農司令。他也到閻店來了。這個倔強務實的小老頭離開的時候眉頭是緊皺著的。一邊是國內外頻頻要來參觀，一邊沒黑沒白地苦幹快幹搶幹。奈何，愚公移山最後是感動神仙才搬走太行、王屋的。姥爺家那個地方要在那麼短時間內「換了人間」，的確需要神仙幫忙。但一年後，突然上邊不再「催變」，工程悄悄下馬黃攤了。這讓當地老百姓如釋重負。背後裏揣著高興議論，事情最後驚動了更上邊的，是周總理不讓幹的。

　　當地老百姓裏管記憶裏這段讓人叫苦不迭的鬧劇這叫「搞巨變」。在我姥爺那裏人人耳熟能詳。這些都是在我三四歲時，在家鄉那邊眼皮子底下發生的事情。可肉眼凡胎的我依然對此一無所知。

　　直到1976年，我幼年的記憶庫才彷彿開光了。這一年，中國先後死了三個偉人。唐山大地震後，東北遼寧海城冬季聽說再次鬧地震，我家鄉這地兒也謠言四起。家家戶戶在院子內搭起防震棚。狗在夜裏莫名地叫喚。大人們整夜都不敢睡覺。父親抱著大弟，母親摟著剛出生的小弟和鄰居說話。議論昨晚什麼時候感到地動了，誰家膽子大回屋裏睡了。

收錄《換了人間》在內的報告文學集，在世界二十個國家和地區發行。（圖中身著軍裝者為高玉寶。）

白天，村口的大喇叭不知道為什麼要一遍遍放著《三大紀律八項注意》，那是我幼年印象最深的歌曲。趴在塑膠、苞米秸子搭的棚戶裏，圍著被褥，還可以把手伸到炭火盆旁邊的瓢裏，掏一小把剛炒好的花生米填進嘴裏。這世界末日的感覺似乎挺美妙，平時家裏藏著那點待客的花生米一直掛在屋樑上，現在我伸手就能吃到。夜裏，精神十足地我聽到了父親和母親偷偷的對話。父親好像在說，唐山地震完了咱這震，聽說北邊（吉林）那兒天上還掉石頭，毛主席也老去世了，莫非世道要變啊。母親說她最近緊張得心老是跳，不讓父親亂說話。

　　老天爺怎樣變，我照樣不知道。

　　地震恐慌好像還是捱過去了。父親照樣到小學校做他的民辦教師。母親照樣到生產隊裏幹活。春種秋收，吃飯的時候有時候母親叨咕，她在婦女組哪樣活都沒落下，當生產隊長的大伯父怎麼就不能給高點的工分呢。比她差的出工不出力的人多著呢。父親不做聲。聽多了就說你不懂啊，你是誰的孫女？不知為什麼，母親聽了這話就不再言語了。秋天分糧也沒分上好糧，母親的叨咕就有怨氣了。父親不願意聽，好像也生氣，就說那晚上給他們貼大字報。母親立刻不做聲。作為地富子女她只念了一年書就輟學在家。但幾近文盲的她敬畏文字，知道那白紙黑字通鬼神厲害的很。她怕父親惹出是非。但吃飯還是一家幾口的大事情。我小時候有些淘，父親懲罰我的辦法之一就是全家開飯時不讓我吃飯。過年了，傍年根的時候，也是殺年豬的時候。臘月二十七八，早晨隨著挨宰的豬聲嘶力竭的聲音叫過不久，空氣中就蕩漾著大鍋煮肉的香氣，大老遠地找到我的鼻孔，倏地鑽進去，我不敢出門，那種肉香太誘人了。我就問母親，媽，咱家哪天殺豬啊？正在掃地的母親停下來，說，孩子啊，咱家還有饑荒（錢）要還，明年咱再殺豬。母親說這話時，我

發現她的眼圈是紅的。記事時起，好像有那麼幾年，都沒吃上新鮮的年豬肉。

　　年很快就過去了。瘋瘋跑跑的我很快就找到另一種快樂。父親教我識字。我最開始會寫的就是我的名字：孟令騫。有一天我在父親口袋裏摸出半截粉筆，立刻跑到屋外寫得滿世界都是，牆上、樹上、石頭上，甚至豬圈門上都有我的大名。沒上小學前，我已經能磕磕絆絆讀小人書了。書中的世界真奇妙。認識字多能讀更多的書，讀更多的書又能認識更多的字。鄰居家的大孩有一箱小人書，我磨他給我看了好幾遍了還願意再看。有一次他突然拿出一本他以前學的課本，指出一篇文章給我看。天哪，我讀到一個最有意思的故事，這就是《半夜雞叫》，遇到很多不認識的字還向他請教，我貪婪地興奮地讀著，在讀到小玉寶用計痛打周扒皮時不禁嘿嘿笑起來，那大孩子也笑起來，我沒有留意他的笑容有何不同。後來我每次去他家，都跟他要那個文章看，其實很吝嗇的他每次都顯得特別爽快。後來在一次村屯的孩子之間的吵架當中，有人指著我喊周扒皮周扒皮。我突然閃現出那個大孩子怪怪的笑和母親姓周時，我立刻倉皇敗陣。跑回家就問母親，咱家是不是周扒皮。很少打我的母親聞言怔住，第一次重重打了我一個耳光。好疼，也頓時明白了什麼。咱家不是周扒皮不是周扒皮，我哭的很傷心。母親摟住我，眼淚落在我臉上。這件事使我的童年一下子變得敏感、自卑。我不敢和別人吵架了。那件事像一個幽形的精靈，蟄伏在體內伺機傷人。

　　上小學四年時，打開新發的語文課本，我的腦袋倏地大起來，《半夜雞叫》赫然其中。無疑，那個學期我過的無比漫長又異常短暫。上那篇課文的那節課說來就來了。大限已至。那天我希望我能突然病倒，可我沒病。我希望老師突然有事，當然老師照常來了。最後我希望老師上課不點我名。結果，上課開始安排讀課文，老師第一個叫的就是我的名字。那一瞬間，我突然知道有個詞語叫五雷

轟頂。我站起來，內心已經搖搖晃晃。教室很靜，可我聽到了竊笑聲。當我顫抖著嗓音堅持讀到最後幾行課文，眼睛裏已經水漫金山。那節課老師在講什麼我已經聽不清楚，只覺得兩腮燙熱欲燃。待自習讀課文階段我卻在喧囂的聲浪裏聽到了每一個同學的嗓音，因為幾乎所有的孩子都興奮無比，他們親眼目睹和證實了一個傳聞中的秘密。

那以後我突然變得寡言。只是繼續喜歡一個人找書看。書中有我讓我痛苦的事情，但快樂多於痛苦。

家裏其實也有些藏書，但父親都給鎖在西屋一個箱子裏，上面壓著重重的豆餅。他則不定期從裏面抽出一本睡覺前或幹完農活閒餘時間看看。我則成了一個偷書看的賊。父親不在家的那點或長或短的空檔裏，我能準確地從偵察好的父親藏書點，比如枕頭下或炕席底下迅速找出那本書饑不擇食般的讀起來，有時候剛拿在手裏院子裏就傳來父親或母親收山或澆菜回來的腳步，連忙又急忙給藏掖回去。父親的那些書大都是評傳演義之類的東西，也有幾本堪稱典籍。《水滸》、《三國演義》、《儒林外史》、《聊齋》、《醒世恒言》等書，就是那時候偷偷摸摸斷斷續續讀完的。樂趣竟然很多，我能背下水滸一百單八將的每一好漢的綽號，他們每個人的快意恩仇故事給我很多遐想。我在糊牆的報紙上看到講中國奇特楹聯的一篇文章，其中講孟姜女哭長城時有一幅對子讓讀者想想怎麼讀？我為自己能知道那幅對聯「海水朝朝朝朝朝朝朝落，浮雲長長長長長長長消」的正確讀音而興奮。其實，小時候做讀書的小偷，還有一種隱秘的不可示人的快樂。那就是讀到了很多美女，提前完成了某種審美培訓。美女們行則「蓮步輕移娉娉嫋嫋」，言則「輕啟朱唇呵氣如蘭」，貌則「眉含遠山眸盈秋水」，觸則「膚若凝脂手若柔胰」……這些快意似乎衝淡了我對家裏生活貧苦和父母生計艱辛的體察。

1983年那年1月，我上初中的那一年，落實中央一號文件，縣裏所有農村實行家庭聯產承包責任制。人民公社制度徹底瓦解。公社被改稱鄉或鎮，下設村和居民組。

家庭聯產承包後農民臉上的笑容（資料片）

那年冬天，我在生產隊的大院裏幾乎見到了村裏的所有男女老少。

農民把集體牲畜圈裏的牛馬騾驢拉回家去飼養，把生產隊裏的大塊耕地分割成一條一塊，再插上寫著男人或女人名字的木牌。這種情景和上世紀50年代土改的情形幾乎無二，只是沒有當年鬥地主的場面。人人都很高興，土地在集體待了近三十年又回到了農民手裏，雖然是承包形式，但是文件裏說是十五年不變。農民因此把剛土改那陣土地分到手裏不長時間就鬧合作社回

1976年的農家曆（補充圖片）

收的擔心落到肚子裏了。我家五口人也分得了八畝地，還通過抓鬮分得了一頭壯壯的踺牛。老飼養員說這頭牛潑實不藏奸。父母略有些遺憾的是這牛斷了一隻角。我卻很高興。因為我想起我讀過魯迅小時候跟先生對「對子」的故事。先生說春暖，他對花開。先生說桃紅，他對柳綠。先生說獨角獸，他對比目魚。

二、父母要我做「工人」

　　最古老的地字是由兩個「土」字組成的。古人給「土」下了一個精當的定義。《說文》裏講：「土，地之吐生萬物者也。」又說，「土「字的兩橫「像地之上地之中」，那一豎是萬物出土之形。因為眾生須臾不離的百穀草木都生在那裏。倉頡造字時就寓意有了土地就可以耕耘、收穫，土地帶給人們無限的希望與憧憬……。

　　因此千百年來的鄉土中國，人們為自己能擁有「一畝三分地」而刀兵相見或厘毫不讓地爭奪、盤剝。而在上世紀80年代初，當飽經磨礪的土地兜了一個大圈子，重新「回」到農民手中時，農民種田積極性空前提高，也很快解決了了家家戶戶的溫飽問題，但沉重的勞作、低廉的收入還有農業稅賦的交納、生老病死的無保障，讓上世紀80年代臉朝黃土背朝天的農民的心理也發生了變遷。

　　有人形象的做比喻。富翁路過村莊搖下車窗地對子女說，看，這就是農村和農民。詩人面對著大地呼吸著新鮮空氣對孩子說，看，多麼美麗的田野啊。而扛著鋤頭的農民指著土地對兒子說：你，離開這裏！

　　我對此體會深刻，十七歲之前我都是在農村度過的。

　　老家把家庭聯產承包責任制叫做「單幹」。單幹那年秋天我上初中。兩個弟弟在小學。父親在村辦小學教書。牽了一暑假「獨角獸」的我被太陽曬得黑黑的，父親花了家裏一筆大錢給我買了輛自行車，並鄭重告訴弟弟們以後家裏的牛閒時你倆放，老大上中學了主要精力是學習。母親囑我好好用功，要不就早早回家「鑽牛腚（務農）」。

　　那些年，母親是家裏最累的人。單幹之初，往往是幾家幾戶「插犋」種地。我家裏只有一頭牛，刨圇個勞動力只有母親。握犁、濾糞的活不能幹，只能撚種子或點化肥。教書的父親只能在周日或早晚的一點時間下地。放農忙假，我扔下書包上山也只能「招拉子」扶犁。在這場成人對成人、小孩對小孩、牛對牛、車對車的交換勞力、畜力和農具的比對中，我家的貢獻是不會大的。每到春耕播種季節她嘴上就要起泡。

　　性子急的母親生怕被人說道，她一邊全天候種完每一家「插犋」戶的地，還要暗自期待早一些能輪到種自家的地可別誤了農時，一邊又要算計通過什麼樣方式補償貢獻小的平衡。當然有時也會為個別鄰里處事的不近情理而慪點小氣。找平衡的方式被母親體現在看病瞧歡喜的一筐雞蛋、園子裏的頭刀韭菜、收秋時的一瓢綠豆，或者是逢年過節的幾瓶酒。而我那時好像對此並不甚理解。認為母親過於小農，把人與人之間的交往簡化為「交換」。

　　一年四季幾乎都要圍著頭巾忙著田地、果園活計的母親和父親一樣，其實並不希望他們的兒子在家「鑽牛腚」。他們最盼著孩子有一天能去一個叫「城市」地方生活，在那裏的數不清的工廠裏做一個「工人」。

　　老家那裏把不在家務農，在外面工作的人習慣叫做「工人」，至今還這樣。

　　老家那地方雖然有名的哈大公路從那裏穿過，但生存的背景還是千年不變的土地，雞犬相聞的村落，祖輩相傳的老屋和後生們蓋的新屋，交往的對象是幾乎沒有流動性的人群，外面的世界是偶爾走一次親戚帶回來的談資，或者遠處路上偶爾停下來的過路汽車。

　　我對「工人」的認知是來自前街一戶張姓人家裏。可能整個村裏的人也是如此。

那戶人家主人在縣城瓦房店工作，常年病休在家。吃得白白胖胖，定期到廠裏領工資，看病吃藥給報銷，夏天廠子裏還發放勞保茶。他全家吃商品糧，子女可以接班進城。農忙的時候，常常看見他擎著蒲扇微喘著坐在村口講南朝北國。他兒子和我小學一個班級，小時候得了小兒麻痹，腿腳不好，卻很有人緣，和我們一起上學時常常從書包裏拿出他爸吃的中藥丸子，分給我們當糖吃。他家雖然也是農房，但院子裏盆栽著石榴和很香的桂花，大魚缸裏還遊動著金魚。按照現在城裏人的說法，大概是我們老家那裏的小資了。他家是村裏第一個買電視機的人，黑白的，卻讓村裏人好生羨慕。那時候正風行香港電視劇《霍元甲》，每天晚上到他家看電視的人很多。炕上地下都坐滿了，連門口也擠著腦袋。後來發生了一件事情，不知哪個缺德的，把他家灶臺當茅坑拉了泡屎。惹得主人婆娘跺腳罵街，再沒有人去看電視了。當時村裏很多人氣哼哼地說，趕明兒咱家也買臺「小電影」。可過了好久還沒見得村裏出現第二臺電視機。

　　要想當上這樣的「工人」，唯一的辦法就是考學。

　　可在上初三那年，一度感覺良好的我一下子遇到了迎頭棒擊。

　　一百多名複課生突然分頭插進六個新生班。這些傢伙大部分屢敗屢戰，最多已經復課四年之多，再返課堂就像老牛再次倒嚼，他們把新升級小嫩茬子的陣營踐踏得一塌糊塗。第一學期摸底考試，我破天荒排到百名榜外。我猶豫了，考重高還是考中專，我回家試探著問父親。父親的希望就是我能短平快考中專。能考上中專就意味著可以提前離開農門了，而上高中還要念三年，考得上大學還要念，那不亞於是家裏生活負擔的三座大山。對有三個吃飯穿衣半大歲數的兒子和日子緊緊巴巴的農戶家庭，父親的抉擇是現實的，而我因此不得不放棄考高中的想法，與那些就一門心思考中專的老生們博弈。給我們的帶班的數學老師也是第一次帶升學班，顯然也沒

有經驗，每天天黑放學前都要讓我們抄兩黑板題回家做，那都是她從一摞子課外書裏精選的難題。天天抄天天寫，晚上回家點燈熬油要給做出來。數學如此，物理化學也不例外。而那些老考生們顯然有他們的套路，並不在意老師的耳提面命，也不像我們新生被逼著天天找難題攻堅，他們只顧低頭練習基本功，最厲害的人竟然把教材的每一道題的頁碼背出來。後來的事實證明，他們是正確的。

春天有那麼幾天農忙假，一大早弟弟們跟著父母上山忙農活了。同樣放假在家的我，被照顧在家看書復習，外面的風很高，樹葉不顧沙塵肆虐在枝頭綻出來。隔著窗戶我能看見遠處坡上春耕的人在地裏影影綽綽的黑點。窗臺上的碗裏放著母親給我煮的一個雞蛋。這是我上初三得到的增加營養補身體的特殊待遇。雞蛋是補品也是學費。弟弟想吃還吃不到呢。可我握著餘溫不再的雞蛋，一口也吃不下去。在頭痛欲裂中，拿起筆在一個小本本上寫下幾行話。當然這個小本本是不能讓家裏人看到的。

我在那上面寫的是詩歌。

初一時我曾代表學校參加過全大連市的中學生作文大賽。評委的名字中是一個叫鄧剛的大作家。父親跟我介紹過他，說他十三歲就冒充大人進廠，曲折的生活讓他後來成為作家。父親的勵志故事給過我很多暗示和啟迪。同班一個同學的叔叔是老家一名文學青年，同學把他寫的東西拿給我看。我喜歡那種稿紙上的文字和他印在一本函授學員文集的作品。我曾看見當小學教師的父親在炕上翻閱一本叫《鴨綠江》的文學期刊，還見過他寫的一篇散文，文辭優美，通篇在模仿楊朔《荔枝蜜》的文風。可我覺得還是那位同學的叔叔寫的好，我彷彿看見寫作者真實的內心，為之喜憂歡愁。文字還有這樣神奇的魅力。特別是那些詩歌，文字與文字能組合出那麼多意象，簡單一句話就能讓人回味半天……在苦苦煎熬的初三生活裏，我找到了一個快樂的暗道，我經常把在心裏沉澱或偶得寫成

長短句，一個小本子記載了我青春期的許多苦悶，成了我隱秘的減壓藥方，甚至讓我想入非非。那時候我不知道聶魯達，也不知道海子，甚至不知道汪國真。前兩者是國外和國內我至今仍最喜歡的詩人，最後者是80代末期讓無數少男少女迷狂的詩人。遺憾的是今天我找不到我那個小本子了。

中考，我沒有考上父母所期待的中等專科學校。然而命運卻把我送到了一個顛簸世界。

塞翁失馬焉知非福。父親在我中考前收穫了一個喜訊，他在全縣數百名民辦教師的聯考中脫穎，成為鄉里為數不多的公辦教師。我家也因此成為縣裏的城鎮戶口。而大連市的幾家大型國有企業的技工學校的部分專業，從我中考這一年開始向外縣區招生。名額有限按分錄取，條件是報考者必須是有城鎮戶口的大連幾個縣區學生。

這樣，我在1987年9月份「幸運」地成了大連海洋漁業公司的一名准工人。這家主要以海洋捕撈為龍頭產業的企業，將海上作業的兩個最艱苦工種——工業捕魚和輪機駕駛，恩賜給了我們兩個班的三十幾名外地學生（後來才知道，在大連市內招不到新生）。之所以說我們是「准工人」，是因為我們戶口被直接遷到大連市內，畢業就可以直接工作。

家裏很高興，為我「餞行」，卻只請了叔叔大爺等自家人。這和遠近每年考上中專、大學的學生家的風光是不一樣的，那是可以招朋告友大擺宴席的。只有我敬愛的爺爺不以為然，囑我男兒就該出去闖蕩，英雄不問出處。他早年在日本人統治大連時，就在大連灣漁港那地方修過棧橋。捏著明顯比別人家孩子外地讀書親朋送的要薄很多的助學錢，我幾乎是逃離了家鄉。

那年夏天末尾，父親和我背著行李捲來到漁業公司技校報導。

　　學校食堂的大師傅大顯身手，將新鮮的鮁魚、刀魚、烏魚、皮匠魚做成一盆盆海味大餐，還有白花花的大米乾飯，讓我們這些入學的新生和陪送家長狠狠地吃了一頓，這頓飯才花了四角錢，那位招生的副校長一指學校前面的大海，對吃得十分興奮的新生家長說，這算什麼，等他們到船上工作了，魚蝦管夠吃，一分錢都不要！接下來又帶著我們到漁業公司參觀，在魚腥味十足的碼頭前沿，我們看到了許多威風凜凜的鋼殼漁船在進出靠泊。這下，這群外地新生家長們更放心了。父親也歡喜地回農村去了。

　　一周不到，我們這些外來新生被接二連三「撞」至那些漁船上。按照規定，我們念書前要到一線見習三個月，看是不是打漁這塊「料」。一線就是大海深處的漁場。我們這些十七八歲的孩子大都出自農家，很多人也是第一次離開家鄉，在陌生的大連灣腳跟還沒踏穩地皮兒，甫又給發配到更加陌生的漁船上。

　　那些五十多米長的龐然大物，出了港池立刻左右上下顛晃起來，馬達轟鳴，船艙裏發出的魚腥氣夾雜柴油味在胃裏發酵，連忙扶著震顫的艙壁趴在狹小的鋪位。待睜開眼時，四周一片汪洋，船又小得像片樹葉，我通身綿軟頭目昏眩，爬出鋪位，一張嘴立刻哇哇嘔吐。這就是每個新船員必須要經歷的暈船關。老船員見慣不驚，熱心一點的就逼你吃點東西。可飯食剛沾嘴邊立刻牽引出更大規模的暈吐。起網鈴聲響了，我這個見習生立刻像死狗一樣被丟在一邊。那些傢伙面無表情地穿上防水衣褲靴鞋，帶上安全帽，紮好救生衣，在一上一下搖晃的後甲板上啟吊網具。海水時不時從船舷邊湧上來，打在他們身上。等海底下的網包被吭吭哧哧拖到甲板上空抽掉底線，立刻魚鱗飛濺，甲板頃刻間全是青黢黢的魚。然後它們要被一條條分理裝箱和入艙冰藏。在船的主機艙裏，值班的輪機員在巨大的雜訊裏要豎起耳朵聽駕駛室的車鐘命令，完成船在水裏的閃轉騰挪前進倒退的各種動力要求。除了船長和輪機長外，船上

的二十幾人在一天裏晨昏顛倒，要在茫茫大海裏同它配對的另一條船多次進行這樣的作業或勞動。做為一名船員，要隨時準備從睡夢中起來幹活，據說這是世界上任何船隻的死規矩。

死死抓著忽高忽低起伏的舷窗，忍著胃裏翻動的苦膽酸水，我知道了這就是我將來要工作的地方。

那些日子，我天天在暈船的折磨中都做著同樣的一個夢：大海風平浪靜，一條長長的木板從船尾搭到老家院子裏，母親站在門口張望，我在那上面拼命地向她跑去，卻老也跑不到盡頭……。

兩個月後，我們這些見習生陸續從漁場回返。聽說有幾個還不熟悉的同學立刻捲起鋪蓋回老家重新複課另考了，因為他們在船上聽到了並切身體會到了一句話：寧到南山放驢，不到北海打魚。

學校放了幾天假。我歸心似箭，當我跌跌撞撞推開家門，兩個弟弟驚喜地撲過來，問，哥，你好嗎？剛從果園裏回來的父母都沒說話，但眼神裏更是充滿的急切的探詢。他們彷彿已經知道兒子這個「工人」不好當，母親不知怎麼還聽到說漁業公司的船員一年四季鋪水蓋浪找對象困難。一個秋天的勞作，他們更黑更瘦了。額角泛白絲的母親還得了一種叫甲亢的怪病。父親說家裏活太重，人手少，母親要強又心急給累的。我囁嚅著，把湧到嗓子眼的內心話咽回到肚子裏。我覺得我應該長大了。

我老家不遠的地方有座望兒山。從家裏回大連的時候，我寫了一首題為《車過望兒山》的詩。

　　路旁的花兒開了又謝
　　山下的草黃了又綠
　　你在那高高山上
　　孤零零站成一尊風景
　　車子在你身旁只是一晃而過

我的心卻留在你腳下膜拜

風帶來多少消息

雨帶走多少等待

你身前的滄海早已變成桑田

遠航的帆仍是不曾歸來

任身後萬家燈火華樓廣廈歲月更嬗

不老的愛億萬斯年也不會遷徙

恍兮幻兮　魂繫夢縈

在你面前什麼都會變得矮小

問一聲母親

我是從你面前走過的第多少個兒子

車子一晃而過一晃而過

車過望兒山我把頭埋進思考

母親啊

假如你的行子歸來卻成浪子

你還能站的住嗎

三、漁水手的陸地

　　我在培養打漁水手的那個學校裏和機電、網具和漁法等理論接觸兩年後，正式登上漁輪做船員，輾轉於中國的四大漁場（渤海漁場、舟山漁場、南海近海漁場和北部灣漁場）。

　　漁船被茫茫大海囚禁，我被小小漁船囚禁。

　　我不是遊輪上的過客，他們眼裏的大海是美麗的。但永遠無休止地和它做伴時，大海就是苦澀的。儘管我曾萬分幸運地看到海豚樣的龍兵魚成群遊弋，幾十米長的鯨魚蹦高捧崽兒，磨盤大小的海龜在甲板上掉眼淚的海洋奇觀，但在那個風腥水鹹的荒蠻世界裏，更

多的是無邊的寂寥和沉重的重複
勞作。其實在海上捕撈漁獵和在
家鄉種地收割是一回事兒，一個
是農夫，一個是漁夫。只不過我
工作的企業和很多廠礦、機關團
體一樣，在城市裏又被叫做「單
位」，它管職業培訓、使用、升
遷、工資，還管戶口登記、糧食
標準、住房分配、公費醫療和退
休養老等福利，一個人只要進入
到單位，它就無所不包、無所不
管，衣食住行、生老病死，連喜
怒哀樂都能管。我的父親對我所
在漁業公司這家全民國有單位很
滿意，甚至前瞻地認為：只要大
海裏有魚，你就有飯吃。

我工作過的漁船　攝於1991年

漁船作業

　　我在船上是歲數最小的人，
卻是最憂鬱的人。我望著遠遠的
天邊，那灰濛濛的前方就像一個
大幕，我不知道自己的人生是否
就那樣永遠也打不開。

漁船作業

　　漁業公司其規模堪稱亞洲
最大的漁港，你是海上的還是陸地上的？這是公司外面的人見面時
的習慣性用語。海上的和陸地的，這象徵著職業、身分和工作舒適
度甚至背後的家庭來路的區分。海上的人被宣傳成是「最可愛的
人」，但城裏的姑娘卻不願意嫁給這些人。一個倒楣的船員據說曾
經看了四十個對象，最後還是用公司力量做紅娘幫助他解決了終生

大事。但茫茫大海還是帶給人很多期待。漁業公司高高在上的老總們當年幾乎都是從魚堆裏跳出來的。農家子弟的底色也使我認真幹好工作，用汗水積累著以後早點當上職務船員的技術實力或者是積極表現來蓄積政治上的進步。而這些是可以兌換和改善自己的人生境遇的，儘管那可能遙遙無期。

在我把內心的不情願雪藏，在狹小的漁船上揮汗如雨的時候，吃生魚片頂得青春痘瘋長的我，還無師自通地染上手淫，我所知道的幾個女性電影明星統統淪為我的三宮六院。我的文學夢也在我寂寞的青春期裏無限繁榮和膨脹起來。

我在念漁工技校的時候，漁業公司修船廠的工會幹事，上世紀70年代曾一年在省刊發表三個小說頭條的姜立林老師，成了我的文學啟蒙，他告訴我萬人大廠漁業公司的幾大筆桿子早年都有打漁經歷。他倒是希望我多在文學上有點出息，他囑我看古本聊齋練習文字功力，他提醒我文學貴在悟性。我聽得似懂非懂。這位熱心的忘年交還特地把他的好友，我小時候就知道的作家鄧剛請到家裏看我的一篇小說習作。那位靠寫海碰子聞名的大作家看我恭謹老實，就說，現在的年輕人早就不把我們這樣的老傢伙放在眼裏了，他那時也就四十多歲的樣子。他隨後說了一句話：有些人之所以最後沒有成為作家，就是因為他只具備作家的優點，卻不具備作家的缺點。

在船上想到這些時，我啞然失笑。人家英國大作家迪更斯為了寫海員而特意到船上當水手體驗生活，而我這個漁水手卻拼命想跳下船去。我連作家的優點都不具備又何談缺點？！我感覺褻瀆了煌煌若神聖的文學。

那段時間，我一邊拼命幹活一邊悄悄寫字。很多時候，剛在風浪中在機艙走完當班崗又趕上後甲板上網撿魚。拖著疲憊的身體返回休息間時，感覺身體所有零件都要散架了，可有東西要寫，就拉起布簾，撥開鋪燈開關，把一塊硬紙板墊在膝蓋上，隨著船體的起

伏搖晃著寫字。同屋的師傅們當他們大罵「穿鱉服，睡雞叫，幹騾子活，吃驢料」時，或者在可憐的一點空閒時間津津大談男女之間那些情色段子時，幾乎沒有人知道還有人躲在低矮的船鋪裏，在用文字排遣寂寞，也在用文字記述他們的漁獵生活。後來我發在純文學期刊《海燕》上的短篇小說《顛簸世界》，就是在船上晃來晃去寫出來的。此外的一個收穫就是，我生吞活剝惡補了幾十本中外文學名著。

我1990年8月正式出海當船員。1991年春節，漁業公司幾十年來第一次不停船，也就是說常年在外打漁渴望過年回家團圓的船員們，要在漁場上過他們的大年三十。消息傳出，碼頭前沿到處充滿了罵罵咧咧聲，最後那些「最可愛的人」，還是在鑼鼓喧天中被送到漁場追趕魚汛了。

剛剛二十歲的我想家想得要命。除夕夜我們在漁場上，那些平時為了一隻劣質香煙也推推搡搡的山狼海賊們，突然恭恭敬敬，他們在漁場上燃放起煙花爆竹，船長把酒撒在海裏，帶領全體在船頭上朝家鄉的方向長跪、叩頭。然後，像不能錯過節令的莊稼人把犁鏵伸進土地一樣，把漁網投向深沉的大海。他們這是敬畏天地先人，還是對自己安身立命所在的祈福？鞭炮的碎屑洋洋灑灑飄在身上、臉上，我的鼻子一酸，內心受到了極大震撼。我當晚把漁場上的所見所聞所想，寫成了一篇2000多字的紀實文章，第三天正趕上給漁場作業船隻提供水、米麵、菜蔬的供給船回母港，我就試著給漁業公司的廠報投稿。半個月後，我這篇來自春節不停船一線漁場的報導——《漁場除夕夜》，發表在那個小報的顯著位置。令我沒想到的是，這篇文章雖然是篇遲到的報導，卻改變了我的命運。兩個月後，我成為我們那兩個海上班技校生第一個脫掉魚皮登陸的人，並被抽調到《漁業工人報》工作。

槐花飄香的時候，我拿著採訪本走在春天的港區，突然聽到路邊一群身穿工裝滿身油污的人喊我，原來是我所在的漁船回港上塢修船，那幫老少爺們在一塊空地上頂著毒太陽整理網具。我差點沒認出來，他們不再像在船上那樣也粗野也親熱地喊我「老孟」，而是有些怯意地喊我「小孟」，剎那間我知道了我們之間已經劃開了距離。可我這時候已經被另一種新生活驅趕著，並沒有仔細考慮這些。

我去了新地方同樣遭遇新的逼仄。

那家企業報社50年代初由郭沫若在大連期間題寫報名，麻雀雖小，卻如同正規報社一樣有著採編隊伍還有印刷廠。每週一期，幾十年來一直是漁業公司的宣傳工具。我能夠去那裏也不是偶然，幾個老編老記們個個恃才自傲，又被頭兒的種種高壓政策壓制，正人心思動廠內廠外地忙調動，每月一旦完成「產量」就再也不出活了。老謀深算的總編大人按倒葫蘆起來瓢，「二桃殺三士」的遊戲也不起作用了，面對陸續出現的稿荒，遂決定大膽起用新人。他幾年前曾在出海漁輪上，就像發現我一樣調用了一個只有初中起點的船員，那哥們在眾人的懷疑中被折磨得哭哭嘰嘰，最後因抓住漁業公司一打漁船員相親黃了三十六個對象的事件，呼籲海上船員艱苦工作期待社會理解而一舉成名，稿件登在《人民日報》、《工人日報》等全國大報，漁業公司為此受到了全國各地關注，引得傻姑娘們的表達理解和愛意的信件，雪片一樣向漁船飛來。他倒是因此找到了一位好媳婦。

總編大人為什麼要在海上物色人選，一是漁船當初也是他的發祥地。據說上世紀70年代初，他所在的捕蝦木篓子船在渤海灣失去動力後需要他船拖帶。黑燈瞎火的夜晚，海上幫靠是極其危險的。他把自己的棉衣扯下來蘸上柴油幫在木棍子上，點燃後站在船頭高舉為前來幫靠的船隻照明。此舉，又被他本人寫成稿子發回漁業公

司大本營。他因此出了大名也因此下了陸地。二則漁業公司當時上下內外就指著「海上一條魚」過活，廠報的記者必須熟悉海上捕撈生產。

在六千名出海船員中，只有十個月捕撈經歷的我被選上了。

我的身分是「以工代幹」，而且我必須要用實際行動證明：我能我行。

總編當年培訓我那位幸運的「難兄」的辦法就是翻來覆去讓寫同一篇稿子，寫了改，改了再改，一而再，再而三，直到能見報為止。現在對我亦然。我的第一篇消息稿，前前後後寫了十幾遍，稿子快撕光兩本了，我都要崩潰了，總編仍挑出毛病讓繼續改，那架勢跟雞蛋裏挑骨頭無二。最後當這篇三百字的短新聞終於見報後，我頓時對這位善於折磨人著稱的總編充滿感激了。因為根本不知「新聞」為何物的我，完成了文學語言向新聞語言的轉換，我不僅有見到了「鉛字」的喜悅，而且彷彿開悟，似乎突然明白了如何提煉標題、如何寫導語了。不僅對我和那位一樣起點低的老兄這樣，每個進廠報的人學習或工作開初都是這樣，尤其是對科班畢業的大學生更是如此。早我幾年進廠報的一位中文系大學生寫稿老是通不過，坐在那裏劈啪劈啪掉眼淚，總編大人面無表情仍然不同意見報。另一位新聞專業的大學生改稿數次後乾脆把稿紙丟進廢紙簍裏。最後大概是總編大人看折磨差不多了，將一個版的某個空位讓給了那篇躺在紙簍裏的廢稿。但不管是土八路還是正規軍，多年後我們偶爾見面時談論當年，我們修煉的那點道行對總編大人只能望其項背。他為企業做文章的本事已經達到化境。

總編大人最擅長寫的是「本報訊」，在他眼裏，「本報訊」是最能見記者真章的，因此在他手底下幹活必須學會寫消息。因為消息這東西可以憑藉最精短的文字最直接地傳遞某種意圖。他經常說，毛主席就會寫消息。經他謀劃，漁業公司的老總就曾在大連

的黨報頭版頭條發表過一條漁業新聞。公司老總自己動手寫新聞並刊登在當地頭號報紙的頭版頭條，這在全國企業界也可能是絕無僅有。但總編大人在漁業公司人緣並不好，很多人看不慣他的一些行事做派。而高層對他卻極其賞識。在全市大型企業裏，企業廠報與企業宣傳部同屬企業黨委，又各以處級建制獨立並存的只有漁業公司一家。全市的企業報紙總編開會，就他是個處長。而其他廠報總編都是宣傳部領導下的科級幹部。我剛到報社，他就把做企業新聞的秘笈示我，那就是「領會領導意圖」。企業記者就是要當領導肚子裏的蛔蟲，知道領導在想什麼。他說的毫不掩飾。

接下來，用報社老同事的話來說，我成了上套的驢，給廠報寫各種各樣的消息稿件。大概是「領會領導意圖」領會得很辛苦，有一段時間，出海的同學回港遇見我，說我面色黑黃，像是蒼老了十歲。

漁業公司春節不停船的不人性化生產決定只執行了一年就廢止了，可船員們照例像往年一樣大年初六就被驅趕到漁場了。我被安排到海上總調度室採寫今春生產開門紅的本報訊。可海上漁船傳來的消息連續幾天都不甚理想，網產低得丟人，我垂頭喪氣地回來告知選題作廢，總編頭都沒抬，說，換個題目就行了，各漁輪隊赴漁場贏得春汛生產主動權。

這個總編大人平時老是像思考事情，平時在辦公室願意踱著八字步，突然在你背後停下，冷不丁地問你：你說，什麼是可預見新聞？這突然襲擊就象老師突然考你1+1等於幾一樣，讓人面紅耳赤不知如何作答。當你在鼓勵下說出自己的定義時，總編極有可能立刻安排你去寫一個還沒露頭的與企業生產相關的報導。

總在我們面前邁方步的他，在陪同公司總經理出行接待外商或政要時，他立刻像一個小嘍羅緊跟兩側，身體前傾，小碎步緊走，做跟隨狀。當我的一次竊笑被他發現時，他問我知道不知道他為什

麼要那樣。我回答不出也不敢回答。他替我作答：領導需要。和他的謹小相對的是他的膽大。有一次和公司總經理省城開會。晚上聽到總經理談及省長某段講話和漁業公司有關，立刻向總經理直言應將某某內容在市日報刊發。領導聞言叫好，連稱發得越早越好。他就在總經理房間拿起長途直撥電話，與市報夜班領導通話並與編輯口述這則消息，標題、導語、主體一氣呵成沒有一句廢話。次日，日報見報稿竟然一字未改。當然這也有在領導面前給自己作秀的成分，但也確實需要功力非凡。事實上，他不僅善於「領會領導意圖」，而且善於創造性「領會領導意圖」，漁業公司對內對外的很多「領導」特別需要的報導，都出自他的未雨綢繆或點石成金。

　　「領導」對總編大人滿意有加。但做他的屬下卻常有做「長工」的感覺。廠報採用雷射排版出報時，一個老編輯在排版室同排版員小姑娘說笑拍打，他開會鄭重申明電腦室紀律，要求編輯同志進照排室要注意動作的規範性。單位新分來三個大學生。總編大人的稿荒問題即將徹底解決，恩典一下，讓我帶著三個其實和我年齡彷彿的小伙伴一起到北京出了趟差。回來讓我們談北京之行感想。三個小伙伴的說法都不讓他滿意。最後我領會了一下「領導意圖」，說，感謝領導安排我們去北京，那裏的工作和生活節奏太快了，走路的人都是急匆匆的，咱報社這裏要是那樣就好了。總編大人這才露出了笑容，嗯，去一趟京城總得有點收穫嘛。

　　三個小伙伴的到來，其實也給我增加了壓力，人家都是大學或大專畢業，剛到企業就是幹部，檔案放在幹部處。而我這個工人身分的人，檔案放在勞資處。而且剛進企業大門工資就和我一樣多。趕緊擁有學歷也是提前轉幹的砝碼。而且在出入機關，文憑是每個人身上的硬體。我提出要參加成人高考，卻被總編大人擋住了，你還沒有真正成手。學習的事轉幹的事不用著急，你只要把稿子寫得呱呱叫，就什麼都有了……這讓我很鬱悶。好在三個小伙伴對他們

「武功」高強的「師兄」很尊重，知道我對什麼敏感，很少在我面前提及他們的大學生活如何如何，並時時等待我能帶他們到我的老根據地，到海上前沿碼頭靠港的漁船上饕餮一頓。

總編大人給自己謀了一個小福利，可以去一個能源部門的小浴池洗澡而不用去擠人滿為患的公共大浴池。因為他太胖，沒

我和遼漁三個小夥伴在北京參觀羅丹雕塑展（左一李雪勁，左三劉宏超，左四商力威），攝於1993年。

有人願意陪他去浴池泡澡搓灰。我則被點名陪浴。在澡堂脫得光溜溜，他還在訓誡我怎樣搓澡。每次都要在我身上先一招一式演習一遍。看他那麼認真的樣子，特別好笑。待給他搓澡時，我為表現出做賣力狀，就大聲命令他翻身、俯臥，抬腿，伸手，他則乖乖受命與平素的頤指氣使判若兩然，我心裏有的則是一種阿Q似的的快意。

我在廠報只待了兩年時間，還是離開了那裏。

1992年，中國改革開放的總設計師鄧小平南巡談話，鼓勵人們膽子再大一些，步子再快一些，思想再解放一些。自此神州大地一片熱氣蒸騰。我所在的漁業公司深化改革「砸三鐵」，定崗定編優化組合，鐵工資、鐵交椅、鐵飯碗改革急流中搖搖欲墜。海上漁輪隊像十年前的農村單幹一樣，實行漁船風險大承包。陸地各家企業也不單單向海上一條魚要飯吃，紛紛自找出路。一時間港區內小商店遍佈，人人在「對縫」，一些辦公室的電話經常聽到對方有多少臺俄羅斯坦克，這邊有多少噸大豆之類的空對空生意。總之，你那裏有什麼我都能要，我這裏也什麼都能搞得到。我所在的漁業公司廠報印刷廠還開了個快餐廳，承包給一名被優化下來的女工經營，

餐廳因供應一日三餐，總編大人賜名為「早午晚速食」。因去的人少，總編大人就天天帶我們幾個去吃。

企業是熱的，城市也是熱的。漁業公司所在地是大連灣沿線的北部是個郊區，對岸的南城區是真正的大連，我每週都要乘坐一個小時的長途汽車去市內新華書店買書看。那裏滿街都在挖坑準備建大廈。古老的有軌電車咣咣蕩蕩的街巷上，各種各樣白領出入寫字間，無數家企業在招聘，有著更奇怪名字的廣告公司雨後春筍般湧現，下海淘金的成功人士如過江之鯽，更多的叫民工的人也大量出入在車站碼頭。而文人的文字則頻頻優雅地出現在是筆會上或者是裝幀精美的印刷出版物上，這比我寫的東西頻頻僵硬地出現在企業報紙上有趣多了。

而吸引我的還有一條，就是那裏美麗的姑娘也多的數不清。我的在漁業公司出海上的一個同學早已不管不顧地先到了那裏。他給一家大化妝品公司做直銷。當他來到一家大商廈的櫃檯前，給幾個打扮時尚的女孩展示最新款產品時沒有得到呼應轉身想走時，一個在不遠處觀察他多時的漂亮女孩，從櫃檯後面轉出來，喊住他，說她姐下月結婚可能要買，要了他的傳呼號碼。沒想到，這是那女孩看好了他，跟他要聯繫方式。

相比之下，「工人」和「工廠」似乎成了這世界最土老冒的地方。

隔海眺望著湧動著現代都市文明的對岸中心市區，我眼熱心跳。

一位能人「大哥」將我「挖」走了。他開著只有總經理才能坐的轎車來到漁業公司接我。而我的總編大人能放走頭長反骨的我離開公司是有代價的，我按規定交納了工作三年存摺裏僅有的幾百元錢和另借的三千多元錢分別湊上兩個二千元，來獲得部門和公司兩級簽字同意調取檔案關係。

1993年的10月底，二十二週歲的我開始了又一次遷徙。

　　說心裏話，我對我的這位總編大人並沒有一點忌恨。多年後我
參加了他兒子的婚禮。他還是那麼有趣。他用新聞發佈會的語氣對
前來參加婚宴的人說：感謝各位領導、親戚、朋友，來參加我的全
資子公司開業慶典儀式。

四、城裏的漂生活

　　十年後，我同大連外國語學院的大學生進行了一次面對面的勵
志講座。

　　那所大學韓語系的一名叫姜雪麗的同學在院報上寫了一篇印象
記：……。孟令騫其實是孟子的第七十六代傳人。在交流中我們知
道了他的生活經歷有起有伏，有山窮水盡時，卻也有柳暗花明日；
體會到了他對生活的態度——要改變，要努力，要堅持；也瞭解了
他的性格品質——像古井一般，不張揚，不喧嘩，沉澱著善良與智
慧。他的講述使所有在場的同學都深受感染……。

　　在這位可愛的姜姓同學眼裏，我是位知名記者，輩分排在亞聖
孟子的七十六代，是個可以令她（他）們重新思考人生以及效仿和
感動的「人物」，這讓我受用不起，但我的確是把自己的過往與今
朝真實地講述給了那群年輕人。

　　這十年，我有過更為艱難的掙扎，有過更為曲折的彷徨和抉擇。

　　1993年秋天，我負債三千鉅款來到市中心。我把國營企業拋棄
了，拋棄了總編大人對我的盤剝式的栽培，也拋棄了我兩年時間在
那裏靠寫字積攢下的名氣。家裏人是後來才知道我的鹵莽舉動的，
父親聞聽後急匆匆從農村趕過來，試圖看我是否有可再回到萬事
「保險」的漁業公司。「能人大哥」拉上躊躇滿志的我，請我父親
到他可能一輩子都沒去過的大酒店吃飯並勸回了他。

那位接我走的「能人大哥」是國內一家著名雜誌的駐連記者站主任。人文質彬彬，神通很大，能搞到省市政要人物為他策劃出的主題特刊題字，然後就是讓一批美女和寫手像獵頭一樣，四處物色改革大潮中的弄潮兒，為那些金光閃閃的主題特刊的出版發行埋單。我們幹得熱血沸騰，我的巨額債務也還清了。「大哥」還大方地先替我先交納了我參加新聞自考專科、本科班的學費。當然，天下沒有免費的午餐。「大哥」有言在先：羊毛出在羊身上。

　　「一等記者搞策劃，二等記者拉廣告，三等記者開會拿包，四等記者待家編稿」，今天看來，「能人大哥」就是那時候新聞界的先知先覺者。那時候國內幾個頂尖記者都搖身一變，在地產或藥保健品市場營銷領域呼風喚雨。我在漁業公司的時候，我的總編大人每有得意之舉，便在自我欣賞的同時也在有意訓誡我：「記者首先是一個政治家，其次是經濟家和社會活動家，最後才是一個記者。」在我眼裏「能人大哥」就是那樣的人。我甚至有些崇拜他，經常下意識地模仿他的說話和行事方式。

　　但我的模仿很快嘎然而知。「能人大哥」因我所不能知悉的一樁經濟糾紛出去「躲事」了。我這個當過漁民的小兄弟，只好依靠開始來市內時檔案關係掛靠的那家群團組織下屬的企業過活了。那家企業越來越清閒，清閒的唯一壞處就是不開工資。

　　我的老父親的擔心應驗了。可我打掉牙齒也得往肚子裏吞。

　　1993年的某一天，二十三歲的我在自己的日記裏寫道：今天，我在街上的理髮攤理髮了，花了五角錢，我的生活要從頭開始。

　　「能人大哥」人間蒸發後，我口袋裏剩下的錢越來越少，而生活中的困窘越來越多。

　　我先是住在大連二七廣場爺爺的弟弟，我叫叔爺那裏，那是一片待動遷的低低矮矮的日本房。原先一戶日本人住的地方後來擠進三戶中國人，走廊、廚房、衛生間都是共用。房主是叔爺的後娶

老伴，是個老海南丟（早年來大連的山東人），沒有工作，在居委會打雜，人節儉得要命，每次見到我第一句話很親熱：孩子，夕飯（大連話，吃的意思）了嗎？然後就到廚房找她包的野菜包子。可在她家我實在不舒展。老太太為省電就願意閉燈。晚上狹小的幾個小空間裏，我剛換個地方，身後就啪嗒一下黑了。她家的燈是為我專門亮的。那啪嗒的開關聲音每響過一次，我都連忙提醒自己下次能不點燈就不點燈，點了也要快快關掉。過猶不及。時隔多年的今天，我在自己的大房子裏，有了一個壞習慣，就是願意把所有的燈大大小小地都點著。大概是以前那種壓抑的反彈，因為我自己掌控了光明的開關。

我只在親戚那裏住了一小段時間，後來搬到大連解放路沿線一所小學的校辦小工廠。我漁業公司技校下兩屆的一個小學弟的舅舅在那裏當廠長。我的「新居」其實是一個幾個女工上班的臨時更衣室。一裏一外兩個小空間，里間地中央還放著一臺笨重的廢棄機床。牆上掛著工作服。我在只有四平方米左右的小外屋搭了一張二層鐵架床，床頭處擺放著我從漁業公司出來時帶的唯一的傢俱，一個半人高的書架。那幾個女工很樸實，早晨只是進來套上工裝就走開了，她們只是奇怪，這個不照面的年輕人怎麼有那麼多書。她們還好心的給大門掛了把鎖，以前小學校大院內的這個小地方是不需要看門望鎖的。

那裏只有晚上和星期天屬於我。

鄰居們，還有一對在小工廠打工的情侶外來工和給學校燒水的老頭。他們住在我隔門不遠處學校小工廠的兩個朝向好些的小地方。

在我的所有記憶裏，1993年的冬天最冷。雪下的最多。

我的小屋沒有暖氣。早晨起來，昨晚喝剩的熱水在杯裏早已凍成冰坨。而我必須要爬出被窩去「工作」，我不能讓那個賜我暫住

地的校辦工廠小廠長知道我是個閒人。我像個流浪漢在還很陌生的城市裏四處遊蕩，只有行走沒有方向。

那一段時間我能做的事情幾乎沒有。開始的時候，我天天跑圖書館翻找報紙，看哪有徵文比賽，然後就給它們寫稿子。我還跑到大連的幾家地方私營小漁港是否招工，畢竟我還曾有張可以混飯吃的漁輪船員上崗證。好馬不吃回頭草，我工作過的大企業漁業公司是不能回去了，即使能夠回去臉面又何在？我還甚至動了市場賣菜的念頭。一次在我住的地方的小市場竟然看見了我初中老家的同學。我在從老家出來到念技校時，學習其實特別好的他還在複課。他正蹲在地上擺弄海蠣子。沒想到會和出門的我相遇。他的臉唰地紅了。我約他第二天嘮嘮。可從此他在小市場蹤跡不見。我打消了蹲攤賣貨的想法，一旦被熟人看見，或讓父母知道我淪落如此該怎麼辦呢。

晚上，「上班」一天的我，拖著疲憊的身軀回來了。那對在校辦小工廠打工的外地小情侶有時候在加晚班，我看了幾次小車間工作臺上的操作工藝，真想說，這活我也能幹。他們很算計也很邋遢。晚上有時會到我的小屋子借一本書看，書返回時，書頁往往變成打卷的粉皮。可那小伙子不理會我微皺的眉頭還是來借，說他媳婦願意看。可兩人願意吵架。有時候在院內那女人嗷嗷哭，可晚上照樣依稀能聽見她啊啊叫床，絲毫不顧及這個小地方的左鄰右舍。那個山東大妞倒是勤快，就是嗓門高，看見我在水房洗衣服，還問：你女朋友呢？

我沒有碰到我那位做化妝品直銷那位同學的百貨店愛情。但這個城市的鳥兒偶爾也曾落到我的肩膀上。

在「能人大哥」那兒時曾認識一位嬌小玲瓏的女孩。她和我有過幾次視線偶爾重疊又慌忙避開的眼睛遊戲後，就心照不宣往一起約會了。她很懂事也很穩重。倆人一起吃飯的時候都是你一次我一

次地付錢，等於AA制。只有在過馬路時才自然地輕拉著我的胳膊，好像我是她的依靠。當這一切被她家的真正依靠，她那做外貿生意脾氣暴戾，在家庭裏說一不二的父親知道後，先勃然大怒，後辣手摧花，掐死了這段情緣。她不能抗爭。而我是沒有資本抗爭。分手時，那女孩第一次也是最後一次來到我的小屋，借那對外來打工小情侶的地方給我做了一個蛋炒飯。離開的時候下著雪，我深深淺淺一直步行送到她家樓下。一路無言，只有那雪紛紛揚揚像一曲憂傷的輓歌。

那年的雪接二連三。失戀事件剛過去，我在漁業公司另一位在船上的同學來找我。他為了改變自己的境遇報名參軍，這次回連探親後回返部隊前來看我。同學相見異常親熱。自然要喝酒。可我的家底整整只剩下五十元人民幣，一直忍著沒有去使用和破零。我一手拎著啤酒瓶網兜，一手緊緊攥著那最後的金幣，出去買酒。結果在小學校大門外的雪坡上摔了大狗趴，四肢本能地張開自我保護，網兜撒手了，握錢的手也抓在雪地上。待爬起來，才發現那最後的「糧食」不翼而飛。北風一陣一陣如小刀刮臉，雪後的四周光亮亮。我顧不得身體疼痛，連忙四處找錢，四處都不見。雪坡下不遠處有一輛不知停了多長天的大貨車，我跌爬著把它所有的車輪胎底下都看遍了，也不見那張要命的人民幣。無奈，我悄悄回來在那對在打工情侶門前踟躕了半天，才敲門進去。我不願意向他們張口借錢。我更不想讓同學知道我的落魄。我借的是個大數，也是五十元錢。這回，我捧幾瓶老白乾回來了，和同學在一起大喝特喝，同時還要適度地吹了一陣牛。同學說他在泰山腳下兵營很苦，我送他兩句話：欲踢東嶽入海，何懼人間滄寒？

同學多年以後也不知道我那天為什麼會酩酊大醉。

同學走後我病倒了，連續多天發高燒。救我於饑寒交迫的是大連一家民營生物科技企業，在我最困難的時候為我送來了「買米

錢」。那時候，口服液一類的保健品正在國內開始大行其道。大連輕工學院一位退休的老教授，將自己潛心十年發現的能建立人體高生物量的微生態平衡菌種研發上市。國內媒體蜂擁而至，要錢的要產品的要廣告的，各種名目的記者都來了。我這個小人物以給雜誌寫徵文名義採訪了老先生，寫著寫著竟不能罷筆，一氣呵成寫就一篇長稿，沒想竟讓老先生誠惶誠恐，認為是我這個連名片都沒有的人，寫出了關於他和產品研發之間最真實的故事。老先生在60年代末期同千萬名知識份子一樣，也遭遇到那場命運的暴風雪。被下放被改造被專政，以至於在若干次牛棚裏的認罪中，一次次表示「是的是的」，這也成了他後來同人說話時的口頭禪。老先生小心翼翼地問我，是否同意將那篇文章供任何一家媒體通稿使用和出現在企業今後各種宣傳文本上。但市場並不配合「是的是的」老先生，不久，當三株口服液等資本巨鱷在全國各地瘋狂扔下廣告炸彈時，老先生辛苦研發的那個更優質產品，在商戰如兵戰中悲壯地敗居一隅。

在我接觸那位可敬的老先生的所有經歷中，老人家唯一一次「瘋狂」的舉動就是給我介紹對象。有一次，在老先生的科研所，老人指著隔壁我每次去都能見到的那個清秀女孩，問我，行嗎？那是老先生的外甥女。我不好意思地點點頭。只見老先生好像早有安排，轉頭對著隔屋喊，丫頭，你給他做對象，同意嗎？隔屋無聲。再喊，隔屋應答聲像蚊子叫。同意不同意？老先生好像生氣了。終於隔壁房間傳來一聲清亮又羞怯的聲音：同意！

那個春天的上午，我和那女孩在老先生科研所門前的老虎灘海邊走了一個小來回。我決定放棄這樁好事。第一，她也是山東人，老家鄉音未改，和我那校辦工廠打工的山東大妞一個腔調，帶回老家讓人聽聽多難為情。我要找的是大連媳婦。第二，我一無所有，經常不知道明天的早餐在哪裏，拿什麼養活老婆孩兒。

可一年半後我就匆匆結婚了。

媳婦是大連姑娘。經人介紹認識，我給她的評價是很傻很傻，傻到天真未鑿。雖然是學校的地理教師，卻不辨方向。我在大連的教師大廈北面等她，她找到了大廈卻不知北在哪裏。人卻善良到阿彌陀佛。她家樓下來個收破爛的老太太。大概是內急無處解決，在那裏團團轉，周圍所過之人都說沒有廁所。她知道原由後就把那老太太領到家裏方便。

結婚前的照片（攝於1995年）

我給她一首最新寫的詩看。她給教語文的一個老師看，那老師一邊說好詩好詩，一邊說就是不能當飯吃。據說她父母則要了我所有的文章看，最後對女兒講：咱家就當他是塊是璞玉吧。

她的嫁妝是一套小小的房子。

我有家了。房子不就是家最初的概念嗎。小人物以房屋為天地，大人物以天地為房屋。一分錢不花娶了個黃花大閨女，幸耶？喜耶？我必須老實承認，我能迅速和妻子結合，那套有著獨立街巷地址和門牌號碼的房子曾經是重要因素。這就是我的愛情嗎，我是向生活投誠了，還是生活眷顧了我？

我這段藏在日記本裏的內心獨白，後來還是被妻子發現了。她直到今天，還對我當初對她不是一見鍾情而耿耿。其實多年後我已明白，家豈止是街巷名稱及閘牌號碼，還要有家庭的成員組成，更要是心之棲息落放場所。

五、我的新碼頭

婚後生活，有些幸福有些無奈。我的工作照舊沒有固定著落。偶爾飄來的稿費單實在杯水車薪。岳母體諒女婿，每個月還偷偷塞給女兒二百元錢周濟生活。這讓我壓力更大。

有一段時間竟然毛遂自薦給一家婚介所寫徵婚詞。1995年前後，大連一家婚介所在報紙上登了一些很特別的徵婚人介紹，尺幅天地縮龍成寸，將徵婚者個人資歷與婚姻感悟融彙一處，點睛寫實又文采生動讓人耳目一新，它們大部分出自我為徵婚者的量身而作。同時，我還在執迷不悟地想去正規報社當記者。有一次我去《大連日報》送稿。親眼看見一位部門主任啪啪啪數著她的當月工資，毫不顧忌，好像是四千出頭吧。我很眼熱，我需要錢。我雖然參加自考已經學完專科又學本科了，可報社招聘的條件很重要的一條就是要求全日制本科學歷，還有許多我所不知道的潛規則，這些又像一扇扇冷冰冰的大門橫在我面前。

從「大丈夫何患無妻」過度到「大丈夫何患無錢」，我在日記裏形容出道前的大丈夫狀態：浪跡在草莽之中，行走在販夫之間，俯首與長案之下，低眉在大款面前……。

前文提到的那位「能人大哥」回來了。來找我。他正在黑龍江阿城給一位很大的老闆做地產項目，身後跟著一位能文能武的美女。幾番變故我已經明白，跟著「能人大哥」在一起只能是「跟班」，我要有自己的一番天地。

「能人大哥」找我，其實是想和他的朋友一道，要把我介紹到大連的計程車客運管理部門做筆桿子。我沒想到，他那位朋友是高玉寶的兒子。那人看樣子很和氣，四十多歲的樣子。「能人大哥」說他是好人。十年前的我只要遇到和文字有關的事情，絲毫沒有城

府。我對那人脫口而出：我的太姥爺就是周扒皮。那人臉上倏地浮上一絲不易察覺的複雜表情，遂跟「能人大哥」王顧左右而言他。我敏感地意識到了那是一種隔閡。多年後，我並不為自己那次無知的坦蕩而後悔。以後再也沒有見到那人。聽說是他是某個區人大代表。後來曾做過動靜很大的一件事，大連人民廣場的蘇軍戰士銅像搬遷，就是他倡議並聯名大連一百多名人大代表集體簽名提案的。但人大的提案也並不都是能得到市民全部擁護和認同的。銅像搬遷那天，一些老大連人圍著被吊放捆紮的巨大銅像痛哭流涕，有的人乾脆爬到躺倒在地的銅像身上，不讓別人碰。大連作家素素在《流光碎影》一書有一篇文章，名字就叫〈銅像〉。她筆端流露出的傷感，正是那件事給很多大連人帶來的莫名和心痛。

　　我沒有去那家大門牆上有鎦金大字——「廉政建設是我們事業的生命線」的政府行業主管單位。而是在1995年底，通過考試去了有塔吊起落和人來貨往的大連港。

　　大連先有港後有城。大連的文化人常常這樣講故事：「一百年前，大連還是一個小漁村，俄國人和日本人先後在這裏築港建城……」1945年日本戰敗，大連港口回到中國人手裏。以後直到80年代中期、後

原大連人民廣場的蘇聯紅軍烈士紀念塔，始建於1951年，是為紀念解放東北和旅大而犧牲的蘇聯紅軍將士們而興建的，由花崗岩雕砌，32米高。呈六角型塔，東西長53米南北寬17.4米，基座為長方形，塔正面豎立一尊高達5米的蘇軍戰士銅像，頭戴鋼盔，雙手持蘇式轉盤衝鋒槍，三枚勳章佩戴胸前，威武英俊，在塔基正面中間，鐫刻中蘇兩國文字標題為《永恆的光榮》碑文，該銅像紀念塔1999年遷至大連旅順蘇軍烈士陵園。

期，隸屬於交通部的它是國內地位僅次於上海的國際大港，曾一度造成壓港現象，數不清的國內外船隻在海上錨地等待裝卸貨物。碼頭裝卸工人為此隔三差五會領到「速遣費」（港方加班加點讓船隻快速離港，會得到船東另付的費用），是這個城市的牛哄哄的「港老大」。

我1995年底去那裏時，它已經是過氣的明星。國內深圳、寧波、天津、青島等兄弟港口已經與它比肩，遼寧省內包括大連地區的一些地方小碼頭蜂擁而上，連我工作的第一站漁業公司也建起了自己的客滾商業碼頭。貨源分流了，吞吐量下滑了，昔日繁忙的大連港清靜了，職工的錢袋子也癟了。港口新任班子上臺要政績，就雄心勃勃要建設億噸國際大港。

國外國內一通考察後，港口高層的一項小小的決定給我帶來了機緣。這就是要辦好港口的企業報紙，發揮輿論喉舌作用，造成建設國際大港的群呼群應。據說起因是高層在考察鄰省某港口時，特別震驚，那家港口的內部報紙已經變成日報了，集團老大的一句最高指示，第二天早晨就會變成印刷品出現在基層大小單位的辦公桌和車間班組。

「奉旨」辦報，港口原先死氣沉沉的宣傳部門立刻興奮起來，港內四處招兵買馬，甚至不失時機的提出，像大連的足球隊一樣引進「外援」。高層居然以局長辦公會議的形式通過了這個人才引進申請。

大概吃報紙這碗飯，需要點技術含量，「好漢子不稀罕，賴漢子幹不了」。所以，那一年底，我同另外兩個人通過外調、考核和考試，基本上很公正地進入了港口大門。兩萬六千人的港口又多了三個人。

我的流浪生活結束了。我又回到了企業中。我又寫起了「本報訊」。

那家四開四版的港口報紙一週出兩期。我適應了一陣子也很快遊刃有餘了。我的生活開始有規律起

大連的海岸線

來。朝八晚五。偶爾要加一點班。每天早晚要乘一個固定路線的公交車。每月要領取固定一個薪單。不足千元，維持居家柴米油鹽是可以的。

日子一下子平靜下來。我也試圖讓自己就能這樣平靜下去。可五年之後，我還是選擇了離開，做了那個大碼頭的過客。

大連港是個有著更大尺碼的大企業小社會型單位。在我剛參加工作時漁業公司那樣的企業，忙著轉制轉型，著手將富餘職工轉崗分流，將住房、醫療、養老漸次從單位剝離出來，由正在創建的社會保障體系代之時，這裏還在慢騰騰地進行社會主義市場經濟大討論，一種循規蹈矩的巨大慣性和惰性推動著大連港在原地緩緩運轉。半官半企，港口的「長官」們，似乎都有一種匡世濟民情懷。一家幾代都在港口工作的碼頭工人們沒有一個被推向港外的「社會」。之所以說港口企業領導是「長官」是有淵源的。大連港第一任俄國人港長和回歸中國後第一任中國人港長，都一身二職，同時兼任大連市長。因為沒下放地方前的港口領導們，一直也沉湎在這歷史的榮耀中。國內外的政要來大連幾乎必到港口，港口的領導那感覺就是這個城市的市長。港裏有規格不

1951年年大連港回歸後中國後第一任中國港長兼市長毛達恂

小的外事部門。港口就相當一個小政府，在裝卸生產系統之外，黨政工團組紀宣一應俱全，下屬幾十幾基層單位也比照架構。港口還有獨立於地方體系的公安系統，有公安局、交警大隊，甚至還有小監獄。難怪我剛進港口大門時，不斷地有人對我講：能進到港裏不容易啊。這口吻背後的潛臺詞是告訴我：進到港裏就有飯吃。即使現在效益不好，可瘦死的駱駝也比馬大。

這種龐大臃腫的機構群和多年積澱下來的優越感，在真正的市場面前表現出了截然不同的兩面，一邊痛苦地感受到了競爭的壓力，一邊又抱守成規裹足不前。處身於這古老龐大的運轉中，領導們還習慣於各種各樣的視察、指示，還習慣於貨主來拜碼頭，港裏的幾位局長大人都要有秘書，領導的講話都需要秘書事先擬稿。一項改革一項決定還要層層討論發動然後予以實施。這種慣性在具體每一個運轉環節上，就是你只要按照約定俗成按部就班去做就行了，各個部門單位習慣於等待命令等待安排。我所在的港口報紙按理應該有些鮮活氣，但恰恰相反，我們千篇一律地把各種各樣的局長報告、講話和生產安排搬到紙面上，然後再把各個層面的學習、領會和貫徹落實搬到紙面上，整個一個硬幫幫的傳聲筒，活脫脫的碼字工。

老實說，在港口呆了幾年時間我大部分幹的就是這個活。我寫得頭痛。我在漁業公司那裏由那位苛刻的總編大人訓練的「武藝」竟然很難施展。

港裏每年都有一次宣傳工作會議。全港大小單位幾十個家宣傳幹部會聚一堂。聽宣傳部長總結一年宣傳戰線的輝煌工作。會議要請局黨委書記看望大家並講話。這是個新聞，每年的報紙的報導格式都是這樣，某某時間，宣傳工作會議召開，某某參加會議並做重要講話。接下來寫在去年一年裏，圍繞某某局黨委提出的某某要求開展了N項工作並列舉成績。最後寫到會局級領導做重要講話，

肯定成績提出要求一二三四等等。我參加的一次宣傳工作會議，那位書記大人在他繁冗的講話內容裏，提出了圍繞港後宣傳工作應圍繞兩個主題，一個是爭攬每一噸貨，一個是節約每一分錢。要是我在漁業公司那位主編大人參加這樣的會議，一定會像機警的獵手一樣捕捉到這個關鍵點，只攻一點不計其餘。可港口報紙的各級領導們，照樣編發他們的屢試不爽的一個模子出來的萬能新聞稿。那位書記大人連續等了兩期報紙，沒有見到自己的「兩個一」，坐不住了，於是秘書的電話打來了。這樣做企業新聞，這個結果是我早就預料到的，但我又不能隨意發言的。因為在我這個被安排做「實習記者」剛剛轉正的外來客上面，有總編副總編、記者部主任和編輯部主任，還有若干主任科員。我感覺到累，我只有在自己兼編的副刊版才能透透氣。我唯一一次受到的局級表揚是我編發了一個小稿子，是說男人的年齡。三十歲的男人是半成品，四十歲的男人是成品，五十歲的男人是精品，六十歲的男人是極品。沒想到一個即將退休的局領導親自打來電話給我的頂頭上司半帶開玩笑地說，這篇稿編的好！沒想到，我無意中拍了一個高位馬屁。

　　存在即合理。但如果你以為在這個慢騰騰的大港，處處都是平庸之輩時那就大錯特錯。論資排輩、官本位、裙帶風、「走動」才能調動，和官場的遊戲規則不差上下。形式主義更是源遠流長精於工道。我曾見過一個三十人左右小單位的防火預案辦公室設立的一份公文報告，可謂經典妙極。只見總指揮、副總指揮之後，下設辦公室，其餘人員分救火三個小分隊。另有現場命令傳遞、火場情報搜集、財務搶救、安全疏導專員若干。每個人頭頂都有一項分工明確的救火帽子。可我看了這份擺樣子的報告卻分明可以預見，若真有火災，現場肯定焦頭爛額一塌糊塗。試想想看，在起火現場，正副總指揮們肩並肩穩若泰山，果斷地下著一個又一個命令，「現場

命令傳遞專員」冒著「槍林彈雨」跑來跑去的情景是個什麼樣子就可以了。

我在港口裏還經歷過一次部門的科級幹部競聘。這社會上的玩意耳被以極端嚴肅的形式引進來。領導們一邊鄭重開會、發文件明確競聘意義，一邊親切地鼓勵大家珍惜機會讓能者上庸者下。在這恩威並施的氣氛中，領導們一定很受用，因為看到的臉都是葵花朵朵。報名、公示、答辯、民意等環環相扣，每一個環節都做得一絲不苟。最後，在公平公正公開的程式下和陽光操作下，領導們中意的能人們上崗了。可笑的是一切結果人們早已心知肚明，卻又搞得一本正經煞有介事，人人都要跟著配合。在那次招聘中，我竟然被領導開會「研究」後地推為群眾評委之一。坐在評委席上，看領導們面孔嚴肅地地問著一個又一個低能的問題，被應聘者個個侃侃而答。然後領導一再親切地鼓勵群眾評委提點問題。我感覺自己被強姦了一樣，索性大開殺戒，把當年我在漁業公司總編大人問過的幾個小問題，拋給那幾個早已內定的競聘者。有人人仰馬翻，有人面紅耳赤。最屬害的還是領導，照例面無表情。而我內心已經無所顧忌，所謂無欲則剛。管他娘的，我要活出個我來。

大概正是由於這些原因吧，我在那裏並不開心。以前我曾那麼願意去看海，可在港口那幾年，我到碼頭前沿看海的次數寥寥可數。一種莫名的壓抑始終浸淫著我。幸好，我在工作中接觸了幾位研究港史的朋友。時間隧道裏的那些重大事件和人物，強烈地吸引著我去探尋去觸摸，早年的殖民城市大連和這個港口息息相關。我沉迷於寫在歷史大事記要背後的種種風雲。1999年是大連開港建市一百週年。大連的整個城市都活躍起來。

我在港口的報紙上建議並主持專版專欄《相遇百年》，將港口的很多歷史節點擦洗和放大。這種勾沉過往讓人快樂也啟發今朝。由此我認識了很多好朋友，也豐富了視野：大人物和小人物、歷史

事件解密、「海南丟」闖關東、港口老收藏特殊語彙、殖民者有侵略也有建設……在這裏，巨大的花崗岩基石，取代了中國精雕細琢的漢白玉，折衷主義、巴羅克、哥特式的建築風格，取代了中國傳統的天井飛簷，廣場相連的放射形街道取代了中國坐北朝南的棋盤式格局。祖祖輩輩習慣了的個體勞動方式，黃牛一樣沉穩的生活節奏，以家庭為單位的封建制度下的生產關係，就此被全部拒之於城市門外……。在眺望城市的源頭時，彷彿看見只有一百歷史的大連其實從開港建市之初就踏上了歐美現代化的道路。悟出這些時，我怦然心動。我編發了很多有見地的文章。然而當我想把這些文章合輯成書時，卻受到了重重阻力。單位領導很武斷地說不行。我小心謹慎地據理力爭後，領導又搬出很多看似冠冕堂皇實則十分牽強的理由阻擋。（我並不知道我這樣突然冒出的東西不能代表領導的工作成績）。萬般無奈，最後我仍不知趣地決定：自己組稿、自費出版、自包發行。

我做出這個決定，真是冒天下之大不韙。現在想來很後怕。我那時的整個家底連個存摺都沒有。媳婦的肚子裏正懷著待產的寶寶。幾個好朋友暗地為我湊了一筆錢。那段時間，我連續能有一個月時間，起早貪黑食寢無味，按照自己理想的書稿模式四處奔波，最後一本印幀精美，將三十多篇來自港口內外的散文化文字和一百條港口典故小史料，以及數十張港口風情照片，巧妙編排一處的小書出籠了。

書是在港口裏的印刷廠印的。開機那天是星期天，單位的那位領導來到印刷廠，坐在刷刷滾動的印刷機旁一個印張一個印張的看，大概是友情替我審稿把關。看了半晌，他一言不發地走了。我十分清楚，萬一出現某種政治性錯誤，他一定會立刻命令停機，並毫不留情宣佈書版作廢。對此我是有過經驗教訓的。香港回歸那年的2月份，我們敬愛的鄧小平去世。舉國哀思。我所編輯的副刊有篇

稿子介紹小平生前戎馬生涯。打字員排版打字時將其中一句話中的鄧小平誤打成鄧上平。我連續看了幾遍都沒看出來。單位那位領導最後審版樣只一眼就把那錯字給揪出來了。為此他一頭冷汗要求我深刻檢討。我的確沒看不出來。全國人民對小平同志都是有感情的。我親眼在人民廣場看見那些松柏上繫了朵朵小白花，一個年輕的婦女就站在那裏

1999年的我

流淚……。最後我的檢討是偉人去世心情悲痛萬分，淚水模糊了雙眼，導致工作出現差池，沒看清版面裏的錯別字，今後一定化悲痛為力量認真做好本職。

那本書剛印出來就趕上開港百年紀念日——9月1日，這份港內的刊物，卻接到港外許多電話要求收藏，其受歡迎程度出我意料。港慶那天晚上，為出書瘦了整整十斤體重的我，獨自一個人來到東海頭想靜一靜，遙遠處的港區廣場正在搞紀念晚會。望這夜空中升騰的煙花，我流下淚水。我突然覺得，那碼頭是讓人停泊的又何嘗不是讓人離開的？

我的新碼頭在哪裏呢？

一年後我告別了港口這家大企業，我唯一留在那裏的東西就是那本小書《相遇百年》，它靜靜地躺在港口的港史陳列館。

我重新回到了沸騰的「城市」。

年至三十的我有了兒子也有了些許資歷。我把自己的一些個人資料裝進大信封，送到大連一家新面世的都市報報社傳達室。中午那家報紙的總編就給我打電話，希望我能去她那裏做記者。我並沒

有表現出特別的興奮。幾番歷練，我對所謂媒體的仰視已經降溫，更多的人在報社裏只是一個「新聞民工」，來來往往都是為了掙錢糊口而以，沒聽說有誰要做普利策或者誰做了普利策。我是普通人也要吃飯，而文字是我的特長，可我追求的是自由和寬鬆。

最後我選擇去了一家非主流的週刊媒體。

在那裏，至少我不用像那些跑社會新聞的記者一樣，半夜聽到一個馬葫蘆蓋事件事件也要爬起床，那和記錄人間悲苦無關，也不用像跑時政記者那樣屁顛屁顛跟在各級領導後面記錄，時間長了個個呆若木雞。

我離港時的情形有點像諸葛亮草船借箭後離荊州。能全身而退，我是動了一點心思的。

儘管我在前文有些詛咒心態地評述我在這家大企業的的「囚禁」生活，但我也必須承認我也是它的受益者。用句時髦的話來說就是既得利益者，儘管那只是站在頭髮梢的那個。我準備離港那一年年底，也是港裏最後一次分福利房。在各級領導和先進們都論資排輩滿足要求後，幸福的雨滴終於也落到我頭頂，我被告知某處一八樓層頂的小小的舊房子分給我了。

這時我已鐵定心要走，我揮揮手，卻想帶走這片雲彩。常聽到某能人壯士斷碗丟掉既有一切再創新天地之說，在這個問題，我承認，我實在是個小農。

那前任房主是個四平八穩的傢伙，他在他的科長位置龜臥多年，退休前拼命擠上福利分房最後一班車，他要把調換給他的新房子裝修好、放好空氣再騰出現住房，他不緊不慢地告訴我，他已經跟港裏的房管部門打好招呼了，春節後的5月份跟我交接手續。

我要去的新單位要求我2月份春節後必須到崗。我該怎麼辦？

春節前的那個一個多月時間，人人都發現我因分到房子而工作勁頭倍增。早來晚走任勞任怨，一口氣包下所有年底重頭文章，將

當年我在遼漁時那位主編大人點化的做企業新聞秘芨活學活用，點燈熬油，好稿迭出，一篇接一篇給單位領導臉上貼金。不僅如此，有好處就讓，有困難就上。大年除夕按照慣例港裏的最高層要到一線工作現場去走訪慰問，陪領導下基層，這時是聽著光榮幹著遭罪的苦差，走遍三灣五港就得大半夜，回來人家吃餃子你得在那整理錄音，在編務會上幾個跑稿子的都唯恐頭頭把這光榮交代給自己，只有我立刻主動請纓前往……總之我象勞動模範一樣為工作消得人憔悴……惹得同屋辦公的人在背後把眼珠子瞪到頭頂，有這麼瘋狂幹活的人嗎？說你行你就行不行也行，說你不行行也不行，你不知道還是咋的？我不作理會。

單位領導在開空頭支票的問題上一向是慷慨的，我在獲得若干口頭表揚的同時也被恩准大年初七上班可以開始休年假。這正是我所要的。問題的關鍵是年假休完後，我休起了病假，因為我得了個不便探望的病……。而人人都相信我是累病了。那對我而言是平生撒的第一大謊。鑒於在休假前我對單位的卓越貢獻，我把撒謊產生的愧疚同它功過相抵。這是我預先設計好的心理調試。

地球缺了誰都照樣轉。當我暗渡陳倉遊弋於港外的新單位已經悄然一段時間，並且順利交接完我的福利分房待遇，而且原單位眾人已經習慣忽略此人存在與否的時候，我去辦調轉關係。記得單位的那個頭頭錯愕半晌，足足用眼睛盯了我三十秒，突然大度表示人往高處走他十分支持，但是——，他搬出了一個無懈可擊的理由，因為我當初進得港口大門是局長辦公會以引進人才方式進來的，只要主管領導同意了他這裏一定亮綠燈。

主管的局領導是黨委副書記，在我曾經淺淺的接觸印象中是個墨守成規的人，我硬著頭皮去找他。他每次都認真地接待我。第一次找他，他告訴我他問過我的現部門，我的領導向他彙報說他們那裏缺人缺得要命。第二次找他，他跟我交心，在國企幹工作就得學

會熬，熬就是等機會，一切就是時間而已。第三次找他，他說他並非因循守舊之人，從港裏走出不少人都是港裏的人才，出去就要代表港口的形象。孬種的也不會放。他舉了早年的幾個離開港口到社會新聞單位發展的人，那的確都是聲名顯赫之人。書記辦公室的窗外就是港池，能看見小拖輪正推著大輪船進出港。我隨即寫了一首能象徵本人才華的小詩贈送給他：

> 長長的碼頭
> 美麗的港口
> 大船小船一起走
> 這多麼像
> 我和媽媽手牽手
> 小時候
> 媽媽在前頭
> 我在後頭
> 長大了
> 我在前頭
> 媽媽在後頭

書記認真收留了我的即興之作，同時認真也拿起筆，在我的調轉申請書上認真地寫了四個字：同意調離。那一瞬間，我發現他其實也有很可愛的一面。

港池內常見的景觀

2001年開始，我在尋找自己的新碼頭。

香港著名文化人陳冠中有本新書《新聞寫作的學徒工》，裏面有段話：「報社是記者的最佳訓練所，只是積惡習的報社，則可以把人帶壞。新聞學院應有的好處，是讓你看到，最優秀的新聞工作該是什麼模樣，有了這個經驗後，處於等而下之的現實裏或許還能記住底線所在。新聞學院真正讓學生終身受用的，不是技術訓練，是人格培養。」

《白鹿原》作者——作家陳忠實
2000年寫給本書作者的話

只有自考學歷的我，沒有上過正規的新聞學院，也沒有去過最佳訓練所，但我當初採用田忌賽馬的技巧，將自己主動投身到一個非主流媒體，使我看起來還有那麼幾分優秀，也深知人之底線所在，所幸幾年來寫下不少「縱使時光流逝亦使我心安」的文字，而且我將以前所受訓誡「領會領導意圖」成功地平移到為客戶的軟文寫作和公關膳稿上來……。

一位寫作的前輩說，再平庸的人生，如果以十年為尺度去回顧，也能顯示出足夠的戲劇感。我大概也需要一次發現之旅，找尋那些戲劇般的人生和這些人生故事背後的某種深刻。

轉來轉去我只是個小人物，但在某些人眼裏我似乎是成功了：住上還算大的房子，也很快有了車，還盡孝道把農村的老人接到城市裏生活。我離開的那兩家國企的幾位難兄難弟韜光養晦也出人頭地，紛紛攀上各自所在特大型企業的中層，熬到了能拿可觀年薪的日子。一位一直認為我最適合做宣傳部長的老兄，倒是真正做上那

家國企的這個位置。而我不同的是，最後是我為之做新聞代理的幾
家企業都叫我宣傳部長。

第十章
先人在上

第十章　先人在上

一

2007年10月，我在哈爾濱碰到大連的一個心理師研修團，帶隊的是我的好朋友，也是大連很有名氣的心理師黃鶴，她誠懇而執意地邀請我在那裏加入她們的體驗式心理研修：內觀。

借用佛家的說法：所謂內觀就是觀內。凝視內心中的自我，從而拔沉去冗清淨六根。而現代的心理機構設計出來的「內觀」，是另一種形式的「眼觀鼻，鼻觀口，口觀心」。

體驗者面對空白的紙，要不間斷地書寫三個主題內容。一是別人為我做了什麼，二是我為別人做了什麼，三是我做了什麼不該做的。一點一點想，一條一條寫，要情景再現要有細節。中間有老師督導執行和小節點評的互動。

作為一個特殊的體驗者，我驚訝的是體驗者當中有人咬著筆桿半天寫不出一個字來，有人為此涕淚交流彷彿內心受到了震撼。但我只想做為一個旁觀者，不願意自己打量自己，也許這是早先做過記者養成的職業病吧。還有一點，就是不想向外人輕易打開心結，自己感覺同那些「病人」不可同日而語。

黃鶴開導我，這種形式的內觀，是人的生命現象的主動梳理，是一種自我情感的真誠尋找，也是人內心某種潛意識形成後最終找到出口豁然開朗的過程。特別適用於現代社會都市人的人際焦慮和情感淡漠的解壓和疏導。經常說佛家面壁或打坐參禪，道家也有，金庸武俠小說《笑傲江湖》華山派還有個思過崖，令狐沖就被師傅岳不群罰到那裏去過。你既然來了，為什麼不試試？

農村老家的屋簷

夜幕下的哈爾濱，索非亞大教堂肅穆的鐘聲令人聞之心中一凜。

她說動了我。

我把自己獨自關在小房間裏。按照「內觀」的規定書寫「別人為我做的事」。這裏的「別人」名單要按對你的重要程度來排序。

我第一要梳理的人是我的母親。筆在我手裏沉了半天，我還是寫下去。一點一點的想，一條一條的寫。

1、 1970年5月14日，賜我以生命。我後來多次聽她說我剛出生時像個「紫茄子」，害怕我活不成。

2、 三歲那年我偷著跑到河邊，自己誤入澆菜用的的小水塘，立刻遭遇滅頂，周圍無人。冥冥中似有人在命令母親跑到河套救起我，再次給我以生命。

3、 五歲在爺爺家炕上玩，用針線板使勁地打碎了窗玻璃，大人們呵斥並打我，我申辯說是想看看是什麼把屋子裏和屋子外隔開了。母親抱起哭泣的我，相信我說的話。

4、 初一上學的時候，一天早晨我的英語課本不見了，母親把家裏所有的地方都找遍了。在我放學回家的時候，我發現家裏所有昝兒放書本的地方找出來的東西，整整齊齊分門別類擺在那裏，因為幾近文盲的她不知道我要找的是什麼，丟的是什麼。

5、 十七歲以後我離開家鄉。每次返家走時，節儉得要命的她總是問我：孩子，錢夠不夠花，不管怎樣，飯得吃飽啊。

6、 每年十一回來，總能吃到一塊她祭了月的月餅，中秋節過去十幾天了，那塊油紙包的月餅她還藏著，留著，一個孩子一塊。她並不知道城裏的一塊月餅，從幾元錢到幾十元都有，兒子要吃多少有多少，而她留的那塊僅僅五角錢就能買到。

7、 我工作之初在漁船上，她知道我並不開心，去找瞎子給我算命。

8、 我能那麼早結婚是她促辦的，兒子能娶上媳婦她就放心了。我的人生大事發端是在她滿懷期待的嘮叨中開始的。包括求學、就業、結婚、生子。

9、 她中年得了甲亢病，後來心臟不好，每年發作的日子很少對我說，怕影響我工作。

10、 我三十六歲以前的鞋墊都是她給我做的。

11、 她知道兒子願意吃什麼，不願吃什麼，一年幾大節回家時，總能吃到這些。走的時候，她恨不得把所有東西都裝進我車裏。

12、她總勸我做事要穩，不能冒冒失失，但我人生的幾次重大轉折事件，我發現她還是支持我的，而她在背後卻是為此失眠和日夜牽掛。

13、2006年1月，她被我接到城裏，她不是很情願，怕給兒子添置麻煩……。

　　當在記憶之湖打撈這些時，我的眼淚一次次落下來，滾落在臉上，滴落手背上，洇濕了桌子上書寫的紙頁。

　　距離我做「內觀」，我最親愛的母親已經離開我一年多了。

　　2006年6月6日，這個據說是千載難逢的吉利日子，卻是我的黑色噩夢，我的媽媽在這天早晨因心臟驟停而永遠地和我分別了。她生命的年輪才剛剛走到六十這一圈。

　　這是我的深痛。

　　母親離世的前前後後宛在眼前，可我從沒有那樣完整地梳理過她老人家的曾經過往。也不敢去碰，子欲養而親不在的痛楚和遺憾不是每個人都能體會得到的。

二

　　母親的「心跳病」我是從小就知道的。

　　我曾問過母親，她說是生小弟坐月子那年受驚嚇得的。母親說的那次「驚嚇」六七歲的我是有印象的。

　　那年夏天，在村辦小學教書的父親就要開學了，他在一個中午帶上我到莊稼地裏拔長草。地裏的莊稼是集體生產隊的，地裏的草是副產品誰勤快歸誰。那些長茅草拔回去曬到院牆上，冬天可以餵豬、也可以燒飯引火。父親和我在一塊高粱地裏很容易找到一片茅草地，不一會兒就拔了十幾捆。父子看我臉和胳膊被高粱葉子拉出

了口子，一邊罵我一邊讓
我歇會。就在這時，我聽
到了遠處傳來有人在喊爸
爸名字，聲音很急很粗，
我和父親連忙跑到地頭。
聲音是幾個人的，看樣子
是從家裏方向傳來的。父
親扯著我連忙向家裏跑。
遠遠地，就看見幾個人站
在我家房頂上，一邊喊一
邊比劃。

小時候全家合影，右一為作者。（攝於1980年）

　　那幾個人戴著袖箍，腰裏別著鐮刀，個個五大三粗，都是村裏護青隊的。生產隊的一塊地的苞米丟了，他們一干人等搜索重點對象，爬上我家的屋頂一穗一穗地數，認為那些金燦燦的傢伙和丟失地的苞米很相似，要全部拿走。我的母親正在炕上坐月子，被那伙人兇神惡煞的樣子驚得口不能言。父親回來了，這是家裏在菜園子的壕溝崗上栽植的一百顆早熟玉米，為了侍弄他們這點額外口糧，父親像守護自己的寶貝一樣施肥、除草、抓蟲。它們個個穗大粒滿，半個月前，爸爸專門掰下幾穗嘗嘗鮮，那也是我第一次吃到嫩玉米，那種純香是我記憶的不忘。而現在這幫傢伙竟要把它們拿走，而且還要給父親按一個偷盜集體財產的罪名。急匆匆趕回來的父親火了，他左手一把薅住那個護青隊的頭目，右手譴地抓過那人腰上的鐮刀。那人算起來也是本家的一個遠房子弟，父親嘴裏狠狠地罵他娘，拽他到家園子裏看砍倒的苞米茬根，要他一顆一顆地數，說，把我家房頂的苞米穗子拿走可以，但你得把我家菜園扒的苞米穗子給找回來。父親的暴怒把那伙人給鎮住了，那伙人色屬內荏，走時讓我父親等著，說他們會找到證據的。

父親這邊餘怒未息，那邊炕上坐月子的母親臉色煞白。最後生產隊的被偷盜苞米被查明是一鄰隊貧下中農所為。護青隊用比對苞米穗根和苞米窩的茬口找出了竊賊。母親後來對我說她就害怕這場面，心跳得像敲急鼓。

我今天在寫這些文字時，卻彷彿看到了她性格怯弱、膽小怕事的遙遙的源初。

母親出生在1947年12月28日。她還在娘肚子裏時，她的家鄉正是解放區的朗朗太陽驅散一切行將死亡的事物的年代，土改正進入從道德、經濟審判到肉體審判的階段，一種制度的覆滅，一些人的死亡正成為造物的需要。她的家族人人如喪家之犬惶惶不可終日，撕心裂肺的狗咬聲、雜亂踏進院子的腳步聲、踹門聲吆喝聲、訴苦鬥爭大會的千夫所指的唾浪聲，一次次粗魯、殘暴地撞擊著她的小腳娘親日漸隆起的肚皮。那是特殊年代新生物更生的胎教。而她出生後，在新中國幾十年的歷史跨度裏，地富子女的烙印又如胎記般終生難祛，上學讀書、下地幹活、娶妻嫁女處處低人一等。她只念了一年書，十五歲就下地幹活，不知道母親是怎樣艱難捱過她的青春歲月的。我偶爾問過，她也只是說，人怎麼都能過來。

母親和父親的結合源自姥爺和爺爺在土改前期一次指腹為婚的玩笑

作者爺爺照片。1992年春節過後的一天，76歲的老人家因病去世，爺爺早年在偽滿洲大連灣柳樹屯等地做過鐵匠，後回復縣務農種地。他雖然是一介小民，卻識文斷字，博文強記，我小時候聽到的兩句話：「一等人忠臣孝子，兩件事讀書耕田」就是聽他說的。上世紀八十年代初農村實行聯產承包責任制，土地到戶牛馬回家，爺爺在那年夏天花錢在自家院門口，包了一場叫《捲戲筒》的電影給全村人看，這件事轟動了鄉里。借此機會，他給自己荒棄多年的手藝作了一個廣告，他為牲口打掌的小鐵匠鋪開爐了。

說辭。為人忠義的爺爺言必行信必果，在上世紀60年代末的一天讓我父親娶母親進門。母親是被毛驢車拉到離家二十里外的婆家的。剛一下地，她就聽到了圍觀人群的一聲嘀咕：噓，這就是周扒皮的孫女。她立刻紅了眼角。村裏放露天電影，演的是木偶片《半夜雞叫》，生產隊專門用大喇叭通知父親和母親去看，那場電影好像所有人不是來看電影而是來看她和父親，父親兩眼盯著銀幕不理周遭，而母親一直在低頭看板凳，看電影的人笑聲響過一陣，她的心就要怦怦緊跳一陣。

母親和父親在以後的日子雖有磕磕絆絆卻是真情相牽。

她和父親的愛情的焦點是一個菜團子。她結婚前第一次見到父親時理由是要到父親這個地方趕集。上路時她把自己的早飯——一個菜團子省下來，用包穀葉包好挎在籃子裏。路過父親家時由長輩領進去喝口水，這樣早有婚約在先的倆人心照不宣地見了面。走時，父親怕母親走路餓，把他昨晚偷藏在碗櫃最裏層的一個包穀面菜團子送給了母親。母親說我這也有一個，給你。這樣，那年月兩個半饑半飽的青年男女的相親禮物竟然是個菜團子。

婚後，母親用她的善良、勤儉和要強支撐著整個家。孝順公婆、和睦妯娌、禮待旁鄰。她的要強是遠近聞名。作為「周扒皮的孫女」嫁到父親家，在集體生產隊裏她仍然受歧視，得不到高工分、也分不到好糧。儘管如此，給生產隊幹所有的活她都不落在後面，她不想讓人說自己「二五眼」。生產隊收秋後放開讓社員「撿山」，她總能比別人多撿到一瓢豆子多扒一筐地瓜。我五歲的時候家裏蓋房子，四間石頭房墊地面的「黃泥」都是她起大早一筐一筐地挑回家，園子的菜地被侍弄得荘荘水靈，我小時候睡得半夢半醒時，常能聽到她和父親挑著水桶出門的聲音。她好像不知道什麼叫累，幹一天活腰酸腿疼睡宿覺就好了。怕的就是有活沒幹出來，今晚的活拖到明天早上。

80年代初期，社會上不再追究「投機倒把」時，村裏的幾個在城裏有親戚的膽子大的婦女拉上母親一起進城販雞蛋。母親用根短扁擔挑著父親給編的缸式棉條筐，在集市收購雞蛋，然後在官道邊搭北上或南行的便利車去營口、鞍山或大連，跟她們一道走街串巷賣過雞鴨蛋。我那時候正是小學五六年級的學生，母親她們進城選的時間段都是孩子放暑假的時候，這樣家裏孩子和雞狗就有教書的父親照看了。她們幾個人出趟門大都四五天時間，除去本錢能多剩下十元錢到二十元錢不等。約摸她快回來的時候，我就去離家不遠的官道上等，數南來北往的運貨車，希望哪輛能停下來。我和弟弟們盼望母親她們回來，一是想念，二是能吃到她捎回的幾塊麵包。卻不知道母親和那幾位嬸嬸們這幾天睡的是火車站，吃的是涼饅頭，也不知道她們在街巷流動時能否遇到今天的「城管」。

母親她們搭乘的便利車大都是拉長途運貨的「老客」。有一次母親幾個人受到了不小的驚嚇。搭車時跟那大貨車司機講好坐到鞍山給倆司機幾斤雞蛋，那兩個人很熱心腸，說不就是捎段路嘛要什麼東西。她們三四個婦女歡歡喜喜就搬筐抬簍上了車蹲坐在車廂裏。那車開到半路上突然停下，司機讓他們其中一個駕駛室裏坐。那婦女不去。司機讓我母親去，母親搖頭謝絕了，結果四個婦女沒有一個到駕駛室去坐的。大貨車向前開了一段，天快要黑了，再次停下來，司機說車壞了，要到一個地方修車不能繼續捎人了。母親等幾個人下了車在黑燈瞎火的路邊蜷縮了一夜。那次買賣母親她們沒有掙到錢。當那幾個婦女跌撞著回家再度張羅出發時，膽小的母親退出了她們的進城游擊隊。

農村實行家庭聯產承包責任制。家裏分了地也分了果樹。本該歡喜的母親卻病倒了。我離鄉到大連。兩個弟弟在讀書。父親在教學。山上春播夏耪秋收糧，家裏雞鴨豬狗人吃飯，幾乎所有的活計全落在母親身上。農業是講究節令的，那些靠天吃飯的農諺驅趕著

母親。晚種半天地，性子急的母親就半宿睡不好覺。一起「插稴」
「捎地」的活兒幹得不周正，哪塊地糞壓淺了，哪條壟扶歪了，她
也能嘟囔半天。地裏、學校兩頭跑的父親被絮叨煩了，有時候要說
一句，這都是你們老周家的門風。

　　農活照樣一茬接一茬無邊無沿，母親也照樣性急、絮叨。那年
夏天母親得了一種奇怪的病，氣喘、心慌、發熱、乏力，連端著盆
子到河邊洗衣服的力氣都沒有。她躺在炕上跟父親講：他爸，我這
是怎麼了，是老天爺不想讓咱家吃飯吧？

　　左鄰右舍、前村後院的街坊來看母親。實行單幹承包，並沒有
真正疏淡人與人之間的情份。家裏山上的莊稼活叔叔大爺也主動幫
襯一些，父親的學生家長也給父親遞話有活就放聲。母親反而更著
急了，她不願虧欠人情。

三

　　父親帶母親去縣城瓦房店查病。回來後，我和兩個弟弟第一次
聽說，世界上有一種奇怪的病叫甲狀腺機能亢進。這種病就落在母
親身上。醫生開了他巴唑和心得安這兩種藥讓她服用。此外還有四
字醫囑：注意休息。

　　甲亢除卻遺傳因素，
過度疲勞和心情焦慮也是
發病主要原因。可母親哪
能閒得住，身體好轉點，
就手腳不停下地上山了。
那病如魔附體，有時候
母親自己感到身體呼地發
熱，往往就是那病魔要現

我和弟弟跟母親合影（攝於1991年）

形了。母親害怕手術。後來，父親知道大連一家醫院可服碘治療甲亢。1994年我帶著母親去那家部隊醫院進行核素治療。其實那還是至今爭議很大的治療手段，母親服用碘劑後胃口反應厲害，經歷了很大的痛苦，但效果並不明顯，甲亢很快再度復發，母親手裏的藥因此始終沒斷過。那兩種口服藥是治療甲亢的基本藥物，但副作用很大，對循環系統和消化系統都有影響。後來母親的腸胃和心臟因此也一直有問題。

那幾年，我和大弟已經在大連工作，小弟也在外讀書。年節放假回家，忙碌的父親告訴母親前些日子又犯病了，或者在家信中告知母親最近身體已經好了無需牽掛。總之，我們弟兄見到母親時，她就會張羅幾個兒子愛吃的，一捧棗、幾個還掛在樹上的蘋果，鍋裏新貼的菜餅子⋯⋯母親總是「好」了，總是「好」的。每年她總有一兩次犯病時間，她吃吃藥休息休息似乎總能「頂」過去。

我帶她去過幾次大連的醫院，給母親檢查身體。醫生的建議是必須定期復查才能有效控制甲亢。她怕花錢，怕花路費錢、怕花看病錢、怕花兒子的錢。一個家也把她拴住了，偶爾農閒來趟大連在我這裏小住只有幾天，就惦記她院子裏的那些「活獸」，寢食不安急著回去。我勸她少幹點農活，有些活計可以包給人幹。這樣的話她是聽不進去的，在農村不幹活在她眼裏那就不是正經人家。她始終認為她還沒到七老八十挪不動腿腳，一年買藥看病花銷又不小，其實我知道其實她是捨不得錢。幾個兒子陸續結婚育子，在她眼裏每個人撐起家都不容易。

2003年春節後母親到我這裏來時，一個朋友正推薦我買中國人壽的一個疾病養老險種。對保險業很生疏的我瞭解了那個險種後，立即想去給母親辦理一份。

那個險種對五十歲以上中老年人，要做嚴格的身體檢查才能辦理。但我想試試。母親甲亢不發作時看樣子身體還好。我輕描淡寫

地跟母親說，要帶她做個小檢查買個保險，這樣年歲大了又病有災有份保障。母親聽了直搖頭，世上哪有那麼多的好事？在我勸說下她還是去了，因為她聽說如果辦成了，她以後有更大的病可以不花或少花兒子的錢了。去體檢時母親有些緊張，面對醫師的詢問，她按照我的提示說自己好像沒有什麼病。因為要承認自己有病，保險公司會立刻拒絕為你辦理這項險種的。量血壓、抽血化驗、做B超結束後母親被告知回去等體檢結果。在回返的路上，母親很不安，對我說，她老覺得自己的身體通不過體檢，我勸她說沒事，你平時不是好人一個嗎。母親又在念叨，我問人家了，這保費可不少啊。我故意對她說，人家都說買保險掙大錢。以後你沒有大病，這保費的加倍返金你可得答應都給我啊。母親笑了，你這大小子，好啊，都給你都給你……可是，就怕我這身子通過不了那體檢啊……母親在我身旁遲緩地走著，嘴裏喃喃自語。那神情，我知道她心裏又是多麼渴望能通過體檢。

我扭過頭去，心裏酸酸的。

母親的預知是正確的，我這面能早點「放」她回家看她那些雞鴨鵝狗，她很歡喜。但我清楚，那次母親心裏也一定帶著些許遺憾回鄉下農村家裏的。

她回家就忘記了這些，莊稼地、果園子、菜園子、自家院子，這都是指揮調遣衝鋒陷陣的小王國。我或弟弟回家看望時，父親有時候也講幾句母親，在果園裏打藥，兩隻胳膊累得壓不動泵管，就用肚子一下一下往前頂。我和弟弟對此只能大聲對老媽嘰歪幾聲，連忙利用在家幾天時間發瘋一樣把所能幹到的農活全部幹到。這時候也是母親最高興的時候，一家幾大口團聚的歡樂都在她臉上漾著。父親多喝幾口她也不再說道，甚至縱容兒子也喝點。

這時候的母親哪有什麼病啊，多年來我幾乎已經習慣了這樣。最讓我吃驚不小的是2005年春節我回家，父親告訴我母親剛剛大病

一場，村衛生所的醫生已經連續來打半個月點滴了。躺在炕上的母親形容憔悴，看見兒子一家回來，就要起來張羅吃的。父親的心情看來很沉重，母親的身體好轉了他就不再說什麼了。他額上的皺紋陷得很深。我給鄰居拜

和父母在一起（攝於2005年）

年時，那位多年的老鄰居囑我多回來看看老媽，他告訴我母親這次犯病主要在心臟，人差點「過去」……。

　　我無法想像這次母親的病到底嚴重到何種程度，但我這些年在社會上頻頻的健康教育下也知道心臟病重在第一時間搶救。溝溝坎坎的農村哪能有這個條件？

　　所以這次回家我萌生了一個念頭，把母親和父親接到大連去生活。那裏離我近，離大醫院近。

四

　　2005年夏天，我找來找去，最後在我居住的地方附近找到一處相對合適的小房子。它的旁邊是一所小學。這也是我相中它的地方。一是因為就要退休的父親一直在家鄉的小學工作。二是經常能看到小孩子，對父親、母親的晚年或許不那麼寂寞。那時候，大連的房價還沒有飆升。我籌借了一些資金把它買了下來。

　　2006年元旦，在我的一次次強行干預下，父母把家搬了過來。母親是矛盾的，她捨不得那些院裏春秋和田園物事。但病魔的頻頻作祟，也讓她懷疑自己難道真的也要相父親一樣從崗位上退而休

之？直到給將地轉租給以前為我家代耕的那位本家堂兄，他答應母親隨時隨地可以回來種她自己的地時，母親這才勉強同意遷居。

初到城裏生活，母親適應的出奇之快超出了我的想像。我最擔心的是她不識什麼字，走丟和被騙。可她很快就會用煤氣、會過馬路，也很熟練地記住了去幾個小市場買菜的路徑。她愛電視連續劇，她甚至還能看懂我給她買的電視報的節目表，和周圍的幾個鄰居也很快熟絡了。有時候我去看她，她從不讓我買樓下道邊小攤販的東西，因為她知道早市的番茄、黃瓜能比小販的便宜幾角和幾分。我問她一個人在家寂寞不寂寞，她搖頭，說她可喜歡看小學生做遊戲，在三樓看操場敞敞亮亮。

春節的時候，兩個弟弟各帶著一家三口來過年。母親歡喜不迭，高興地念叨，這個家就是少個院子讓孩子們撒歡。可小孩子在哪兒都能撒歡，床上、地板上、窗臺上蹦蹦跳跳，奶奶的奶奶的叫，母親任他們吵嚷，只是在父親寫春聯的時候才儘量使他們靜下來。父親在老家那兒是教師，也是屯中的字墨先生。每年臘月二十八九的時候，就陸續有村民拿著紅紙請父親幫寫春聯。母親每每都掃徑迎客。她一直相信寫在紙上的字有種神奇的力量，能判生死，能斷是非，也能祈運攜福。搬到大連來這年春節，父親只能給自己家寫春聯了。母親在桌子旁看父親用毛筆蘸著墨水，一一寫完對子，再寫「福」字兒，似有意猶未盡之意，可父親實在再也無法寫什麼字了，母親就說以往過年咱家三張紅紙都不夠，寫完大門寫裏外進屋門，寫完供桌寫灶老爺，前院門口要寫出門見喜，後院水井要寫青龍大吉，院子內還要寫肥豬滿圈、金雞滿架、五穀豐登、六畜興旺……。

母親其實還是想農村的家，可她進了城裏後卻從來不跟我提起。

母親是個心中有「神」的人。在農村，過年接神、十五送燈、寒食冷火、清明掃墓、七月半蒸餑餑、十月一送寒衣……。她哪一樣習俗也未敢怠慢。每年過春節，我印象最深，當列祖列宗被從山上「請」回家中時，母親心澄貌恭，每飯前必在供桌前淨手焚香、祭祀一番。我和弟弟們被誡告不得高聲言語，走坐要有正相，因為家中此時有「先人在上」。在母親下鍋煮餃子的蒸氣繚繞時，小時候我常常下意識地往供桌那裏看，希望在那裏猛地瞬間看到我的未曾謀面的曾祖太公們。因為我聽村裏一個上了歲數的老人講他小時候過年，眨眨眼突然看見了一個白鬍子老頭或者白頭髮老奶奶。我從沒有那樣的奇遇。可母親的意識裏對那樣的傳說卻深信不疑。

　　母親在農村的時候，還喜歡「立雞蛋」。家裏誰頭疼腦熱肚子不舒服，她就拿雞蛋來濾濾。她打一碗水，把圓鏡子平放在碗的上面，然後拿一個生雞蛋在碗裏沾點水，再用雙手扶立，口中念一種咒語讓雞蛋在鏡面立住。那咒語是孩子也能聽懂的幾句話：是你嗎，是你你站著，我給你燒幾張紙錢……直到那雞蛋果真立住不倒為止。母親咒語裏的「你」，通常是指家裏遠遠近近死去的親屬。有時候，念叨的是幾個人，有時候涉及的人很多，母親也罵罵咧咧地，埋怨「這些死鬼沒正形，惹孩子幹什麼」。每當雞蛋站住時，母親的神情立刻釋然。小時候，我和弟弟突然肚子疼，都被母親這樣「立雞蛋」給濾濾過。家裏得病最多的人是母親。每次她的病犯了，她在吃藥同時自然也要濾濾。當雞蛋突然立住了，她覺得自己的病就像好了一半。有時候雞蛋還站不住，她就視為過路神鬼搗亂。

　　母親到大連來，也把她的寶器帶來了。

　　我雖然覺得好笑，也不便反對她。我曾看過一個電視訪談，是一個男青年成功立雞蛋的節目。為了表現公正，主持人親自條挑選了一籃子雞蛋，讓他在現場示範。這人真的很厲害，一會就在臺面

上輕鬆地立起來十幾個，而且長時間不倒。現場的很多觀眾，試圖效仿他卻都沒有成功……。「立雞蛋」一些原理和技巧，有重心原因、有手法原因，更有雞蛋皮表面有顆粒，三點一面就可支撐雞蛋站立等等原因。我還在一本書上看到雞蛋立起來的原因，還和雞蛋中的自由電子與地球的雙重引力場線不受擾有關……。可把這些說給不懂什麼科學知識的母親聽，是說服不了她的，她一輩子都信這個，這也是她心中的「神」。

科學和迷信，有時相悖千里，有時僅有一步之遙，都是人類用自己的思維來解釋這個複雜的世界。我不能去簡單地評價或反對母親。

五

母親到城裏後，我的心是安寧的。一切也似乎都是平靜的。全家也都忘記了那個形跡遠遁了病魔。

時間很快就到了「五一」，黃金周大假。父親從他的小學校回來了，弟弟也來看母親。大連這個時候正是春光明媚的季節。5月2日這天，天氣很好。小弟工作原因提前回去了。我開車拉著父母和大弟和弟媳，從大連東部海之韻公園作起點，沿著濱海路向西開，到一處景觀點就停下來走走看看。來大連幾個月了，母親這是第一次到大連的景觀路上觀山看海。來去兩個多小時時間，母親有些累，但看得出她很高興。

那次出遊後不到兩周時間，我有一天去看她，她告訴我，這幾天身體有時候又一陣陣地發熱。胃口也不得勁。隔了幾天還是不好，心也跳得厲害。

以前這樣的時候，她的甲亢用藥自行加一點量就能控制。十多年來我已經無數次知道她這樣了，大概又是以前的老毛病要犯。我

帶她到大連的一家省屬大醫院看甲狀腺專科。抽血查T3、T4，那醫生要求把藥量減下來觀察一段再復診，因為從我母親的檢查結果看有甲亢轉甲低的可能。這位醫生是那家省屬醫院的專科主任，坐在那裏如同泥胎雕塑，不多問一句話，也不多說一句話。我在幾年裏曾經找過他給我母親看過幾次病，他都是這樣一套程式。

母親遵醫囑回去後一週左右仍不見好轉。我就這種情況向中心醫院我的一位心內科醫生朋友諮詢，他是一位心內科的博士，據我所知他已挽救過多例心臟高危病人。他讓我把母親及時送過去，不能掉以輕心。大連的三甲醫院的病床永遠是滿的，一些大科室走廊裏也在排號加床。我把母親送到醫院，這位朋友已經安排護士長騰出護士休息間。，母親進到醫院，在最短的時間就進入到檢查和施治狀態。我是因醫生朋友而得以便利。但我還是知道醫生與醫生是不一樣的。我這位朋友他在給行走病房和診治間的腳步是急驟的，和那位省屬醫院的大專家相比，他的面孔是有表情的，有冷靜也有關切。對我如此，對陌生人也會如此。

母親的症狀是房顫、心衰和伴有心絞痛。因這是甲亢心臟病。那位醫生朋友又聯繫與他科室病房同樓層的內分泌科主任，轉入內分泌病房控制甲亢和心臟治療同步進行。這是母親生平第一次住院。她在內分泌病房出現過一次險情。陪護母親的父親告訴我那情形和去年在農村的情形一樣。出現過怎樣的危險，我依然沒有看見。只是在看見病床上的母親鼻孔插著氧氣管，旁邊是心臟監護儀。父親怕影響我工作，不讓我在醫院守護時間太長。他有些慶倖，這要是在農村恐怕難過這一關。

母親的病情被控制住了。我的心也放下來。每天去醫院看她一次。她很虛弱，下床得父親攙扶。她的病情好轉了，她就叨咕這住院費用貴。醫院每天都列印當天的費用明細，她無意中得知住院每天都要花費兩三千元就要出院。因為她一輩子都沒這樣花過錢。

這次在醫院母親待了六天。最後兩天，她臉色好轉了，也能下地走動。我去看她，她就跟我提出要出院。我勸不住她。就去詢問醫生，醫生說也可以，現在在醫院主要是觀察和調理。我最後按照母親的想法跟醫生商量，將一些藥物開好回去請社區醫生上門輸液。醫生同意了，醫囑隨時觀察，注意不能有大幅度動作。

母親回家後，打開窗，呼吸到槐花香，很高興。

母親在家輸液期間，父親一直在陪著她，買菜做飯、刷碗洗衣。這是他們一生中最相濡以沫的時刻。父親對母親說，你照顧了我那麼多年，也該我照顧照顧你。

可母親的身體還是沒見真正好轉。早晨胃裏難受，心臟不舒服，身體熱，心跳快。每天都有那麼一陣遭罪時刻。我和父親決定再次送母親住院治療。母親也埋怨：這該死病，這回怎麼纏纏這多天？

那天早晨，在送母親住院的路上，母親看我一邊開車一邊偶爾用手捂捂耳朵（我的左耳得過中耳炎，有時候上火就耳鳴），就說等她病好回趟老家，上山給我挖點「老鴣花根」（遼南地區一種野生植物），曬乾了熬水一喝就好。

在醫院安頓母親，竟然還是上次住院的病床。中午我又跑過來一趟，母親很安靜地躺在病床，和同屋的一個老病友說話。看見我就對我說她沒事了，讓我回去忙。

不想，這竟然是我同她的永別。

當天晚上我在外面有事沒有去醫院。父親在電話裏也告訴我母親挺好的不用擔心。

第二天早晨彷彿有事，我醒來一看是五點多，心想等七點鐘上班時間再去醫院看母親吧，這時候她也許還在睡夢中，我就拿起枕邊最近看的一本書讀幾頁。那書是韓國崔仁浩的《商道》，曾被改編成電視劇。突然，我的手機響了。在很清靜的早晨它的聲音讓人心悸。我一驚，連忙飛快抓起它。

我聽到的是一個噩耗。

當大腦一片空白的我飛奔到醫院病房時，母親因心臟驟停而辭世了。值班醫生還在做最後的搶救措施。我跪在床前，握著母親漸漸發涼的手，不敢相信這是真的。母親眼睛半睜半閉，神態很安詳，可是床頭那臺心臟監護儀螢幕上的長線再也沒有變成跳躍的曲線。

母親臨終時一句遺言都沒留下。

六

母親的遺體是在大連殯儀館火化的，而她的骨灰要在農村老家下葬。

那天的天很晴，一輛大麵包車車頭圍著黑紗，在大連到瓦房店的高速路上飛速行駛。車裏是趕來參加母親葬禮的幾位至親、老鄰居和父親學校的一些老師。我坐在車頭，懷裏小心翼翼捧著的旌布包裹，是母親的骨灰。弟弟在身後捧著母親的遺像。路上車不是很多，天氣又好，視野很開闊，緩緩丘陵地帶的地形，讓高速路兩旁的莊稼地的莊稼像綠浪一樣，一波一波地湧盪過來，好像在歡迎母親這顆走失的莊稼重回到她的土地上。

母親是家裏唯一農民身分的人。1987年家裏變城鎮戶口，只有她堅持做農民。因為這樣就能有土地，萬一在外面的孩子吃不上飯，還可以回來端這最後的飯碗。

我這麼多年，還是從來沒和母親同坐一臺車回農村。這次沒想到竟然以這樣的方式一起回家。我的眼淚一滴接一滴掉在胳膊上。懷裏旌布包裹的骨灰剛從焚殮爐出來時間不長，一直在我懷裏熱著，這是母子之間最後的偎依。

車還未進村，就響起了幾聲引路的爆竹。農村老家的院牆上掛著歲頭紙。院子裏和街口早已站滿了人，都是遠近的街坊鄰居和

同鄉故里，恍惚中看到我小學的幾位同學也在其中。他們都是來「迎」母親回來和「送」母親走的。這樣人多的場面現在在今天的農村已經很少能見到，在農村辦喪事來人的多寡是和死者生前的受尊重程度有關。作為長子，我身披重孝在棺槨前向鄉里鄉親跪謝。

農村這些年只有殯葬禮儀還一直在沿襲著最古老的程式。因為頭兩天母親的喪儀是在大連那裏進行的，這次回老家落葬直接走出殯的儀式。母親的骨灰被安放在棺槨之中，主持喪儀的「扛頭」是村裏德高望重的一位長者，他誦讀完祭文，然後朗聲命令旋棺、絞棺、發引，十六人起扛。出殯的隊伍很長，包括吊旗、挽聯、花圈、吹鼓班子、引魂幡、旌樓、靈柩、家族親人和會葬者。放鞭炮撒紙錢，喇叭悲悲切切，親人放聲慟哭。從老宅到山上墳塋的路只有四五裏路，僅走出村莊的一條土街就用了一個多小時。每走二三十步，就有親友在道旁設置路祭，兒子要進行三叩九拜的謝禮。在墓地上，在扛頭和陰陽先生的指引下，母親的棺槨落於墓穴，三尺高饅頭狀的土堆下面，陪伴母親的是長明燈、漿水罐、棗樹枝、糧穀囤，這是她最後的歸宿。

從母親靈魂安息到肉身啟程的這幾天時間，我彷彿把人世間所有的頭都要磕盡了。腦海裏的每一寸空間都被一項接一項的喪禮儀式所佔據，人是機械的，根本沒有時間思想失去的親人。那些古老繁瑣的禮儀程式，其實就是讓人們在手腳不停做事中忘記失親之痛。

落葬第三天給母親圓墳之後，我回到大連，不覺中獨自來到傅家莊海邊，坐在海灘前的臺階上。我的腦子逐漸空蕩起來。一個月前，我帶著母親游濱海路時在傅家莊公園逗留了一陣。她去衛生間，我在外面不遠處等她，等了好長時間不見出來，我有些著急了，就在這時我看到了熟悉的身影……。現在這個鏡頭是如此的清晰，而我這時才彷彿意識到我的母親真的永遠地離開我了。我變成

一個沒有母親的人了。我是什麼人，行走在這寂寥的天地間？眼淚從我的指縫間冒出，我哽咽成聲最後放聲大哭。

在這以後一段時間裏，我陷入到了那種無盡的虛無和怵心之痛中。

那本沒看完的書《商道》被我束之高閣，我決定永遠不再打開它，我怕想起那天早晨傳來噩耗的電話鈴聲。

因要「斷念想」，母親的遺物幾乎在圓墳時都焚燒了。過後我覺得應該留下一二。在父母的那個房子裏我意外找到了兩件，一個母親親手做的鞋墊，二是一張紙盒板上的電話號碼，那上面竟有文盲母親寫的幾個字。其中有一個是「家」，有一個是我名字中的最後一個字「驁」。這兩件東西被我藏起來，它們也是讓我心欲碎的珍寶。

我在報紙上的社區版看到一篇小文章，〈甲亢患者小心海濱旅遊症〉，文中提示：海水熱容量大，升溫較慢，海濱氣溫比陸地低，同時海濱空氣濕度大，氣候陰冷，加之空氣中鈉離子含量較高，故患有急性風濕病、糖尿病、甲狀腺功能亢進、滲出性胸膜炎、心力衰竭者不宜到海濱旅遊，否則會加重病情……這段文字讓我陷入深深自責和悔恨中，我的母親不正是這樣嗎，她去海邊後不到兩周時間老毛病又發作了……同時我也無比憤慨，寫這篇小文章的人只是個社區衛生講師團的小人物，那個大醫院的甲狀腺專科專家怎麼就講不出這些？如果那些大牌專家在看病

作者母親和她的愛孫在一起。

時，多問問病情前後多提提合理診療建議，也許母親就不會那樣倉促離世。

而一篇獵奇報導，講述某老者一夜之間心臟驟停二十幾次依然被搶救生還的新聞，也會讓我目光呆滯半晌，這樣的奇蹟要是出現在母親身上要有多好。

我甚至聽不得別人提到母親這兩個字。

我就這樣在心痛、悔恨和懷疑中踟躕孑然。我不知道什麼能慰藉我？

農村老家的四堂嫂說，我母親去世那天早晨她做了夢：進城半年的母親告訴她，要回農村家看看……

這是真的嗎？可我最敬愛的母親怎麼不給我託付這樣的夢？我知道一個古人「齧指之痛」的故事：孔子的弟子曾參侍母至孝，一日采薪山中，家有客至，老母屢望不還，乃齧指，參忽心痛，負薪而歸。母親咬了手指，做兒子的就會心有感應……而我呢，母親那裏死神臨門，做兒子的我竟然沒有感知。這不是我的孝行不夠還能是什麼？

在母親去世後，我做夢見到幾回母親，就像國學大家季羨林老先生所寫懷念母親的散文《尋夢》裏面描述的一樣：都影影綽綽的，成為無法捉住的碎片。

我記憶深一點的夢僅有那麼一次，灰濛濛的，好像是我當年回老家的樣子，一切都是那麼親切熟悉，院子裏乾乾淨淨，就一個人影也不見，我在前院後院使勁地找尋，就是看不見母親，忽然母親笑著出現了……。焦急萬分的我終於看見她了，我委屈大聲喊起來，媽——媽——

我醒了。臉上全是熱熱的淚水，枕頭都打濕了。

七

母親的倉促離世，讓我頓悟生命的悲觀所在。哀痛、悲傷、破滅。我知道我的精神為此已經出現了問題，可我又不清楚怎樣才能得以排解，也不想跟任何人言說，一直在哀傷的迷宮中無法救贖。

我的朋友圈裏有位心理諮詢師，就是前文所說的黃鶴。她那年深秋季節從南方研修回連，她看見我時很吃驚，不知道我發生了什麼事情。當我試圖把我的心路傾訴給她時，她眼裏也溢出了淚水。

她沒有說什麼，只是給我講述一個故事，她知道日本的菊田野理子有本繪畫本小書，叫《不論何時都能見面》，說的是一隻叫小白的狗，想念著它已經不在人世間的主人小美琪。不管它怎麼找，怎麼嗅，都找不到小美琪。傷心的它，茶不思飯不想，直到有一天它明白，只要閉上眼睛思念著小美琪，她的臉孔就會浮現腦海，只要思念他們就隨時可以相見……

母親並沒有走遠，還在一起。

在我那段獨自低沉的日子，我還忽略了一個人，那就是兒子。母親去世時，他才七歲，母親在殯儀館火化和骨灰到老家下葬時我都沒讓他去，我不想讓那麼小年紀的他接觸到死亡這樣的黑色字眼，不想讓他幼小的心靈突然承受那黑色的壓抑。

說來也怪，打那以後兒子說話很少提到奶奶兩個字。

但我錯了。

兒子上學了，老師問他理想是什麼，他竟然回答了三個，不死，不成植物人，得到長生不老藥。

他姥姥帶著他在小區花園裏玩。他在一顆矮樹前抓蝴蝶。忽然，他指著那顆矮樹的樹尖尖的小嫩芽，說，這是我。又指著樹尖尖周圍的青綠樹葉說，這是爸爸媽媽。他姥姥打趣地問他，哪是姥

姥？他指著樹腰處的一片半黃的樹葉，說，這是姥姥。話音剛落，他又一指樹下地上的幾片枯葉，說，這是奶奶……。

「奶奶掛了的時候，我是知道的。」網路時代的兒子這樣回答我。

這些都讓我震動很大。母親去世了，我生命中最後的依靠似乎坍塌了，我必須勇敢的站起來，成為下一代的堤壩。這麼多年，我們的社會其實一直忽視了生命教育、死亡教育。不知死，焉知生？相對於死亡之永恆，生命是何其短暫？而這其中短短的旅途，又會有無常和脆弱，哪一天都是世界末日，哪一天都又充滿希望。唯有珍惜、珍重。生命的出現是一個偶然，而父母的愛卻是必然。我們不能掌控無常，那就掌控生命中能夠掌控的一切。既然無法丈量長度，那麼就放大它的寬度，做一個有覺悟有本真的人，見情，見愛，見真淳。君子坦蕩蕩，小人常戚戚。

八

2008年春天發生了那麼多事情。四川汶川發生大地震的時候，我幾天都吃睡不好，一方面為廢墟裏的同胞的生死祈禱，一方面觸動了敬畏天地的神經。我給我的教書匠父親打電話，他退休後正在鄉下整理軼散荒棄多年的家譜，記述祖輩來源、祖居地、播徙歷程以及祖輩艱苦創業、生產生活的歷程。「為人者不能數典忘祖」，這是他很早以前的一個願望。我不知道他能上溯到哪一輩，也沒有和他做交流，卻十分理解和擁護他老人家這樣做。

不通過時間，人將被拋入宇宙星雲之混沌。家譜會喚起清晰的存在之感，指引一代一代生命的順承和綿延。

「父母呼，應勿緩，父母命，行勿懶，父母教，須敬聽，父母責，須順承，冬則溫，夏則清，晨則省，昏則定，出必告，反必

面……。」在我領著兒子誦讀《弟子規》的時候，其實我心中的家譜就有一種特別的脈絡影像。

正像母親的離世，我開始知道我的視野會陸續出現一些變化。

我小時候印象中炊煙般靜謐的村莊，生老病死、耕牛、飲食、男女、夕陽、殘留某個時期的標語會逐漸淡出，熟悉的正在被陌生侵佔。在那裏，青壯年們有的出走鄉村、有的徘徊鄉村，也有少數留守和回返鄉村。年終歲尾，縣電視臺願意擺拍一些他們數錢的動作。好像他們是多麼富有。老人和孩子才是那裏真正不變的風景。蓋起小樓房的人家子女沒有上學念書的，子女上學念書的是蓋不起房子的。村幹部開始實行直選。新型農村合作醫療保險也在慢慢啟動。小鎮上網吧、美容院、手機店開始風行，而婚喪嫁娶的風俗和禮儀沒有變，只是成本越來越高……但那裏還是我的根繫，寄存著歲月、生命和血脈流轉的故事。

我和弟弟們包括像我們一樣的人，是從那些村莊老樹上被風刮遠的種子，吹到一個個叫城市的地方定居。現在，過去農村人豔羨的「城市人」概念正被分化成貧和富、強和弱、成功者和失意者、白領和藍領、雇主和工薪階層，物質的精神的喧囂正縱橫市井高密度懸浮，正對每一顆心靈進行誘惑、激勵和統治。人們正開始從草民向公民的轉變，為了活著的尊嚴而渴求真相、公正和秩序，在咒罵房價、股市、虛假和腐敗的時候，也在或深或淺地去看懂轉型期的社會，也正因為個體和群體的努力，社會正報以種種細微變化，天災人禍越來越透明，報喜不報憂慣例一次次被打破，貌視莊嚴的說教越來越少，民生民權被關注越來越多……

儘管一切還那麼艱難。陽光有時候也充滿了假相。

人的成長，有他自己的邏輯。就像今天的我，在為人夫為人父並經歷各種周遭變故之後，在理想和現實的擠壓和拉扯下，懂得生命值得堅守的底線，也知道必須提升自己的市場價值，去謀求個人

和家庭的幸福。而我們的社會也必定如此，有著它自己的發展邏輯和去向。

　　善養吾浩然之氣，有所為有所不為。舉頭三尺有神明。身心兩安是故鄉。

牛夜雞不叫──揭開地主周扒皮的真實面目

尾章
公雞為什麼啼叫

尾章　公雞為什麼啼叫

一

　　雞有五德。首載冠，文也。足搏距，武也。敵者前鬥，勇也。遇食叫伴，仁也。守夜不失時，信也。在這五德中，千百年來人們最看重的就是其守信和準時。

　　公雞一般在四更天叫第一遍，四五更之間叫第二遍，破曉前叫第三遍。這時，人間便開始告別夢鄉裏的沉寂，有了新的一天的煙火和生機。是公雞應了天色，還是天色應了公雞－大凡千百年來，沒有誰探究過，只知雞是守信和準時的。在沒有鬧鐘和手錶的年代，光靠銅壺滴漏是遠遠不能滿足普通百姓的計時要求的，尤其是在分明黑白的時刻。雞的守信和準時簡直就是上帝的一種恩賜。

　　雞是以叫聲來顯示種屬存在，時間的刻度在他們的叫聲中獲得了彰顯和放大。敢於問鼎時間是洩露天機行為，人們對時間的敬畏之情，自然要轉移到雞身上來。人們叫它們司晨鳥、知時畜，甚至還叫他們長鳴都尉、酉日將軍。

　　雞本不會半夜叫的，可在作家高玉寶的筆下便有了「半夜雞叫」。地主周扒皮為了更狠的盤剝長工們榨取剩餘價值，而在半夜學雞打鳴，他讓雞窩裏的公雞混淆視聽，在他口技的提示下履行報

曉的義務。長工們先是出於對於雞的守信和準時的尊崇，摸黑下地了。可怎麼久久地不見天亮呢！幾次以後，長工們同樣出於對雞的守信和準時的尊崇——雞怎能半夜叫呢？一查，原來是周扒皮搞的鬼。一頓棒打……。

這段自傳體小說的片段以其正反主人公真名、真姓、真地點所帶來的強烈真實性，在那些特殊的年代裏起到了特殊的階級批判意義。

近來，有人在網上反思《半夜雞叫》的可行性和階級性，得出的結論是——「顯然，半夜雞叫違背生活常識。它對當時口口聲聲提倡文藝創作必須來源於生活而高於生活的聖經來了個地道的黑色幽默。而且不無荒唐的是，中國有那麼多的明白人，為啥就沒聽說有人對其提出質疑？」既然問題已經提到了眾人皆醉我獨醒的程度，我們似乎就應該對這部著名小說來一番重新打量了。

這是作家蔣藍在〈那隻半夜怪叫的雞〉一文的第一段。

不同版本形象的「周扒皮」

只听得"嗤"的一声，他划亮了一根火柴，凑到嘴边去点烟斗。小宝从火光里才看清了他的脸，原来不是别人，正是狗地主周扒皮。

小宝把周扒皮装鸡叫的事告诉了大家。大伙儿听了，个个憋火万丈。长工们气愤地说："周扒皮半夜装鸡叫，这是要扒咱们的皮呀！"

不同版本形象的「周扒皮」

　　這種聲音，近年來在互聯網上其實早已不絕於耳。在百度和谷歌搜索欄裏分別鍵入「半夜雞叫」，各類文章、詞目竟然有百頁之多。周扒皮作爲一個時代的經典，在新時期還被網友戲謔爲偷竊時間的人和獨具人情味的最佳雇主。這反映了農村生活的一個重要主題：任何人做事抹不開個面子，地主也不例外。

　　真有周扒皮和「半夜雞叫」嗎？

　　且聽《高玉寶》小說的主人公和署名作者、文盲作家高玉寶怎樣講？

　　隨手就可以拈取幾例。

　　鏡頭一：2003年11月22日深圳讀書論壇期間作報告現場。

　　蓮花中學學生問：您是怎樣構思《半夜雞叫》的？

　　高玉寶：我寫的作品都是真實的，包括人名、地點都是真實的。當年我給周扒皮放豬，他就經常學雞叫。那個年代的地主都幹這種事。建社會沒落地主的形象就是這樣的。所以周扒皮絕對是個真實的人物，我寫的故事也是真實的。——摘自《深圳商報》

鏡頭二：2004年7月17日，央視國際《老熟人新故事之六：高玉寶：我是一個兵》

解說：在遼寧省軍區大連第二幹休所，經過別人的指點，在一個熱鬧的門球場邊，我們終於找到了這個傳奇老人，這個五十多年前痛打周扒皮的小高玉寶。

同期（高玉寶）：我們一個鄉就有四個地主，捅雞學雞叫，都挨過打，周扒皮是其中一個。我們打他，別的地方也打過地主，全是真的，地點都是真的，你到我家鄉去都能查到。

鏡頭三：2006年11月17日，瀋陽第十五中學多媒體教室

當螢幕上放起了上世紀60年代的美術片《半夜雞叫》時，十三歲的東東撓撓頭，「沒看過這個，現在電視晚上都放《火影忍者》。」但隨著畫面的深入，孩子們看得個個入神。看到周扒皮被長工們設計「埋伏」暴打一頓的場景，全場樂得哈哈大笑，高玉寶老人卻是神情嚴肅。

「我小時候，地主可壞了，遠比剛才演的壞……」看完了動畫片，老人的一句話讓孩子們開始交頭接耳起來。

——摘自《華商晨報》

還有一個鏡頭是筆者「親歷」的。2007年9月13日，那是個星期天，我在網上看到一條預告新聞：一篇《半夜雞叫》家喻戶曉的作者高玉寶，9月13日上午10時30分將做客瀋陽網，屆時，網友可以登陸http://www.syd.com.cn/

80歲的高玉寶在講述名片上的故事（轉自《大連日報》2008年7月15日報導，攝影冷寧）

視頻線上收看。我立即打開網頁同步收視了這個節目。高玉寶在網路直播室講述了他參軍寫入黨申請書的故事。當然也大段時間講述土鼈地主周扒皮的醜事。其中一段，吝嗇的周扒皮，在長工吃飯時趴在門縫偷看，哪個長工要是多盛一碗，他就立刻衝進屋裏奪碗奪筷⋯⋯。

聽到這兒，我忽然哈哈大笑，笑得眼淚都要流出來了。

二

我發現一個有趣的怪圈現象。

講革命傳統教育的高玉寶和高玉寶們，其實正在形成一個自我矛盾體，有幾分尷尬，有幾分無奈。他們講的故事，上世紀60、70年代，老師學生聽了一起哭。80年代學生哭老師不哭，90年代老師學生都不哭，現在呢，是大家都哈哈大笑。

他們講的故事實際上是恨的教育。原中央宣傳部常務副部長、著名的兒童教育專家徐惟成曾經總結道：在過去的革命年代裏，兒童們和他們的父兄，同樣生活在吃不飽穿不暖的悲慘境地，在反抗壓迫的鬥爭中，兒童與成人們是完全一致的，大人們組織赤衛隊，孩子就組織兒童團送雞毛信。到了解放以後，情況開始發生變化，人們不再是被剝削、被

66. En la sekvanta jaro, sub la gvido da Prezidanto Maŭ kaj la Komunista Partio de Ĉinio, la ĉina popolo venkis la japanajn agresantojn kaj ankaŭ Vanggjadian estis liberigita. Reveninte al sia hejmvilaĝo, Liu Daĥong kaj Hiuŭ Baŭ batalvenkas la bienulon Senĥaŭfigulo Goŭ.

翻譯成多國文字的木偶電影連環畫《半夜雞叫》

壓迫者了。但由於離舊社會的那段日子不長，教育的內容主要是不忘記過去，強調「忘記了過去就等於背叛」。50年代末期，離解放的日子遠了，教育的內容和方法有出現了新的情況，要求「續革命家譜」。到了文革期間，「不忘階級苦，牢記血淚仇」，這些做法更是走向極端。二三十年過去了，情況發生了很大變化。人們還習慣用自己的經驗和體會教育孩子，有時效果並不理想，尤其是90後一代孩子，漸漸對那些故事生疏起來。他們看見毛主席的塑像在舉著手，他們說毛主席在「打的（計程車）」。他們聽高玉寶講周扒皮半夜三更學雞叫逼長工下地幹活，就問，那你們怎麼不看手錶啊？

現在的孩子不知道地主的概念了，不明白地主和長工誰是好人和壞人。不僅如此，大人們也變了。這種尷尬並不是高玉寶一個人的。職業研究雷鋒的遼寧部隊作家華東方講過一件事：雷鋒團的副政委劉家樂，當年團黨委常委分工他專門負責培養雷鋒，是個有功之臣。幾年前他回山東老家牟平，他還是解放前縣武工隊的隊長，一下車，縣裏敲鑼打鼓，熱烈歡迎，他心中有幾分歡喜。可走了幾步覺得不對味兒，原來這支隊伍不是歡迎他的，鑼鼓不是為他敲的，鮮花和微笑也不是送給他的，而是歡迎臺商來投資的。這雖然讓他有些掃興，但也能接受。可是細一打聽，才知道，這個來投資的臺商不是別人，正是解放前這個縣地主還鄉團的團長，是他的死對頭，是他帶著武工隊，把這個傢伙趕跑的，最後跟著蔣介石在臺灣落腳，今天搖身一變又回來了。儘管劉家樂這樣的老革命，有些想不通，但無法改變現實，這是國家格局的新變化，不僅中國，全世界都在提倡建設和諧社會。

大陸賀歲片《非誠勿擾》裏面有很多表時代氣息的經典臺詞。其中有一個情節，是葛優扮演的海歸發明家、也是一夜暴富的「剩男」，在系列徵婚路上搞笑事不斷，他遇到徐若瑄扮演的溫柔臺灣

妹，是一個來大陸投資商人的女兒。倆人在西湖邊的茶館相親。兩人之間有段對話頗耐人尋味。

> 徐若瑄：「後來大陸淪陷，祖父隨國軍撤退去了臺灣……
> 葛優：「哎哎哎，等會等會，你們叫淪陷，我們叫解放。」
> 徐若瑄：「解放？什麼叫解放？」
> 葛優：「解放……」
> 徐若瑄：「我知道的，只是我們說法不同而已。」
> 葛優：「對，我們可以求同存異。」

其實，小說《非誠勿擾》裏面這段更經典。

> 格瑞斯（就是徐若瑄）說：「自從大陸淪陷後，祖父就隨國軍撤退去了臺灣。」
> 秦奮（就是葛優）：「哎——等會兒，你們叫淪陷，我們叫解放！」
> 格瑞斯：「什麼叫「解放」？」
> 秦奮：「簡單的說，就是把地主的房子和土地分給窮人，讓富人一貧如洗，鹹魚翻身就是解放。我們喝茶這個院子原來就是富人的，現在成人民的了。」
> 格瑞斯：「富人不是人民的一份子嗎？」
> 秦奮：「我們理解的人民都是饑寒交迫的人，衣食無憂的人都是人民的敵人。」
> 格瑞斯：「那現在大家都衣食無憂、生活富裕了，照你的說法人民去哪裏了？」
> 秦奮也被自己的邏輯搞暈了，翻著眼珠子自問自答：「也是呀，人民也不知道去哪兒了？」

三

　　隨著時代的變遷，《我要讀書》、《半夜雞叫》已經逐漸淡出了中小學課本，高玉寶也承認，現在聽他報告的年輕人，特別是中小學生，大多數不知道他的經歷。有的地方教育局甚至事先給他打招呼，在講座期間有學生睡覺或離場，希望他不要介意。

　　高玉寶在深圳科技館講座，現場的一百多個小朋友，因為「我們不認識高爺爺」而全部走光，只有前三排的老人們沒有挪地方。這個消息雖然見報時已被處理成豆腐塊，但《南方都市報》如實做了報導。

　　《河北日報》記者朱豔冰，特意旁聽了高玉寶給石家莊市少年兒童保護教育中心收容的流浪兒做的一場報告。曾經有六年流浪生涯的高玉寶自己講得很動情，臺下，四十多歲的工作人員聽得很投入，甚至有的女士淚流滿面，二三十歲的工作人員和記者們臉上帶著欽佩讚賞但是略有隔膜的表情，十來歲剛剛做完軍訓分列式的流浪兒卻大多顯得很茫然，有的昏昏欲睡，但也有聽哭了的。

　　像南都媒體和《河北日報》朱豔冰這樣的思考型記者並不多見。大都媒體的記者們只是習慣了現場點個卯，立刻拿著主辦單位的通稿和紅包走人。即使遇到了不和諧之音，他們的筆下也會去自動選擇主旋律的。

　　當然，南都報導的內容和朱豔冰記者看到的那樣的場景也並不多見。

　　對此高玉寶表示出寬容和理解，他認為，十來歲正是年輕人形成世界觀人生觀的時候，自己講這些故事，目的是讓孩子們知道過去的事，首先讓他們感興趣，然後自己去查找這方面的資料，自己去思考和成長……

高玉寶能講出很多社會需要「高玉寶」的實例。在他的家裏保留著各個時期的來信。有少管所的青少年、也有現今80後的大學生，每次報告會後都能收到書信。在成都某大學的一個女孩和高玉寶通信五十封，從小是奶奶從報紙上剪下高爺爺地址的，就開始用拼音給高爺爺寫信，長大知道怎麼做人做事了，信少了，改成偶爾的問候電話了……

高玉寶在來訪者保藏的上世紀70年代小學課本上題字簽名，上面有署名高玉寶的報告文學《換了人間》。

除了書信，還有一些不速之客隨時隨地的拜訪。幾年前在深圳的一次報告會上，一位五十多歲的中年女士特地找到高玉寶，還帶來當年她上小學時同學們在北京北海公園划船時的老照片，並指給他看當時她的校外輔導員就是高玉寶。現在她已經是一家大醫院的保健醫師了。2007年春天，一位大連老同志自帶乾糧慕名登門三次，才在一個雨天見到了沒有外出的高玉寶。他想麻煩高玉寶幫助磨把菜刀——高玉寶為幹休所做好事知道的人很多，替人磨刀是其中之一。高玉寶欣然幹完活後，來者才透露：自己

高玉寶是他所居住小區有名的義務磨刀匠，被媒體報導多次。

高玉寶學雷鋒的自家小工具倉庫像個小展覽館

是機床廠八級大工，怎不會磨刀呢？這事只是來的藉口，只想看看高玉寶。走前，他還索要了高玉寶的一張照片……

高玉寶在新時期仍然是個「寶」。

西藏電臺的莫樹吉和高玉寶交往十多年，給高玉寶寫過很多重頭宣傳文章，是近年來寫高玉寶的專業戶。他2008年早春登門拜訪高玉寶，他在清清涼涼的風裏，發現在車站接他的高玉寶身體微微抖動，熱情不減奮鬥依然的高玉寶畢竟歲數大了，和他擔心的一樣，八十一歲的高玉寶最近有點「愁」，他憂慮再繼續像先前一樣靠自己和家人的單打獨拼，能不能讓所有「寶物」各得其所。

高玉寶的「寶物」主要有十大類。一是書稿，待修改的有好幾百萬字；二是文章，經他收集裝訂寫他的文章有上千萬言；三是信函，滿滿3箱，多的時候，曾經一天就收到全國各地的書信二百四十封；四是字畫，因為沒地方掛，只好見縫插針地到處塞；五是各式各樣的紀念品，其中不少是全國各地的少年兒童動手製作的；六是照片，數以萬計，有的極其珍貴；七是獎章、獎品及各類證書，已多得無處擺放；八是藏書，幹休所按標準配給的房子已達到飽和；九是各類題字題詞，這包括他題的和別人題贈他的，林林總總數以千計；十是音像資料，但多數是膠帶的，他知道這些東西如果保管得不好，那上面的磁粉就會脫落而導致失真變形。

這些「寶物」，他打算在自己百年以後全部捐獻給國家。他進而想到，等到將來不能出門做報告了，連話都不能說了，就放錄影錄音給孩子們看、給孩子們聽。

雖然各級領導接見只是看看他，並沒有交給他「更重要的任務」，個別地方熱衷請他多少也有做秀的成分，但並不影響高玉寶的熱情。五十年前靠「半夜雞叫」聞名天下，半個世紀以來全國講座四千場次，聽眾逾五千萬人次的他，在消費名人消費明星的時代裏，走到哪裏都有新聞效應，得到的照樣是鮮花、掌聲和榮譽。

面對各樣的邀請函，他最擅長講的還是他的「老三樣」。「半夜雞叫」是底料，高玉寶一直在堅持。

為了表現革命人永遠年輕，高玉寶以前出場的亮相總是「滿頭黑髮」，這是染色的效果。新中國成立六十週年前夕，當他所在的城市幾家媒體集中篇幅大力宣傳81歲的高玉寶，報告從二十歲做到八十歲，近六十年關心教育下一代時，出現在媒體照片的他才第一次露出了白花花的髮絲。

他對媒體記者說「要一直講到講不動的那一天。」

四

儘管高玉寶在各種公眾場合信誓旦旦地生成聲稱「半夜雞叫」確有其事，在互聯網上眾多聲中，其實還有一種聲音很堅挺：「半夜雞叫」是給高玉寶改書的作家荒草創造出來的，根本沒有那麼回事。

「半夜雞叫」的版權到底是誰的？有網友認為：這也好查證，因為《高玉寶》在草稿階段是沒有別人參與，沒有上級命令的的情況下，由高玉寶一人自願完成的。《高玉寶》草稿收藏在中國人民革命軍事博物館，去查查有沒有寫「半夜雞叫」的故事就知道了。

這倒給了我一個提醒。文盲作家高玉寶的草稿應該找辦法一睹真容。因為高玉寶在多篇文章都提到，他畫字畫出來的草稿自傳《高玉寶》被中國人民革命軍事博物館收藏。據高玉寶本人介紹，他當年手稿用古書的格式分章回來寫，他想了好幾天，想出了開頭四句話：東北人民好苦情，來了日本鬼子兵。學良要打蔣不讓，賣給日本做馬牛……

尋找的結果令人失望。

我第一次給中國人民革命軍事博物館打電話，電話被轉到該館文物處。電話接待的人告訴我不能給個體提供文物查看。我詳細問怎樣能看到。對方告知，如果是地方展館辦展可以，但也只能提供一張該文物的照片。

第二次我請進京的人幫忙查看。2007年是中國人民解放軍建軍八十週年，8月，軍博正在搞新中國成立以來國防和軍隊建設成就展，規模宏大，全國各地個層面官兵和普通百姓參觀者絡繹不絕。

大連一家進京旅行社的隨團醫生接受了我交給她的「光榮任務」。她一路闖關奪礙，打破砂鍋問到底，從各個展廳問道總服務臺，再問到「陳宣辦」，均被告知：據瞭解本館沒有高玉寶的東西。「陳宣辦」頭髮花白的閻紹軍老先生對她說：沒有。如果有，我們軍博這裏的幾位「老人兒」都會有印象。最後她再次被介紹到軍博文物處查詢。文物處的張敏捷處長是大連人，還到高玉寶家做過客，他很肯定地介紹說：軍博館沒有高玉寶的手稿。出於同鄉之誼，他又安排兩個辦公室幹事查詢庫房，查詢結果：文物處庫房只有一本日文版《高玉寶》圖書，並沒有高玉寶的手稿。

高玉寶當年行軍打仗期間畫字「畫」出的書稿下落不明。

「半夜雞叫」的真假就算是個謎吧。也許時間是最好的仲裁者。有人不是這樣說嗎，時間是個保密大師，時間是個去偽存真的大師，時間是個息事寧人的大師。

我也相信時間會是最好的仲裁大師。

五

我在這裏想把我在採寫本書期間遇到的一件事寫出來。這就是一個畜牧專家給我講述的公雞為什麼啼叫的科普知識。我以前最願意看的是美國作家歐亨利的小說，他的所有小說的結尾都有一個意

外的收場。我在畜牧專家那裏
聽到的科普知識也讓我特別出
乎意料。我把它寫出來，就當
作本書的歐亨利式結局吧。

遼南農村的雞群

　　這個畜牧專家是我在大連
旅順洪家養雞場認識的。鬧禽
流感那年，我和幾個新聞界的
朋友去旅順採訪，在洪家養雞場，那個象養孩子一樣養雞的雞場主
是個可愛的老頭，每天聽到公雞叫就起來幹活。他把他一位養雞顧
問介紹給我，那人是當地科委的科研人員，是個高級畜牧師，他叫
房司鐸，上世紀50年代就開始從事養雞研究，我向他討教了很多養
雞問題，現將和他的談話整理成如下文字，算是一篇科學看待「半
夜雞叫」的文章了。

　　公雞啼鳴，是青年公雞達到性成熟的特徵（童子雞是不會啼
鳴的），又是成年公雞性活躍的快愉表現。而雞性的成熟，
由主要取決於光照的時間和強度。所以公雞啼鳴是一種光刺
激狀態下的條件反射。多次反覆的條件反射，又建立生物鐘
機制。
　　雞同其他動物不同，有一對靈活而突出的大眼球，視覺器官
十分發達，即使微弱的光線也可感知。光線通過視網膜，經
神經系統，傳輸到腦下垂體前葉，刺激分泌促性腺激素，使
雞進入亢奮狀態。公雞啼鳴，是性成熟後的第二性徵和示愛
的活動。
　　性亢奮狀態下的公雞，整個白天不間斷的啼鳴，而每天早上
第一遍啼叫，就是啼明瞭。公雞啼明大約發生在日出前一個
小時，即太陽在地平線以下6度的時候。這時地球表面的光線

是太陽的輻射光，即通常所說的晨光，曙光，黎明。此時的光照強度大約在0.1-20勒克斯之間，當人們還酣睡在夢鄉時，晨光已被公雞感知，於是出現了公雞報曉。當早晨公雞鳴叫三遍，此時就是「公雞一唱天下白」了。這裏面光照是先決條件。

但雞的聽覺較弱，其聽覺受納器和神經通路，在結構和生理上都不如哺乳動物。在寂靜而完全黑暗的條件下，突如其來的雜訊，是一種試應激，會在心理和行為上，打破雞的平衡狀態，造成神經質（諸如驚恐不安、亂飛亂叫），產生防衛反應，而不會發出歡快的啼鳴。現場試驗完全證明了雞的這一反應過程。當將雞放置在沒有光線照射，亦即完全黑暗的環境中，人的口技式的啼鳴，甚至陽光下的公雞啼鳴，都不能導致處於黑暗中的公雞啼明。所以「半夜雞叫」是一種荒唐的推理和愚昧的臆想。

不僅僅雞的啼鳴有賴於太陽出來這一自然環境，就是人類的田野勞動也需要光線。在東北地區，大秋作物（如玉米、高粱等）在幼苗生長期，需要進行「三耪三耥」。俗話說，「三耪三耥糧食滿倉」，鏟地就是《半夜雞叫》一文中所說的鋤地，鋤地是一項技術要求較高的田間勞動。遼寧地區南部農村鋤地一般在小滿、芒種至夏至季節（即每年的5月21日至6月22日）進行，這時閻店地區（高玉寶家鄉），日出的時間是早上4時28分。黎明出現在日出前的一個小時，亦即早上的3時30分，太陽微弱的輻射光（光的強度約50-60勒克斯），即可對雞的視覺發生刺激，產生啼明條件反射。但這時的光線很弱，人的視覺還不能俯視條件下對物體的細小特徵（如禾苗同雜草）進行識別。所以在半夜三更（即午夜12時）和吃完晚飯一袋煙功夫（即一更，戌時，晚7時至9

時），在一片漆黑條件下，更不能從事田間操作了。就算是把長工趕到黑燈瞎火的莊稼地裏，也只能是要長工換個地方繼續睡覺。

半夜雞不叫──揭開地主周扒皮的真實面目

附錄

附錄一

大連地區二十四節氣
日出時間表

月／日	節氣	日出	日落	日照時間
01月06日	小寒	7：13	16：45	9.32
01月20日	大寒	7：09	17：00	9.51
02月04日	立春	6：57	17：17	10.20
02月19日	雨水	6：41	17：34	10.53
03月06日	驚蟄	6：20	17：50	11.30
03月21日	春分	5：57	18：05	12.08
04月05日	清明	5：33	18：20	12.47
04月20日	穀雨	5：10	18：35	13.25
05月06日	立夏	4：51	18：49	13.58
05月21日	小滿	4：36	19：04	14.28
06月06日	芒種	4：28	19：15	14.47
06月22日	夏至	4：28	19：22	15.06
07月07日	小暑	4：35	19：22	14.53
07月23日	大暑	4：46	19：14	14.28
08月08日	立秋	5：00	18：58	13.58
08月23日	處暑	5：13	18：38	13.25
09月08日	白露	5：28	18：15	13.13
09月23日	秋分	5：42	17：50	12.08
10月08日	寒露	5：56	17：26	14.30
10月24日	霜降	6：11	17：05	10.54
11月08日	立冬	6：27	16：47	10.20
11月23日	小雪	6：44	16：35	9.51
12月07日	大雪	6：58	16：31	9.33
12月22日	冬至	7：09	16：35	9.26

注：大連市地處歐亞大陸東岸，中國東北遼東半島最南端，位於東經120度58分
　　至123度31分、北緯38度43分至40度10分之間，東瀕黃海，西臨渤海，南與
　　山東半島隔海相望，北倚東北三省及內蒙古東部廣闊腹地。現轄三個縣級市
　　（瓦房店市、普蘭店市、莊河市）、一個縣（長海縣）和六個區（中山區、
　　西崗區、沙河口區、甘井子區、旅順口區、金州區）。《半夜雞叫》中「周
　　扒皮」和高玉寶的家鄉，就在今天大連瓦房店地區的一個小村子裏。

半夜雞不叫——揭開地主周扒皮的真實面目

附錄二

《高玉寶》一書第九章《半夜雞叫》

　　晚上，天已很黑，地裏走出了累得晃晃蕩蕩的人群，這是給周扒皮做活的伙計們。有的在唉聲嘆氣地說：「睏死我了！」有的罵起來：「那公雞真他媽的怪，每天晚上，才睡著，它就叫了。老周扒皮——他也有那個窮精神，雞一叫他就非喊咱們上山不可。到山上幹半天，天也不亮。」有的說：「人家有錢，雞也向著他，這真是命好呀。」有的說：「什麼命好命歹，為什麼以前雞不叫的早，現在就叫得早呢？這裏邊一定有鬼。看，我非把那個公雞給打死不可。」大家你一言，我一語的走回家去。為了多睡點覺，伙計們回去一吃完飯就躺下了，有的抽煙，有的說話。

　　玉寶這幾天拉肚子，躺下不大時間，就起來去大便；回來時到牛圈去看牛槽有沒有草，想再給牛添點草就快點回去睡覺。正在這時，他見一個傢伙手拿長木棍，輕手輕腳地走到雞窩邊，晚上又沒有月亮，也看不見臉面。玉寶心想：「怕是來偷雞的，喊吧。」又想：「不，這人一定家中沒有辦法了才來偷雞，我要喊

了，不就坑了他了嗎？我不吱聲，偷有錢人的雞是應當的，把雞都偷走，就不用啼明瞭，我們還多睡點覺呢。」正想著，又見那人伸起脖子，像用手捂住了鼻子。玉寶很擔心地想：「小心點呀！叫周扒皮聽見，把你抓起來就壞了。」玉寶看看牛槽裏還有草，想早點回去睡覺，又怕驚動了偷雞的人。心想：「我要出去，把他嚇跑了，他不是白來一趟嗎？不，不驚動他，我在這看看，是誰來偷雞。」玉寶就蹲下，要看個偷的熱鬧。誰知好半天沒動靜，倒聽到偷雞的學公雞啼起鳴來。玉寶正在納悶，只見那人又奔牛圈走來。玉寶忙起來藏到草屋子裏。正好那人走到牛槽邊，劃了一根洋火，看看槽裏有沒有草。玉寶就著火光一看：「啊！原來是周扒皮，半夜三更什麼雞叫，原來都是老傢伙搞的鬼！」周扒皮這一啼明不要緊，籠裏雞叫喚起來，全屯的雞也都叫喚起來。玉寶憋著一肚子氣沒敢吱聲，又聽到周扒皮破著喉嚨喊：「還不起來給我上山幹活去？雞都叫了！」說完就回家睡覺去了。玉寶走回屋一看，伙計們都氣呼呼地說：「他媽的，早也不叫，晚也不叫，才躺下就叫了。這個雞真不叫雞！」劉打頭的問：「不叫雞叫什麼？」「叫催命鬼唄。我看這樣幹，再幹幾天就得累死。」有的說：「我才睡……」有的說：「我躺下，一袋煙還沒抽完呢。」玉寶心想：他們還不知道這是周扒皮搞的鬼呢，就坐下說：「咱們可省事了，連衣服還沒脫下來。快走吧，我有一個笑話對你們講。」大家忙問：「玉寶，有什麼笑話？你快說。」「不，我現在不說，等到路上再說。」大家忙披好衣服，扛著鋤頭上山。在路上，大伙又問玉寶：「什麼笑話？你快說。」玉寶笑了笑，瞪起小黑眼珠說：「叔叔，你們再別罵雞，那不能怨雞，是怨人呀。」大家奇怪地問：「怎麼回事？」玉寶就把周扒皮學雞啼鳴的事全告訴了叔叔們。劉打頭的一聽這話，氣得直瞪著眼說：「今天晚上不幹了，到地頭去睡覺去。」大家都同意。看著空中不明的星星，走到了地頭，放下鋤頭，打火抽

了一袋煙，倒在地上就呼呼地睡了。人困得多厲害呀，那麼大的露水，濕了他們的衣服，全都不知道。

這個學雞叫，是他們老周家起家的法寶呀。從周扒皮的老祖太爺子起，就有人說周家有這一手，一直傳到周扒皮這一輩。這樣，到三遍地快鏟完時，把伙計們累跑了，他們就得著了，到秋天便一點糧也不給呀。

伙計們躺在地頭上，正睡得甜蜜，忽然覺著身上疼，大家「哎呀」一聲就爬起來，看看太陽出來有一人高了，周扒皮拿著棍子，正狠狠地挨著個兒地打呢，把伙計們打得全都爬起來了。周扒皮瞪著眼說：「你們吃我的飯，掙我的糧，就這樣給我幹活？活不幹，到這裏來睡覺，今天上午不把這一塊地給我鏟完，就別想吃飯。」回頭對牛倌說：「把飯給我擔回去。」

原來周扒皮起得早，見伙計們還沒回家吃飯，他想：「伙計們還一定給我趕活呢，我何不叫人把飯給他們送去，叫他們在山上吃了，省得來回走耽誤工夫，好多給我鏟點地。」他就到街上，把屯裏放牛的老李頭找來，給他擔著飯，向山上送。誰想一到山上，見伙計們在那睡覺，一點活也沒給他幹，氣得他飯也不給伙計們吃，又叫老李頭給他再擔回去。老李頭走後，他又罵了一氣兒才走。

伙計們見周扒皮又打又罵，連飯都不給吃，有的氣得堅決不幹這個活了；有的要回去找他算帳；有的當時就要回家。玉寶笑著忙拉住他們說：「叔叔，我看你們不要走。我有一個辦法：咱們大家出出氣，把那老小子打一頓就好了。」有人說：「玉寶，你這孩子傻了怎的？人家有錢有勢力，兒子又當保長，現在是咱們的二朝廷，我們敢動人家一下子嗎？」「叔叔，我沒傻，我看你們真糊塗，他每天夜裏不讓咱們睡覺，他可能想把咱們累死吧，我常聽周叔叔講故事說：『先下手為強，後下手遭殃』，咱們『這般如此』地教訓他一頓不好嗎？」大家一聽，都哈哈大笑起來說：「好好，

就這樣辦。」劉打頭的笑道：「這小傢伙真有好辦法。」晌午回家吃飯時，周扒皮還罵呢，大家也沒說什麼，就過去了。

過了兩三天，伙計們把棒子全準備好了。吃完晚飯，把燈熄了，叫玉寶在門後偷著看。等了有一個多鐘頭的工夫，周扒皮躡手躡腳，剛到雞屋門口，玉寶喊了聲：「有賊！」伙計們拿著棒子都跑出來，把老周扒皮捺倒就打起來。周扒皮說：「別打呀，是我。」伙計們說：「打的就是你。看你再來不來偷雞！」玉寶跑到院子中間喊：「保長呀，快起來，有賊啦，我們抓著一個賊！」這一喊不要緊，鬼子軍官正在西廂房裏睡，聽見了喊聲，他帶了兩個護兵，拿著手槍就跑出來，邊跑邊喊：「毛賊一個也不要，統統打死。」正好保長這天晚上沒有在家，他老婆和淘氣在屋裏聽見了，就嚇得忙喊：「快別打了呀，……」下面的話還沒說出來呢，見鬼子軍官「噠噠！」照著老周扒皮就是兩槍，周扒皮「哎呀」了一聲說：「是我！」一頭就鑽進了雞窩裏，嚇得拉了一褲兜子屎。鬼子軍官趕上一步又要開槍。保長老婆光著上身，提著褲子慌慌張張地跑出來說：「他是老東家。」鬼子才住了手。伙計們忙圍上說：「老東家從來也沒到雞窩門口來過，為什麼今天深更半夜的來抓雞呢。快拿燈來看看。」淘氣從屋裏拿出燈來一看，啊！這兩槍正打在老周扒皮的大腿上，直流血。周扒皮好像大山上的野雞一樣，顧頭不顧腚了，他頭伸在雞窩裏，好像要吃雞屎的樣子。大家把他拉出來一看，滿臉全是雞屎，坐在那裏抱著腿直叫喚。伙計們高興得也不好笑出來。劉打頭的說：「我們都當是賊呢，搞了半天是老東家。你為什麼半夜來抓雞呢？」鬼子軍官也笑著問。老周扒皮哭嘰嘰的聲音說：「別提啦，我在家睡個二二糊糊的，也不知什麼東西把我拉來了。」大家忙說：「看這多危險。也可能鬧鬼吧！以後可得多注意！」說完，大家把他抬到屋裏，鬼子軍官和大家一看，好像骨頭也打壞了，大煙囱忙叫劉打頭的派人快快找醫生。老周扒皮

倒楣喪氣，一肚子的話說不出來。伙計們出了氣，解了恨，都高興
地說：「要是叫鬼子一槍把他打死才好呢。」

半夜雞不叫──揭開地主周扒皮的真實面目

附錄三

我2003年發在大連天健網www.runsky.com網文原創論壇上的文字

〈故事和半夜雞叫有關〉

一

上世紀40年代初的一天，我爺爺和我姥爺在遼南某鄉村小酒館飲酒微醺之際，作出了一個偉大的決定：兩家指腹為婚。

父親和母親能夠走到一起來，包括我今天能在這裏講故事全和這個決定有關。我現在甚至可以想像出他倆當時的表情：爺爺一定信誓旦旦，姥爺一定誠惶誠恐。我說的大概不會有錯。要知道我姥爺的爹就是方圓數十里皆知的地主「周扒皮」。爺爺可不是攀大款，當時就要土改了，山雨欲來風滿樓，地主、富農、農民的位置，翻跟頭打把式拿大頂要顛倒過來了。而我太姥爺的「壞」，放豬娃、戰士作家高玉寶在其自傳體小說《高玉寶》寫得透透的了。這還有個好嗎？

爺爺的決定果然是冒風險的。在土地變換主人這場鬥爭中，我太姥爺被打死。姥爺被打得半死。家庭成分由地主變成貧農。子孫們全是一貧如洗的地主崽子。1951年，高玉寶寫完了《高玉寶》並

開始在報上連載。「周扒皮」名揚天下，而他的子孫們在80年代前的三十年裏一直活在命運的重壓下。

母親嫁出去二十里外也未能倖免。在家做閨女下地幹活勤快的她總得不到滿工分。嫁到父親家來剛一下驢車迎親人群外一聲嘀咕：這就是周扒皮的孫女。母親立刻紅了眼角。村裏放露天電影演的是木偶戲「周扒皮」。生產隊裏專門用大喇叭通知父親和母親去看。那場電影好像所有人不是來看電影而是來看她和父親，而母親她一直在看板凳。那壓抑讓人喘不過氣。後來母親落下病來總是無端地心悸、心跳快。

當然我並不知道這些。小時的我基本上快樂無憂。許是父親是老師的原因，上學前我就會很多字了。鄰家幾個大孩子上學了，我經常去磨書看。他們家小木匣裏的小人書我幾乎都看遍了，就去看大孩子的語文課本。有一天突然要我看一篇課文。那字幾乎都認識，就猛讀起來。看著看著我嘿嘿笑起來。那大孩子也嘿嘿笑起來。天哪，這是我看到的最有意思的一個故事。這就是《高玉寶》裏寫周扒皮被長工打的名篇《半夜雞叫》。看一遍不夠，還看，再看。那大孩子讓我看這個時每每十分痛快半點不見吝嗇。後來跟屯裏孩子吵架，對方見吵不過就罵周扒皮周扒皮，弄得我莫名其妙。跑回家問誰是周扒皮？被母親一巴掌封了嘴。突然想起鄰家大孩子臉上的怪怪神情，我模模糊糊好像明白了什麼，竟委屈得嗚嗚哭了，邊哭邊喊咱家不是周扒皮！不是周扒皮！！母親在旁無奈地嘆了口氣。

二

小時候姥爺每年冬天要來上一兩次。記得他好像氣管不好，總是喘和咳，個子不高，背有些駝，身子骨和顏面雖然乾癟卻瘦而有

神，腦袋上總是扣著個瓜皮帽。我在姥爺後面瞅了一圈又一圈，他和我想像中地主的形象一模一樣。但我很快又高興起來，我能跟著吃雞蛋了。我趴在灶臺上問母親，為什麼姥爺一來，你就天天早上給他打荷包蛋？母親就說你姥爺這輩子遭大罪了。

太姥爺有五個兒子，姥爺排行老三。土改甫始，篤重耕讀和孝道的姥爺，悄悄地把幾個兄弟一一送上開往東西南北的火車後在老家守家照應老小。家很快就碎了。數不清的腳踏進院子，翻箱倒櫃挖地刨坑，然後把篩糠樣的地主老財父子婆娘揪鬥到街上戴高帽掛鐵牌，鞭棍啐罵一浪高過一浪。姥爺的幾個孩子扶著破碎的窗櫺驚恐萬狀。親朋們早就鳥獸散或作壁上觀或劈天跺地劃開界線。

這是東北一個小山村土地改革最生動的圖景。而在華北、在山東、在河南，界碑遷移，田契易主。在誰是土地的主人的問題上，中國的農民展開的是20世紀最後一次大規模、野性十足的歷史性搏殺和清算，是更不堪想像的暴力和鮮血。大概只有置身於歷史之外的人才會對那場歷史清算中的人性本質加以關注。一本書裏說作家矯健的文章裏有這樣一個場面：一個忠誠的長工目睹了他的東家被武工隊處死的場面：東家的頭顱血淋淋地落地，朝長工的腳下滾來，那棵頭顱「卡嚓卡嚓」咬著長工的鞋幫子，分明在囑託著什麼。後來這位長工參加了「還鄉團」，在一個月黑風高之夜潛回村子，實施階級報復，「還鄉團」們殘酷的毆打一位回鄉探母的八路（老百姓的習慣叫法），並把這位八路活埋，八路的娘（也是這位長工的乾媽）追來了，「還鄉團」又開始毒打這位捨命救兒的母親。這時，已經身覆黃土的八路說話了。這位為東家報仇的長工俯下身去，八路的口鼻中只有些微的氣息：「勿傷我娘，勿傷我娘——」書中文鋒一轉，評論說我們會為這番描寫感到動容，但溫情脈脈的人道主義絕不能代替「暴力是歷史的催生婆」這樣一條鐵律。書中還介紹說，為了對付「還鄉團」的「大刀隊」，解放區的

土改積極份子專門成立了「棒子隊」。「大刀隊」將農會領袖捉住後，一刀兩斷，連孩子也不能倖免。而「棒子隊」的報復措施是：捉住「還鄉團」份子後，以土埋身，土層外僅露一頭，反覆以涼水澆覆。一夜之後，人頭變成了冰坨，手起棒落，人頭便滾落一旁——這些場景陳忠實在《白鹿原》裏也有精彩敘述。這些精心設置的冷酷刑罰反映了20世紀中國最大規模階級決戰的的某種原生態，這種原始生態並非是歷史的局外人可以簡單評判的。記得我第一次讀《高玉寶》時，十分不解「高玉寶」恨周扒皮就罷了，為什麼對周家的豬也沒少作踐？！我就挺喜歡豬的，小時候冬天颱風下雪，我就常常去草垛拽些乾草丟到圈裏，好多次就差跳進去和它們一起睡了。現在看來，高玉寶放的豬也是一只有階級的豬啊。

三

如此，周扒皮夠幸運了。太姥爺雖然被打死，卻沒有身首異處。姥爺被打得半死，也只是直不起腰而已。只不過。可惜可憐的是，周扒皮只是遼南地區一個小地主，大地主算不上，中地主也算不上，地地道道的小地主。

我二十歲以前曾不止一次問母親，姥爺過去的家是什麼樣子？母親好像沒有一次完整地回答過我。

1987年，我在大連街冷清的一個擺地舊書攤前尋索。從這一年起，一臉土相的我開始在這個城市紮根。在那個有名的漁港裏學習擺弄網具和開船，家裏人都很高興。只是我有些自卑，我只不過從一片黃土地上來到另一片藍土地罷了，兩者只是顏色截然不一樣而已，都需要在太陽底下默默地勞動和流汗，但我希望我的命運能夠不期轉個彎兒。那天，我蹲在書攤前扒拉了半天也不見什麼好貨色，正要起身走，突然發現還有一本壓在石頭底下沒看，就抽出來

「噗」地吹去塵灰，邊角都已破了的《高玉寶》赫然刺了下眼睛。我多扔給小販幾角錢揣著它就走，小販喜出望外，我更是如此，一邊走一邊還還掏出來讀幾頁。這是1971年再版的《高玉寶》。我如獲至寶。我一頁一頁地讀，我希望能在裏面找到姥爺家過去的影子，讓我的某些猜想對對號。結果我半信半疑。書裏的「深宅大院」和我去姥爺家走親時親眼見到的「石頭房」畫不上等號。

1991年，我在新華書店見到了解放軍文藝出版社建社四十週年系列叢書之一的三版《高玉寶》。這樣我擁有了不同年代兩個版本的《高玉寶》。我注意到，高玉寶一直在改《高玉寶》，小改大改「必須改」（作者原話）。在1971年版的《高玉寶》的再版後記裏，作者稱「（過去）不知道書中的人物和情節可以塑造，因此（過去）寫出的東西基本上是個自傳，還不能更好地為人民服務——」。在1991年的三版《高玉寶》的自序中，作者明確認為自己寫的是自傳體小說，很有必要修改。說實話，一改再改的《高玉寶》越來越好看了。但我心裏一直最想看的是1955年首版的《高玉寶》，因為那才是最接近真實的「自傳」。但作者在後兩個版本中似乎真誠地提到，那也是經人幫助集中、概括和修改出來的。

四

我到哪裏能找到原版的「周扒皮」呢？唯一的辦法就是和我姥爺「對話」。卻一直未能遂願。長大後我在大連，很少回老家，回老家也很少能去姥爺那看看。這時候我能寫點文章在報刊發表在家鄉那兒已經有一點名氣了。有一次，姥爺冬天又來我家，父親就跟他說了我的一些想法。聽說姥爺夜裏像烙餅子一樣在炕上翻騰了半宿沒睡著。姥爺在想什麼呢，是什麼觸動了他的心事？我又什麼時候能和姥爺坐在一起嘮一嘮呢？

姥爺過去的家到底是什麼樣子呢？這麼多年眼見耳聞，我倒可以做一次零碎的拼圖。

「你姥爺家當年有「四大房」——油坊、磨房、染坊、粉坊。一家人掙錢了就買地。地多了就雇長工，從三五個到七八個的時候都有，高玉寶作報告就說曾在你姥爺家放過豬、抗過活。」（爺爺講的，可惜他離世太早，否則我一定能知道得更多。）

「你姥爺家仔細啊，吃剩的粉條用筷子撈出來，放到蓋子上曬乾了日後吃。」（爺爺的弟弟講的，這位叔爺住在大連，我每次去他那總問我吃沒吃飯？）

「你姥爺和長工一樣幹活，一大早就趕馬車出去，回來掛一鬍子霜。你姥爺長說一句話：早起三更趕個工，不等窮人落下風。」（母親講的。小時候母親讓我們弟兄幾個早起幹活就願說這個，她總認為窮不窮跟勤快不勤快有關。）

母親非常不願意講過去的事兒，偶爾說到了也就一句兩句，我都成人了她也這樣。有一次我趁機問她，太姥爺真的半夜裏起來，到雞窩前捏著鼻子學公雞打鳴催長工下地幹活嗎？母親說人家都這麼說，她也不知道，她那時太小了，她記事時太姥爺已不在人間了。母親的未置可否，使我確信半夜雞叫那一定是真的，否則這一切還有什麼意思呢？

五

把我姥爺的爹周春富也就是周扒皮原名原姓寫進書中的高玉寶，比我姥爺要小上幾歲，如今就和我生活在同一個城市，有過一兩次本可以見到他，我卻悄悄地躲開了。我必須承認，我對高玉寶這個名字有一種複雜的情緒。

隨著年紀增長，書讀多了，也經歷了一點世事，不只怎麼，我有時會想，有一天，我姥爺和高玉寶見面了會怎樣？我若是給安排個見面能怎樣？不得而知。我也無法想像。其實現在在我眼裏他倆只是兩個小人物而已。幾十年前的農村階級社會裏，他們隔開在一條歷史大河的兩岸，對視著仇恨著並讓仇恨以各種方式交替上演，在那場用毀滅促進更生，迫使舊制度的一切代言者付出不能溯回的永久性代價的造物鐵律面前，他們的痛苦和光環都被成倍放大。

文盲作家高玉寶磕磕絆絆以一部十萬字的《高玉寶》聞名天下，並先後得以二三次見到老一輩國家領導人，20世紀90年代前為新中國一代代兒童做過進千場報告。這位一輩子都在宣傳社會主義好的老人家十分可敬。也許他這一輩子只能做這件事。聽說他後來又寫了數十萬字的自傳續集類作品，也不知出版了沒有？如果不再轟動了，是否會感到寂寞？

而我姥爺呢？小人物我太姥爺、我姥爺做為遼南地區一介小地主只能說是命運多舛，他們必須在那場翻天覆地的階級運動裏承受道德、經濟乃至肉體的審判，而把靈魂和精神的陰影投遞在子女和家族命運的上空。

前文已提到，我那善良的母親性情懦弱絕不是天生的。這在我大姨娘那兒也能得到例證。她有個綽號叫小辣椒。農村生產隊幹活給工分少了，她總能一是一二是二地給找回來。村裏一位翻身得解放的實權派人物見這位地主家的大妞長得好看，遂不懷好意，找了個機會動手動腳的，被大姨娘用一柄鐮刀攆得大呼救命滿山的跑。小舅年紀和母親彷彿，人厚道肯幹，村裏選隊長時選上了就被上面扒拉下來，找媳婦時也費了好大的勁兒。最想說的是大舅。他是家裏的叛逆者。十六歲就離家出走，並給自己改了名字。多年以後，我見到了仍回鄉務農娶妻生子的大舅。他正坐在炕上讀毛選。在姥爺家幾十里外的那個村子，大舅是個有名的理論家，他最善於

演講，找的媳婦很漂亮，大隊書記也是他的好朋友。當年他離家出走的原因斬釘截鐵：家庭出身不可選擇，但人生的道路卻是自己走的。也許因是這個原因，姥爺跟大舅的關係一直很僵。小時候，兩人趕大集無意中在我家碰面了，就都不想在我家落腳吃飯了。父親和母親就勸。結果吃飯時，倆人還是吵了起來。大舅最後以手指做手槍狀指著姥爺說：周扒皮，我斃了你！說完下炕推車就走。氣得姥爺病了半年多。我最後一次「見」到大舅是在報紙上。1991年年初，我在舟山漁場打漁。南方卸魚時，母船扔下一捆過期報紙。我得空了就一期期地讀。在轟隆隆的船艙裏，我突然看到了署名大舅寫的一篇題名《還是當今的時代好》的千字文章，原來他參加了黨報搞的「我愛社會主義」徵文。文章中講了他這周扒皮的子孫當年尋找人生動力和後來帶動村民共同致富等經歷，並認為自己這樣做，並不是為了什麼「積德」，償還祖輩對勞動人民欠下「債」，而是盡一個社會主義新農民的責任。

那趟海時間可真長，出了三個多月，回來時聽說大舅胃癌晚期，直至死時我也未再見到我這位在我姥爺家族裏最懂政治的大舅。

六

2000年，好像全世界都在告別過去，為世紀末喋喋不休。本來姥爺家這點事也該找個地方放一放了。拍過《籬笆、女人和狗》的一位編導不知怎麼找上我，希望我能「弄」個東西出來，和他侃了一會兒居然熱氣騰騰，但思忖再三我還是決定先擱一擱。我實在不敢去驚動姥爺了。他現在過得很幸福很平靜，家裏捎來一張他老人家八十大壽的照片，很精神。而現在編影視劇，「戲說」肯定少不了，姥爺被氣死怎麼辦？

不過，現實生活裏的「戲」可真不少，姥爺家的那點事還能拿出來曬一曬。前幾日，我接到一個電話。是大舅家的表姐。好多年不聯繫了，在市郊裏包了

很大很大的山林，搞了一個什麼莊園，裏面有山有水，可采藥可狩獵，很田園很野秀，表姐希望我能去轉轉，裏面雇了不少人，是雇工而不是長工，他們叫她老闆而不是東家。表姐電話裏的口氣讓我有點不舒服。表姐說她想在園子裏開一個野味店，名字就叫「半夜雞叫」，是周扒皮子孫開的店，不能沒有賣點吧？！我下了一跳，連忙請她打住。一是工商局不能批，在消隱了階級仇恨的現代社會裏，這不是簡單的趣味時尚，北京「二房」酒類商標，四川「劉文彩」商標不都引起風波了嗎？第二條原因很簡單，店名字裏行間容易引起歧義，掃黃打非不找上門來才怪呢。一定是聽出了我的嚴肅勁兒，表姐在電話那頭笑得花枝亂顫。

表姐這次電話使我落下了一個壞毛病，這就是見了誰熟絡點後就喜歡痛說革命家史。最近一次是和一家媒介公關公司的女孩到酒吧喝酒。這女孩寫過幾年詩，喝酒挺投入，因眼睛略近視看人很專注，給人的感覺很特別，說句心裏話我有些喜歡她。當聽我說到我太姥爺就是周扒皮，就是他夜半起來趴到雞窩門口學雞打鳴讓長工早起幹活時，她很驚訝，驚訝過後，她萬分矯情地說：哎呀，你太姥爺真的很有創意耶！

這是我所聽到的無比混蛋的一句評價。

半夜雞不叫──揭開地主周扒皮的真實面目

附錄四

荒草（郭永江）家屬探訪紀實

緝拿歷史的細節

中國文史協會理事、中國作家協會會員　王洪林

我生在紅旗下，卻在《高玉寶》苦水裏泡大，三歲翻閱連環畫《半夜雞叫》到十三歲背誦《我要讀書》，讀得哭哭哀哀，永志不忘。我們通過傳媒，牢記的第一人是毛主席，第二人就是高玉寶了。要知道，三歲幼兒看圖識字，是不管也記不住作者的，小學生也是不看也不刻意記作者是誰的。可是，背誦過的中小學課文，主人公是誰，只要記憶力不消失，沒有誰忘得掉，沒有誰偷得走。直至共初三十年，能夠滿足一個蒙童不問作者也忘不了的作者只有一個，那就是高玉寶，因為書名、作者、主角三合一了。

當我也做爸爸的時候，終於驚悉《高玉寶》的作者不是高玉寶，而是資陽老鄉郭永江。郭永江，1916年1月21日生於資陽縣城大東街，是他遵照黨和軍隊的指示，把一段歷史的細節帶下黃泉了，以至於我不得不下重慶、飛大連兼聽則明，鉤沉輯佚，緝拿歸案。

一、及時雨

1986年春，讀郭治澄遺著《回憶皖南事變後我在〈蕪湖晚報〉的一次鬥爭》：「便向組織上請假回資陽家中一次，在家裏與家人團聚並埋葬了剛去世的嫂嫂（郭永江同志的妻子），到宜賓已是6月。」老實說，括弧裏的文字，我一向一晃而過。次年初冬，閱讀郭永江寫給資陽縣委黨史辦的親筆信，修改郭治澄傳，大談郭氏四弟兄參加革命的引路人姜度，縣誌郭治澄傳對郭永江的認識依舊是模糊的，一筆帶過。1989年7月6日，寄發我起草的《為編文化志向資陽籍作者徵集著述目錄的函》，次年收到郭永江親筆信。

> 資陽縣誌辦：
>
> 　　《荒草小傳》從資料搜集到整理曠費時日，撰寫、修改均很費精神，體力不濟時只好止筆。幸《小傳》粗成，現寄上。《作品目錄》與《高玉寶》小說十三章成書經過仍在整理中。
>
> 　　祝同志們撰安！
>
> 四川省軍區重慶幹休所離休幹部　郭永江
> 1990年11月13日

郭永江一貫嚴格要求自己，到了生命的最後三年，經我觸動，他思想鬥爭激烈，本站實事求是原則，當年這位奉上級指派去幫助高玉寶指導修改文稿的專業文藝工作者，終於第一次站出來現身說法：「1951年，開始長篇小說《高玉寶》的創作、修改……在從事編輯工作的同時花費了大量精力來完成長篇小說《高玉寶》，於1955年結束前十三章共十二萬字，為證明荒草為此書付出的艱巨勞動，總

政文化部文藝處與出版社約定，每版書後必附荒草《我怎樣幫助高
玉寶同志修改小說》一文……荒草指導高玉寶修改小說的照片刊載
於《人民畫報》、《解放軍畫報》、《人民中國》、《人民日報》
及歐美一些國家的報刊，該書成為中外文學名著之一。荒草曾應邀
在北京人民廣播電臺和全國文聯、作協作關於如何修改小說《高玉
寶》的報告。報告中說「書要是改不好，會給黨造成損失」，疲勞
和疾病都阻止不了他，他已經下決心把全副生命交上去。1955年秋，
捷克斯洛伐克《紅色權利報》記者還為此專程走訪了荒草。」

　　我婚前兩次下重慶，尚不知郭永江下落；婚後得知《高玉寶》
是他代筆，頗為驚訝，馬上請求下渝州採訪細節，單位以健在人物
不能入志、無需細訪為由拒絕，加之我才做爸爸，奶粉錢都很緊
張，縱有一萬個心願，一時也不敢停止哺育，自費出門公幹。再
說，假公濟私的越來越多，我還沒有毫不利「嬰」、專門利「志」
的高尚情懷。《荒草小傳》經年始成，幾乎耗盡了郭永江殘存的元
氣，你看：

　　王洪林同志：

　　　　你好！你8月6日的信已經收到很久了，家父囑我早給你回
信。無奈他年老多病，忙於照料他，因此拖了下來，祈諒。

　　　　家父作品目錄，全靠我兄弟業餘整理。由於他的作品發
表於各種刊物中，年代久遠，記憶不清，搜集起來頗費時
間，待整理好後當寄去。

　　　　欣聞資陽文獻整理出版學會成立了，家父很高興。這是
我們家鄉文化界的一個大事，很有意義！祝你們取得成功，
即此祝好！

　　　　　　　　　　　　　　　　　　郭永江之子　郭一忠
　　　　　　　　　　　　　　　　　　1991年9月22日

親筆寫字六十年的郭永江，已經虛弱得需要殘疾的大兒子代寫書信了，我竟麻木不仁，裹足不前，久久未能前去傾聽他最後的心聲。孩子讀幼稚園，遲疑千天，我也有點餘錢剩米了，剛要私款辦公，忽聞噩耗，1993年1月4日郭永江因腎衰在重慶逝世，自恨因循蹉跎，噬臍莫及了。

二、馬後炮

郭永江深受魯迅影響，沒有刻意培養子女文藝細胞。住北京蓮花池，他讓子女種地、撿馬糞，鄰居奇怪，問他：「你弄些小奴隸幹什麼？」高玉寶加入中國作家協會，郭永江退休，主攻格律詩詞，絕不與聞時事，估計是上峰有令，不惑之年的荒草就把自己深埋黃土了，活剝獻給中國工農兵掃盲大祭臺，精神可嘉。晚年，郭永江有些後悔自己太左了、太謙抑了，完全服帖於黨的意志和軍隊的需要，忽視了自己和家人、孩子，開始教子女對對聯什麼的，作為彌補歉意。

得知荒草棄世，我悲不自勝，自怨自艾，把他和同鄉老庚邵子南並列，蘸淚痛輓：

> 發掘白毛女，鼓舞邊區晉察冀，
> 戰雲深深，中外同欽地雷陣；
> 托出高玉寶，誘學赤縣工農兵，
> 文苑朗朗，後今共仰郭永江。

我把《高玉寶》幕後作者死期補入《資陽縣誌·文化志》第二章第二節縣人書目，1993年9月巴蜀書社出版，總編刪除了卒日，理由

是下限1985年不宜突
破。書出來，短短百
字，錯誤兩處。

　　資陽最早的中國
共產黨黨員袁孟超，
上西街人，晚年和我
通信多封，1991年1
月16日在吉林財貿學
院病逝，名列二十八
個布爾什維克，後寫

四川史家王洪林和荒草（郭永江）子女在一起（左一郭曉都、
左二郭一忠、左三王洪林）

《紅教授袁孟超》。在袁孟超啟迪和影響下，城裏人姜度帶領郭氏弟
兄相繼投身革命。1994年，我見黨史辦遲遲不給共產黨員姜度立傳，
發動姜度妹夫寫出詳盡回憶錄，自己動筆，參考郭永江來信，撰寫
《薑度傳》。世紀末由《資陽黨史》列印，消滅胸臆疊壓的石頭。

　　2002年9月，我的專著《中川資陽》由中國三峽出版社出版，
其中《荒草托出玉寶》連袂書寫姜度、郭治澄和郭永江。郭永江死
後，十幾年去信多封催索《作品目錄》與《高玉寶》小說十三章成
書經過，再無回音了。2005年6月，搭車到重慶電視臺生活麻辣燙
節目組，忙於結對子試寫方言小劇本，回來才失悔：渴慕多年下渝
州，為什麼到了大坪卻把郭家的事忘得一乾二淨了？2008年2月26
日，我寫《雙星亭記》，目前正在洽談一家企業修建雙星亭，大力
謳歌無名英雄，變幕後為前臺，去偽存真。

三、亡羊牢

　　周扒皮的曾外孫孟令驁網路搜讀我寫郭永江創作《高玉寶》的
文章，通過資陽市作家協會問到我的手機，2008年3月28日發短信

要求合作澄清歷史謎團，我答應為此專訪重慶，他邀請我到大連。鬧了半年，機票已訂，厚著臉皮求告十幾家單位，涉文組織窮斯濫有，有心無油，有油無車，有車無人，有人無情，非文單位錢財雖多，異口同聲沒有義務、不能越權攬事，一家企業肯派車，時間又要推後，眼看起飛臨近，咬咬牙去買火車票，又被告知夜裏才有車。萬般無奈，一個電話打去，資陽市國土資源局慨然派出三菱越野車，專程送我下渝州。

9月19日黎明，成渝高速公路上，三菱風馳電掣，一出二郎站，隨行記者的小舅舅自駕寶馬車引道馳赴大坪彭家花園軍隊幹休所，我們跟著自貶班輩，隨口打哇哇齊喊小舅舅，他也是資陽老鄉，小我九歲，成都苦做九年農民工，下重慶開辦廠礦，自稱一輩子都吃不完了，來到幹休所門口，一個中年人聽見問路，就說是不是那個寫《高玉寶》的老幹部，去世多年了。進入停車，問到第34棟1樓2號，殘疾人郭一忠開門，聽清來意，努力伸直歪脖子請進不足百平方米的居室，沙發比收破爛的陳舊十倍，老式傢俱搖搖欲墜，牆上的世界地圖、中國地圖還是1984年懸掛圖，小得很，一行環坐，我心悲淒。

郭永江早年喪妻遺二女，壯年續弦得四子。他要求子女嚴格，長子郭一忠病殘無工作，他死後生活斷絕來源，好心人給找了塑膠廠做門衛，留守父親居室，獨自一人，滿屋狼藉，慘不忍睹。一會兒，重慶市委黨校資訊處副研究館員郭曉都騎著破自行車趕到，儀表堂堂，兄弟倆一起接待我們。

郭家是唐朝名將郭子儀後代，清初由江西吉安府萬安縣永和鄉浣溪裏遷居四川資陽縣。郭永江四十歲病休，1958年接父母進京，1970年3月回資陽上西街，住了兩三個月，熟人多，人來客往，不利閒居，父母喜歡資中縣久為州衙，文化底蘊深厚，於是郭永江遷居資中大西街41號。貧居鬧市十二年，絕口不談身與文、功與名。

1981年3月，郭永江妻子閻景芙在京病逝，次年他也到京住院，1984年遷居重慶。要是我不迭信催問作品目錄，郭永江怕是永遠不會外露半個字了。

上世紀50年代初，女兵姜寶娥也請人修改文章，迷戀投稿，認識和崇拜高玉寶，她央求郭永江介紹並作證婚人。1954年，高玉寶上中國人民大學新聞系後復員，1962年畢業找到郭永江，郭永江幫助他恢復軍籍。北京大疏散後，郭永江1970年悄然入川。期間，高玉寶孩子多事情忙，雙方失去聯繫。郭永江死後，兒子電話報喪，高玉寶拍電報：「沉痛悼念郭永江同志去世，希望你們繼承他的遺志。」

1949年，中南軍區宣傳部文藝科長郭永江等創辦《長江文藝》，1951年1月，戰士高玉寶自傳脫稿，被部隊基層推舉上來。是年，舉國文化大進軍正呼喚高潮。郭永江率先發現是棵苗子，彙報上去，中央軍委找白刃輔導他修改，白刃說：「傻瓜才幹這件事。」又找西虹，西虹說：「我手頭有幾個中篇、長篇。」只好找郭永江幫他修改，11月《解放軍文藝》開始刊載。12月16日，郭永江在《人民日報》發表《英雄的文藝戰士高玉寶》。次年，郭永江調中國人民解放軍總政治部文化部，擔任《解放軍文藝》副主編，高玉寶隨調北京，最初郭永江信心百倍地輔導，深入淺出地寓理論於實踐，誰知高玉寶底子太差了，反映上去，高層指令：悉心輔導，幫助修改，修改稿突出工農兵形象，減少作家痕跡。高玉寶稿子裏三個爺爺、三個姐姐，從寫小時候寫到打湖南，郭永江要他集中寫好一個爺爺、一個姐姐，給他講文藝理論，提高文化。

郭永江小時體弱，傴僂如小老頭，刻苦鍛煉，打拳、跑圍城，青年身體極棒，自詡國防身體，幹革命不遺餘力，朝鮮前線採訪兩次負重傷，帶病堅持工作，沒日沒夜，害了神經官能症，抽煙喝酒厲害，又要體察軍內意圖，牽牛上皂角樹，難度比原創大幾倍，

1953年3月感患腦溢血，經搶救，稍微好點，又修改一次，有時不經意流露出四川話了，交高玉寶改換語言，修改了十來次都不行。不行了又啟發，高玉寶弄得又急又累，吐血求饒：荒草，我不行了，你來寫吧。郭永江請示怎麼辦，組織說：郭永江同志，那你幫他寫嘛。

遂有郭永江前面寫，高玉寶後面抄錄，儼如「描紅」。

寫《我要讀書》，郭永江深情款款。高玉寶唯讀了一個多月，體會不深；郭永江是在發揮自己獨特的求學經驗，他六歲發蒙讀私塾，十三歲讀弘文學校，十五歲讀資陽縣初級中學，十八歲考入成都縣立中學，1935年初因家境貧寒輟學，回壽民中學附小教書，次年9月考入四川省立成都師範學校，1938年春加入中國共產黨，省委書記鄒風平當面任命為省師黨支部書記，次年考入四川大學教育系，因白色恐怖加劇，1940年10月到延安，參加八路軍。寫出第一部反映共軍大生產運動的歌劇《張治國》，受到毛主席稱讚。這些求學、教學經歷，異常豐富曲折，可不是高玉寶能體悟的。定稿一章，連載一章。寫來改去，軍隊領導震驚了，寫完13章打住，不能再寫下去了，以後的成長經歷等高玉寶水平提高了再說。總政文化部文藝處1954年三條內部規定：一，署名，只署高玉寶；二，附件《我怎樣幫助高玉寶修改小說》，作為回報荒草的勞動；三，稿費平分。1955年4月20日，《高玉寶》由中國青年出版社出版，1960年人民文學出版社再版不明內情，拿掉了附錄。這也是當時形式的需要。高玉寶自稱困難，郭永江回答：「那就算了嘛」。稿費從此未分給郭永江，1981年10月高玉寶到北京，二人見面，也沒有追要稿費了。

連載不久，郭永江被魏巍拉到絨線胡同口子小餐館，細談創作真相。魏巍說：《我要讀書》受到偉大領袖毛主席表揚，問娃娃：「你們讀這篇沒有，你們要讀。」1952年，毛主席接見高玉寶。次

年初，老人家視察海軍北海艦隊「鞍山」艦說：「太平洋上不太平。」可見對小說語「太平村裏沒有太平」記憶深刻啊。

　　結集單行，郭永江就依組織口徑打招呼，讓高玉寶獨自出名，年復一年告誡子女，要兒女不說是作家的孩子，上課學習語文遇到了，不要得意洩密。而馬寒冰仗義執言，在《解放軍文藝》、《文藝報》、《文藝週報》談《高玉寶》不是高玉寶寫的。單純的馬寒冰於中共「反右」後期服毒自殺。時，高玉寶在創作會上也發言，也「感謝作家荒草」幫助他寫作。原著第一版，「走下山坡，還看見周老師的長衫在飄」；多次重印，經江青提議，再版時高玉寶修改為「淚水模糊了雙眼，看不清周老師了」。久後，高玉寶承認自己改壞了，不及原著有詩情畫意。後再版又恢復原貌。

四、回頭看

　　資陽人寫小說繼承楚辭作家傳統，有以真人說事並誇張的習慣。西漢王褒《僮約》王子淵和便了對白，就是楚辭宋玉對曰的變種；邵子南民國小說《青生》也以家鄉真人詹木成入文譴責，從小酷愛詩古文的郭永江自不例外。

　　白刃、西虹莫非有先見之明，矢口回絕了為人作嫁的弄虛作假。你看看郭永江，代人捉刀之後，四十歲正是男子漢人生最美好的時光，就鬧得自廢武功，退休下臺，從此人間蒸發，貧居鬧市37年，悄無聲息地離開他無限熱愛的人間。我真混蛋，捨不得幾十元差旅費，遲遲沒去開啟他久鎖的心扉，傾聽他真誠的訴說，以至於飲恨埋名，腎衰以終。嗚呼，天公何其吝，史官何來遲！

　　《高玉寶》草稿是自傳體回憶錄，定稿是長篇自傳體小說，有大量細節是杜撰的。高玉寶不是高玉寶，周扒皮不是周扒皮，而是借用真名加以典型化，集中了生活裏散見的同類型人物性格。

實際的「周扒皮」只是遼南農村高玉寶家鄉因土改批鬥而死的的一個小富農，其侄子曾在偽滿時期做過屯長。樹上摸喜鵲蛋，是為了豐滿高玉寶形象而虛構的，在窯廠裏的情景，寫的共產黨地下鬥爭，更是青年郭永江的一頁歷史，和高玉寶毫不沾邊。郭永江代筆中，最出彩的是《半夜雞叫》，激動了億萬人民，這正應驗了文藝理論大家劉勰《文心雕龍》的斷語：「意翻空而易奇，言征實而難巧也。」半夜雞叫的民間傳聞，安在周扒皮身上是個偶然。一天，高玉寶經啟發，告訴郭永江，他想起一個民間故事半夜雞叫，郭永江也對農村同類故事有所耳聞，就鼓勵他寫進去，高玉寶不敢，說寫到周扒皮頭上怕知情者罵他捏造。高玉寶不會寫，郭永江操刀捉筆，集中各地刁鑽財主形象，把個「半夜雞叫」寫得栩栩如生，活像真的一樣。認真說，一人之精力有限，天下之剝削無窮，誰能保證兩千多年的封建社會裏，中國就斷無半夜雞叫情事？大躍進中，郭家孩子讀北京一個公社史，就看到過這個故事基本情節，川北也聽說有這個民間故事。

　　儘管共初操刀時，聰明的軍隊首長、文藝領導戴著放大鏡剔除四川語言痕跡，但是麻雀飛過都有影，未必小說不留痕。附錄的荒草文章《我怎樣幫助高玉寶同志修改小說》，打回好幾次，重寫還是不能通過，高層傳令儘量縮小郭永江的影響，無限擴大高玉寶的作用，以便樹立戰士學文化立竿見影典型，帶動全軍掃盲。用心良苦，又不准暴露揠苗助長馬腳。直到問世，細心的明眼人依然不難透過郭永江曲筆看穿消息。復縣話在東北地區基本接近於普通話，不同於瀋陽話、大連話，更和川腔大異其趣。早年，很多山東人闖關東，跨洋過海到大連定居，因此大連話不可避免地帶有濃重的山東腔，之後經過百年歷練，山東腔、遼寧音融合到一起定型。而復縣高家、周家祖籍都是山東，分析小說語言，必須借助山東、遼寧地方語音，再比較四川語言，還可以和續集對比語言風格作數理統

計，找到《解放軍文藝》和中國青年出版社資料庫，對比《漢語大詞典》等量化《高玉寶》歷次手稿、連載發排稿、結集定稿、原版樣書、再版樣書，再擴大搜索範圍，搜羅郭永江1932～1992年全部作品，考核異同優劣、個人語言風格、寫作技巧變化軌跡，一定會發現：川味歷歷有意境，荒草萋萋無限美。

2008年9月23日戊子秋分大雷雨成都永豐路仰韶樓

半夜雞不叫——揭開地主周扒皮的真實面目

附錄五

採訪和寫作資料來源

一

　　書稿採訪線索主要來自：國家圖書館、革命軍事博物館、遼南地區大小圖書館（包括檔案館和古文化市場）、高玉寶和周春富（周扒皮）家鄉、相關知情人、網路搜索。

二

書稿採訪對象，輾轉五年計數百餘人次，主要有：

周長義（周春富三子，居瓦房店閻店鄉、2008年2月去世，九十一歲）

周長武（周春富五子，居瀋陽）

劉德安（周春富外甥，居瓦房店閻店鄉，現八十六歲）

王心智（周春富三女婿）

周有漢（周春富之孫，瓦房店閻店鄉）

周有合（周春富侄子周長安之子，居大連）

王義幀（給周春富做過不到兩年長工，現九十歲）

劉吉勝（其父劉德義給周春富做過前後十年長工）

閻振明（周春富老家的村民，現八十四歲）

高殿榮（周春富老宅現居住者，當年貧農，現九十二歲）

宋乃文（當年閻店鄉某村工作隊文書）

孔慶祥（當年和平村村幹部）

劉寶賢（瓦房店檔案館原工作人員）

牛正江（原瓦房店政協副主席、文史委員會主任，現八十七歲）

郭玉香（周春富家鄉1970年代因報告文學《換了人間》而「鬧巨變」時任婦女隊長）

許XX（1970年代復縣縣委宣傳幹事，參與署名高玉寶的報告文學《換了人間》的集體寫作）

閻富學（為高玉寶改書的川籍作家荒草的妻兄，居大連，現九十四歲）

王洪林（四川資陽文獻學會會長，作家荒草離世前的書信往來者）

楊進軍（原錦州晚報記者，專訪高玉寶等三位老戰士參加的塔山狙擊戰）

林健民（離休幹部，塔山阻擊戰親歷者、出版四部軍史著作）

魏巍（原解放軍文藝社副主編，當代著名作家，卒於2008年8月。王洪林代訪）

楊少娟（原解放軍文藝雜誌社1950年代助編）

田久川（遼寧師範大學歷史系教授）

房司鐸（遼寧大連有養雞三十年研究的畜牧專家）

錢慶國（解放軍文藝出版社《高玉寶續集》責任編輯）

高玉寶（《高玉寶》等作品的署名作者和五十年四千場報告會的報告者）

三

書稿相關參考書目資料：

1950年代、1970年代《解放軍文藝》

1955年版《高玉寶》

1990年、2005年版《高玉寶續集》

1970年代報告文學集《換了人間》

1950～1970年代《人民日報》

1950年代《速成識字讀物》系列

《農民家史》系列，農村讀物出版社，1965

《毛澤東農村調查文集》，人民出版社，1982

《土地整黨文獻》，遼南書店，民國三十七年四月初版

《瓦房店志》，大連出版社，1994

《復州史話》，大連出版社，2004

《中華（首屆）全國文學藝術工作者代表大會紀念文集》，新華書店發
　　行，1950年東北初版

《中國人民解放軍文藝史料選編》，解放軍文藝出版社，1989

《解放戰爭時期遼南五地委》，中央黨史出版社，1993

《偽滿洲國史》，吉林出版社，1980

《歲月東北》，廣西是師範大學出版社，2007

《五十年國事紀要》，湖南人民出版社，1999年

紀念土地法大綱頒佈六十週年－CCTV《見證》影像

半夜雞不叫──揭開地主周扒皮的真實面目

後記

　　從2003年在大連天健網原創論壇的一篇和「半夜雞叫」有關的帖子，觸發我獨自一人回溯歷史本源，到2008年8月底我擱筆，時間的跨度是整整五年。

　　當在電腦鍵盤敲下最後一個字時，我的心態如釋重負，那個夜晚，正是第29屆奧運會結束舉行閉幕式的日子，北京一片歡騰。而我知道，在我內心裏我也有一個勝利，這就是堅持堅持，再堅持。這個最終走下來的「勝利」，可謂百味雜陳。

　　五年裏有太多的辛苦，有太多的感慨。

　　幾年來的黃金周大假，還有個人幾近所有工作之餘，我幾乎大都用在尋訪一段特殊的歷史「禁區」。往返遼南城鄉、圖書館、檔案館、古舊文化市場，還有坐在電腦前垂釣各種線索……從混沌到清晰，從雜亂到理性，直到終於能坐在電腦前，小心翼翼用文字去為世人撥開那些歷史保密室的門栓。

　　有辛苦疲勞，有力不從心，幾年來彷彿頭頂一直懸有重物，一直無法輕鬆和真正釋懷。偶爾的興奮，往往是來自那些「踏破鐵鞋無覓處，得來全不費工夫」的偶得，或者是一張圖片，或者一個人物，或者一個線索，每每山重水複，恰恰柳暗花明。那是上蒼對我這個求索者的恩賜。但仔細想來，冥冥中似有某種因果喻示。相信讀者會在我的書中體會到。

周春富，遼南農村的這個勤儉吝嗇到極致的小富戶，既不是為富不仁作惡多端的地主惡霸，也不是在傳統農村佔有積極影響的鄉紳，他只是在新舊政權交替的土地革命運動中不幸死於激進的批鬥之中的小人物，後來因文盲作家的一部自傳體小說，而一夜之間暴得大名，成為中國人家喻戶曉的「地主」代表。這個在意識形態的層層油彩中成為特殊年代階級教育的反面典型，是在特定歷史條件下各種因素、要件集納在一起「湊合」而成的產品，但它既荒謬又戲劇性的逼真堪稱偉大，生命力竟綿延半個世紀之久。在多年後的今天，有人為之言之鑿鑿，有人為之斷然否認，更多的人則莫衷一是，知其然不知所以然。因為它曾經在人們心目中的烙印太深了，已經成為幾代人大腦裏的溝回。

　　「周扒皮」是怎樣製造出來的，簡單地說──1950年代初期全軍全國範圍大掃盲。文盲戰士高玉寶表現積極，用畫字的方式寫自傳。（高玉寶早年畫的字，後人在他90年代開始展示的入黨申請書可以看到）被部隊推為典型上報上去。窮苦出身的戰士不僅學文化還能寫書，批判舊世界歌頌新世界。為了把這個典型放大，部隊派專業人士幫助高玉寶。要體現舊世界之黑暗，地主階級之罪惡，為了使書更能教育人，就要進行加工。為了表現真實，書中一切採用真名真姓真地點，自然發生的「故事」就是真實的。而為什麼寫了周春富周扒皮，而沒寫王春富王扒皮，這是因為周春富在高玉寶的家鄉土改過程中，被作為惡霸地主批鬥死去。而周春富的侄子是遼南偽滿時期和國共拉鋸時期的村長一類的人物，土改時被判成反動保長和反革命份子。他倆被寫到書裏成為罪惡的地主父子。這是第周扒皮的第一出「幸運」。而第二出「幸運」是在60年代初期開始的階級鬥爭中，周扒皮成為階級教育中的反面典型。全國周姓同學都得到一個天然的綽號：「周扒皮」。第三次「幸運」是在改革開

放後成一切苛刻自私霸道的無良雇主的代名詞。這是周春富絕對沒有想到的。也可能是當年的周扒皮製造者沒有想到的。

只有在周春富的家鄉，人們從來沒把只知道攢錢買地的周春富當做「周扒皮」來看。善和惡，今天仍是那裏的人們最傳統的道德評判標準。這種認知上的差距，除了個別有所圖的人之外，還在很多善良的人心中蕩起溫情的漣漪。在遼南一些農村，有人甚至這樣述說周春富的後人命運結局：聽說周扒皮的子孫都被安排了，都在北京，過得可好了。當年「上面」都跟周家商量好了，「拿」他家來教育全國群眾……。

讀歷史就是讀人心。

我們這個社會有曾因講真話付出較大成本的歷史。我在寫作過程中，也無數次聽到各層面好心人的勸誡，擔心我的腦袋上會被扣上某種政治帽子。這頂帽子其實就是「為周扒皮翻案」。政治帽子的厲害，今年三十八歲的我還沒有機會嘗試到，但我的父輩年紀的人大概會對此退避三舍。那是三十年前大部分中國人聞之色變的黑色夢魘，直至今天，這種「濫用階級鬥爭」的慣有思維還在某些人精神裏延續。

先前在互聯網上，就幾次看過一些關於「半夜雞叫真相」之類話題的討論，在「左派」、「右派」相互口誅筆伐之間，我聽到了一種最理性的聲音：公道自在人心，時代給予人以話語權。我們不關心誰在翻案，也不關心為誰翻案，我們只關心真相。

這給了我莫大的信心。

新中國的一位偉人早就說過：讓人說話，天塌不下來。

如果今天還講階級鬥爭，我倒是希望把它用在另一種地方，把它用在官商勾結的腐敗者身上，用在豆腐渣工程的製造者身上，用在傷天害理的黑煤窯老闆身上，用在三聚氰胺的添加者身上，用在兜傳誤國害民理論的假知識精英身上……。

2008年10月，一百零二歲的中共開國將軍蕭克仙逝。我也是第一次知道，他在支持和主創《炎黃春秋》雜誌時曾嚴肅地指出：歷史就是歷史，不能人為地歪曲事實。真理只有一個，是不能以某種「政治上的需要」來改變的。有些同志喜歡錦上添花，或落井下石，甚至製造材料，歪曲事實。這不是唯物主義的態度，研究歷史要「不唯上，不唯親，不唯權勢。」

　　求實存真，草根之輩就不能尋訪歷史嗎？歷史是大多數人的生活，而不是少數人的功名。普通人可能影響不了歷史，但從某種意義上講，普通人的命運變遷、悲歡離合、周遭際遇，比帝王將相、大人物們更厚重，更能真實地反應一個民族曾經發生過的歷史。

　　而講真話，在一定程度上，要有一個獨立思考的頭腦，一個剛直不阿的人格，一個不媚俗不奉承討好的個性，一個不為利益左右的價值取向，一個有為真理而獻身的靈魂。

　　正如一位叫雨子的網友所言：和謬論相比，真相常常顯得蒼白無力。她沒有咄咄逼人的氣勢，沒有富有煽動性的語言和情緒。謬論常常站在演講臺前高談闊論，而真相往往只是蜷縮在不為人所注意的牆腳等待願意追隨她的人發現。和謊言相比，真相常常醜陋不堪。她沒有謊言華麗的外衣，沒有謊言惺惺作態的眼淚，而真相往往不修邊幅，埋沒在拙笨而木訥的行為之中。

　　在謬論和謊言面前，真相蒼白無力並且木訥笨拙，但真相卻永遠是真相。接受了真相，我們才會發現真相是最有力量也是最美麗的。世界上沒有一種東西能夠像真相那樣恒久，沒有任何一種東西可以像真相那樣坦蕩並讓人一直去努力追尋。因為，謬論和謊言也許會帶給我們一時的安寧和慰藉，但那無疑是飲鴆止渴。只有真相，像一劑苦藥，在入口剎那的苦澀中能將我們身上的沉痾頑疾清理。

但我們常常沒有勇氣面對真相，我們在選擇真相與謊言、謬論的時候，我們似乎也會感到謊言背後的陰笑，似乎也隱隱可以看到謬論那錯誤百出的邏輯，但我們不願去深究，因為我們害怕自己會失去那種快樂的感覺，害怕自己會因為相信真相而面對更多的非議和折磨。於是我們選擇了自己認為最安全的方法，就是不去面對真相，寧願在謊言和謬論中快樂地麻醉並且死去，也懼怕面對真相而去勇敢地尋求美好的希望。心理學家把這個叫做斯德哥爾摩綜合症，又叫人質情結，是指對迫害自己的人產生依賴的一種精神現象。我在CCTV六套看過一個叫《肖申克的救贖》的美國電影，對此有撼動人心的詮釋。

面對真相的勇氣，就是尋求真善美的勇氣，其實就是面對自我靈魂的過程。這也是真正的解放。這個真理兩千多年前的耶穌和釋迦牟尼都已經說得很明白。幾年前，我們也曾感動於一個叫巴金的世紀老人的內心吶喊。

將真相還原，我藉此或可澄清一段家族往事，洗涮曾經的苦澀，慰藉先人的靈魂，也可藉此化解某些人的情感衝突，不起事端，共創和諧。但我認為更重要的是，我通過自己的努力，可能會為今天一些中國人的視野做些擦洗，透過歷史的迷霧去思考百年風雲中，各種人物和事件對中國社會發展的意義。

如此功莫大焉。

本書貫穿遼南地區民國、偽滿洲、共初土改、社會主義改造、人民公社和新時期改革開放各個階段，所涉及的事件和人物均有出處，對很多當事人的採訪，除卻少數筆者的親屬外，其他人一律為筆者以第三方名義進行尋訪，書中相關記述均來自其原始口述實錄。由於筆者思想的維度有限，僅僅採取對相關事件人物的如實陳述，儘量不做觀點性評論語言，把判斷和認知的空間更多地留給閱讀者。評論、批評乃至於批判是讀者的權利，筆者將虛心接受並加

以改正，但是筆者也有權利對不實的批評進行解釋和辯護。如有讀者對本書中表述的事件和事實有較大出入或者對本書中陳述的內容有不同看法，筆者願意與其商榷，以求賜教。

本書採用百餘張各時期事件和人物圖片，由於時間倉促，有的未能一一標明具體出處和具體拍攝者姓名，敬請原諒。

本書在出版前夕得到楊寶仲、宮延慶、郭惠敏等師友的閱稿和指正。四川史家王洪林先生在本書出版前，還特地到重慶對當年共初文藝工作者郭永江的家屬進行專訪，為本書提供佐證，特別致謝。在資料整理和寫作過程中，還曾得到很多朋友和網友提供的各種熱情幫助和鼓勵，在這裏不再一一開具名單，但我心裏將為此永遠流淌著一溪溫暖的河流。

作者　2009年1月

史地傳記類　PC0125

半夜雞不叫
——揭開地主周扒皮的真實面目

作　　者／孟令騫
主　　編／蔡登山
責任編輯／林千惠
圖文排版／黃莉珊
封面設計／陳佩蓉

發 行 人／宋政坤
法律顧問／毛國樑　律師
印製出版／秀威資訊科技股份有限公司
　　　　　114台北市內湖區瑞光路76巷65號1樓
　　　　　電話：+886-2-2796-3638　傳真：+886-2-2796-1377
　　　　　http://www.showwe.com.tw
劃撥帳號／19563868　戶名：秀威資訊科技股份有限公司
　　　　　讀者服務信箱：service@showwe.com.tw
展售門市／國家書店（松江門市）
　　　　　104台北市中山區松江路209號1樓
　　　　　電話：+886-2-2518-0207　傳真：+886-2-2518-0778
網路訂購／秀威網路書店：http://www.bodbooks.tw
　　　　　國家網路書店：http://www.govbooks.com.tw
圖書經銷／紅螞蟻圖書有限公司
　　　　　114台北市內湖區舊宗路二段121巷28、32號4樓
　　　　　電話：+886-2-2795-3656　傳真：+886-2-2795-4100

2011年01月BOD一版
定價：400元

國家圖書館出版品預行編目

半夜雞不叫：揭開地主周扒皮的真實面目 /
　孟令騫作. -- 一版. -- 臺北市：秀威資訊科技,
　2011.01
　　面；　公分. -- (史地傳記類；PC0125)
　BOD版
　ISBN 978-986-221-588-3 (平裝)

　1. 周氏　2. 家族史

544.292　　　　　　　　　　　　99016327

讀 者 回 函 卡

感謝您購買本書，為提升服務品質，請填妥以下資料，將讀者回函卡直接寄回或傳真本公司，收到您的寶貴意見後，我們會收藏記錄及檢討，謝謝！
如您需要了解本公司最新出版書目、購書優惠或企劃活動，歡迎您上網查詢或下載相關資料：http:// www.showwe.com.tw

您購買的書名：＿＿＿＿＿＿＿＿＿＿＿＿＿＿＿＿＿＿＿＿＿＿

出生日期：＿＿＿＿＿年＿＿＿＿＿月＿＿＿＿＿日

學歷：□高中 (含) 以下　　□大專　　□研究所 (含) 以上

職業：□製造業　□金融業　□資訊業　□軍警　□傳播業　□自由業
　　　□服務業　□公務員　□教職　　□學生　□家管　□其它＿＿＿

購書地點：□網路書店　□實體書店　□書展　□郵購　□贈閱　□其他

您從何得知本書的消息？

　　□網路書店　□實體書店　□網路搜尋　□電子報　□書訊　□雜誌

　　□傳播媒體　□親友推薦　□網站推薦　□部落格　□其他＿＿＿＿＿

您對本書的評價：(請填代號　1.非常滿意　2.滿意　3.尚可　4.再改進)

　　封面設計＿＿＿　版面編排＿＿＿　內容＿＿＿　文／譯筆＿＿＿　價格＿＿＿

讀完書後您覺得：

　　□很有收穫　□有收穫　□收穫不多　□沒收穫

對我們的建議：＿＿＿＿＿＿＿＿＿＿＿＿＿＿＿＿＿＿＿＿＿＿

＿＿＿＿＿＿＿＿＿＿＿＿＿＿＿＿＿＿＿＿＿＿＿＿＿＿＿＿＿＿

＿＿＿＿＿＿＿＿＿＿＿＿＿＿＿＿＿＿＿＿＿＿＿＿＿＿＿＿＿＿

＿＿＿＿＿＿＿＿＿＿＿＿＿＿＿＿＿＿＿＿＿＿＿＿＿＿＿＿＿＿

11466
台北市內湖區瑞光路 76 巷 65 號 1 樓

秀威資訊科技股份有限公司　　收
BOD 數位出版事業部

....

（請沿線對折寄回，謝謝！）

姓　　名：_____　　年齡：_____　　性別：□女　□男

郵遞區號：□□□□□

地　　址：_____

聯絡電話：(日) _____　(夜) _____

E-mail：_____